A-Z BRISTOL

GW00418817

C

Key to Map Pages	
Large Scale Bristol City Centre	
Large Scale Bath City Centre	
Map Pages	159-160

REFERENCE

Motorway	**M5**	Church or Chapel	†
A Road	A36	Cycleway (selected)	
B Road	B4055	Bristol Ferry Waterbus Stop	**F**
Dual Carriageway		Fire Station	■
One-way Street	→	Hospital	**H**
Traffic flow on A Roads is also indicated by a heavy line on the driver's left.	→	House Numbers Selected roads	13 8 3
Restricted Access		Information Centre	**i**
Pedestrianized Road		National Grid Reference	360
City Centre Loop		Park & Ride	Ashton Vale **P+**
Track & Footpath	---- ---	Police Station	▲
Residential Walkway	··········	Post Office	★
Railway — Station, Tunnel, Level Crossing, Heritage Sta.		Toilet with facilities for the Disabled	▽ ▽
Built-up Area	SMALL ST.	Viewpoint	
Local Authority Boundary	— ·· — ·· —	Educational Establishment	
Posttown Boundary		Hospital or Hospice	
Postcode Boundary within Posttown		Industrial Building	
		Leisure or Recreational Facility	
Map Continuation	40 — Large Scale City Centre 4	Place of Interest	
		Public Building	
		Shopping Centre or Market	
Car Park (selected)	**P**	Other Selected Buildings	

SCALE

Map Pages 8-111 1:15,840

0 ¼ Mile

0 250 500 Metres
4 inches (10.16 cm) to 1 mile 6.31 cm to 1 km

Map Pages 4-7 1:7,920

0 ⅛ Mile

0 100 200 300 Metres
8 inches (20.32 cm) to 1 mile 12.63 cm to 1 km

Copyright of Geographers' A-Z Map Company Ltd.

Fairfield Road, Borough Green, Sevenoaks, Kent TN15 8PP
Telephone: 01732 781000 (Enquiries & Trade Sales)
01732 783422 (Retail Sales)
www.a-zmaps.co.uk

This product includes mapping data licensed from Ordnance Survey® with the permission of the Controller of Her Majesty's Stationery Office.

Copyright © Geographers' A-Z Map Co. Ltd.

© Crown Copyright 2003. All rights reserved. Licence number 100017302

Edition 3 2003, Edition 3B 2006 (Part Revision)

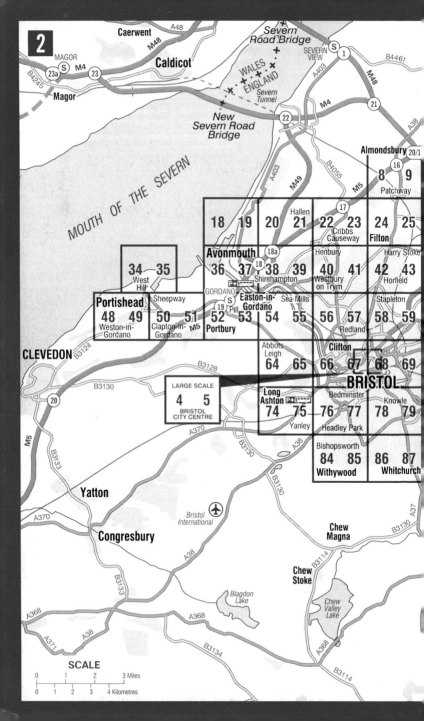

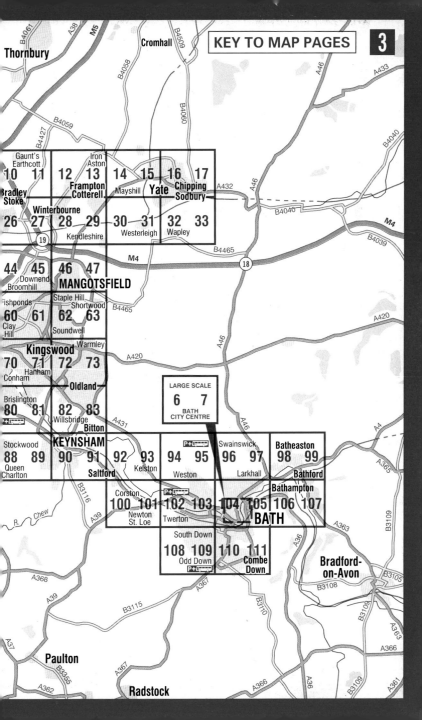

Thornbury

Cromhall

Gaunt's Earthcott
10 **11** **12** **13** **14** **15** **16** **17**
Bradley Stoke
Iron Aston
Frampton Cotterell
Mayshill
Yate
Chipping Sodbury

Winterbourne
26 **27** **28** **29** **30** **31** **32** **33**
Kendleshire
Westerleigh
Wapley

44 **45** **46** **47**
Downend Broomhill
MANGOTSFIELD
Fishponds
Staple Hill
Shortwood
60 **61** **62** **63**
Clay Hill
Soundwell
Warmley
Kingswood
70 **71** **72** **73**
Conham
Hanham
Oldland

Brislington
80 **81** **82** **83**
Willsbridge
Bitton

LARGE SCALE
6 **7**
BATH CITY CENTRE

Stockwood
KEYNSHAM
Swainswick
Batheaston
88 **89** **90** **91** **92** **93** **94** **95** **96** **97** **98** **99**
Queen Charlton
Saltford
Kelston
Weston
Larkhall
Bathford

Corston
Bathampton
100 **101** **102** **103** **104** **105** **106** **107**
Newton St. Loe
Twerton
BATH

South Down
108 **109** **110** **111**
Odd Down
Combe Down

Bradford-on-Avon

Paulton

Radstock

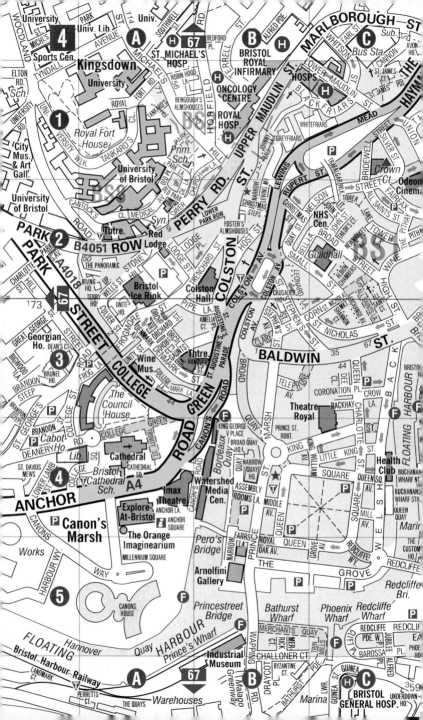

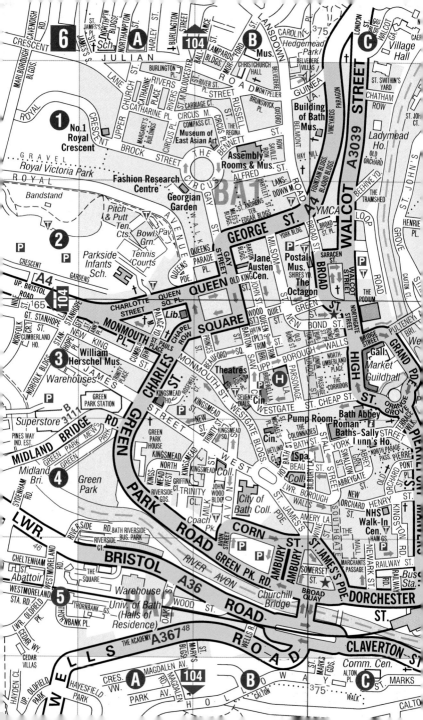

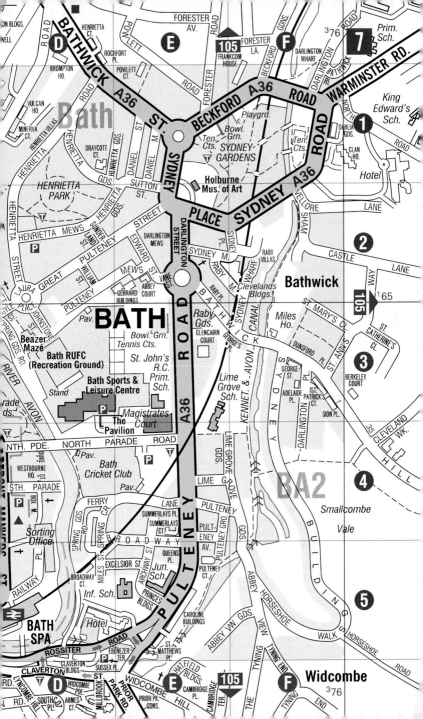

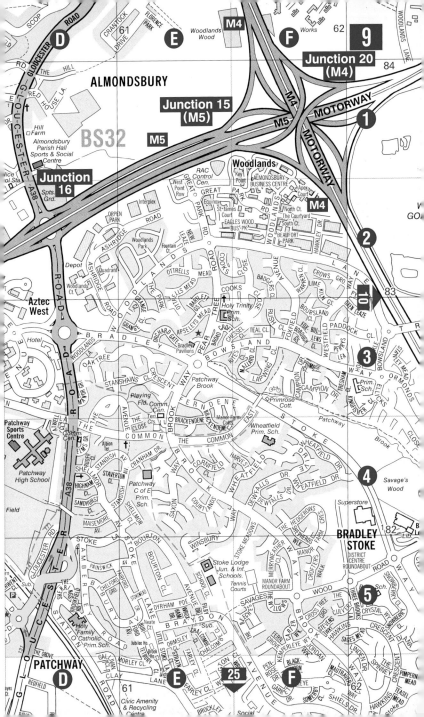

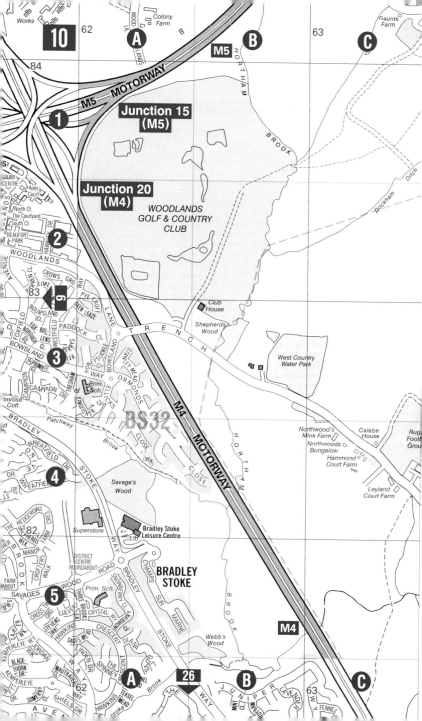

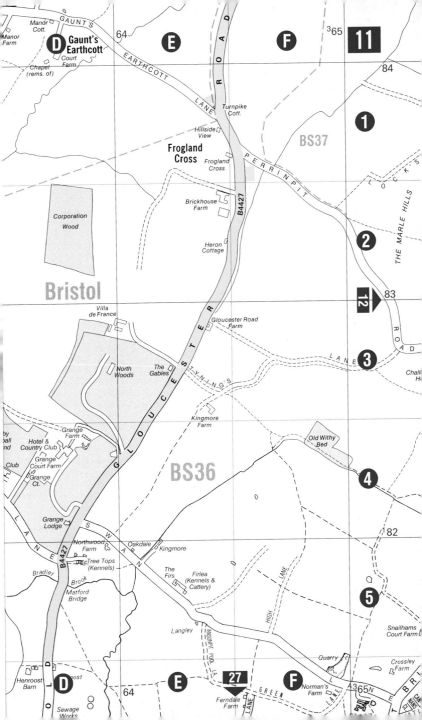

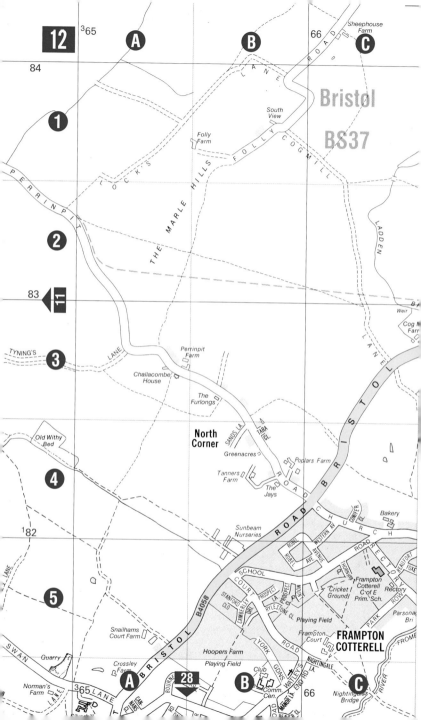

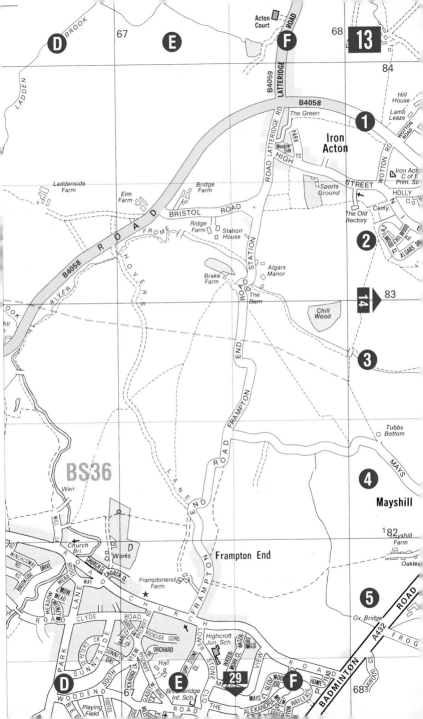

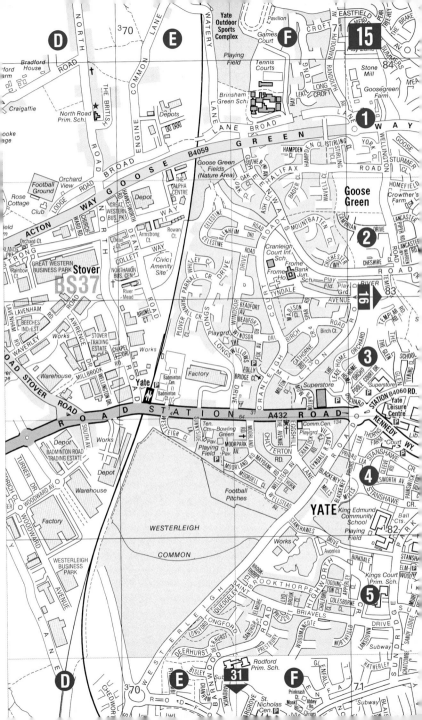

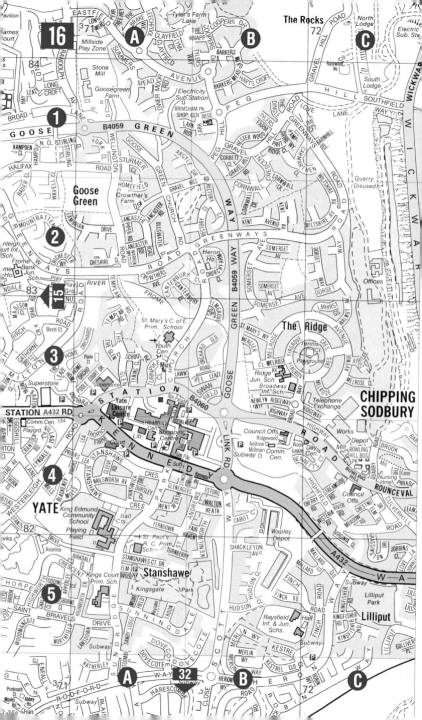

Granite
Quarry

Star Vale
Farm

1 ROAD

Greystone
Court

MEAD
RIDING

Club
House

The
Windmill

Bristol

STUB
RIDING

CHIPPING
SODBURY
GOLF COURSE

BS37

2

Lodge

83

Cattle Grid

SODBURY
COMMON

Playing Field

Lodge

LANE

3

Pav.
The Riding Cotts.

HORTON

PORTWAY

The
Bungalow

B4060

Pav.
Tennis Cts.

ST. JOHN'S
DINE CL.
DING

HORTON RD.
BROADFIELD CL.

RIVER WAY

Cattle
Grid

ROAD

Cemetery

COUZENS
CROSS
ROSS CL.
CLOSE

FROME
CHIPPING EDGE
IND. EST.

LANE
MANOR WAY
SEAL CL.

VAYRE

Park's Farm

HILL
ROAD
RIVER

Works

Vayre
Ho.

GRACE

WALSHE
AV.
RIDINGS CL.

HATTERS

BATTEN
CT.

GORLANDS

FROME RD.
BRANDASH RD.

4

Town
Hall

ROGERS CT.
WOBLE
FIELDS

HARTLEY
CL.

WAY

STREET
HIGH ST.
**BROAD
ST.**

MELBOURNE
DRIVE
HOUNDS

HORSE

B4060

CESSON
ST.

JENNER

FROME

182

Lib.
Cotswold

Arnold
CT.

HOUNDS CL.

SNOWDON
MEAD

ST. JOHN'S

Vic.
St. John's Mead
C of E Prim. Sch.
Play.
Fld.

WOODMANS

KINGROVE

MEAD RD.

CRESCENT

ST.

CL.
WICKHAM

BOWLING RD.
Dept.

WOODMANS
BURGESS

Playgrd.

WOODMANS
VALE
ROAD

ST.

Blanchards
Farm

COTSWOLD

Subway

Chipping
Sodbury
School

GAUNTS

KINGROVE
ROAD

ROAD

GDN. HAYES
SMARTS GREEN

BADMINTON A432

BLANCHARDS

STATION
CL.

5 ROAD

Colt's Green

DODINGTON RD.

AVE.

CLAYPIT
HILL

Playing
Field

Stanbourne Cotts.

Kingrove
Farm

KINGROVE RD.

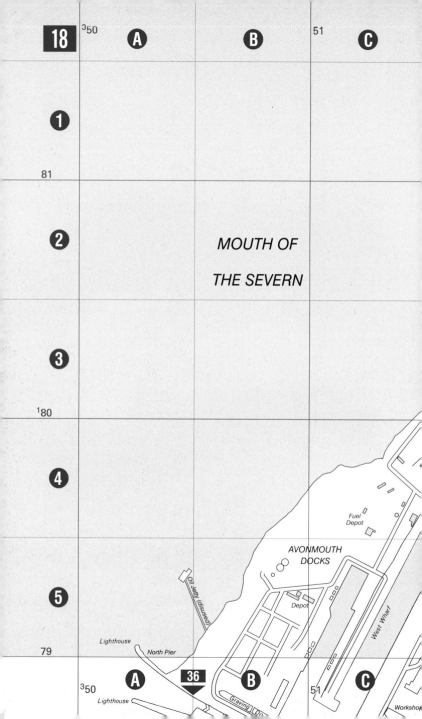

18 350 **A** **B** 51 **C**

1

81

2 *MOUTH OF*

THE SEVERN

3

¹80

4

Fuel
Depot

AVONMOUTH
DOCKS

Oil Jetty (disused)

Depot

West Wharf

5

Lighthouse

North Pier

79

350 **A** **36** **B** 51 **C**

Lighthouse

Graving Dr

Workshop

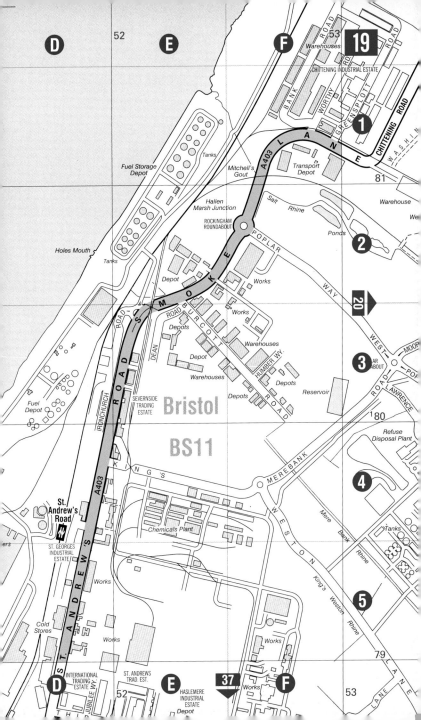

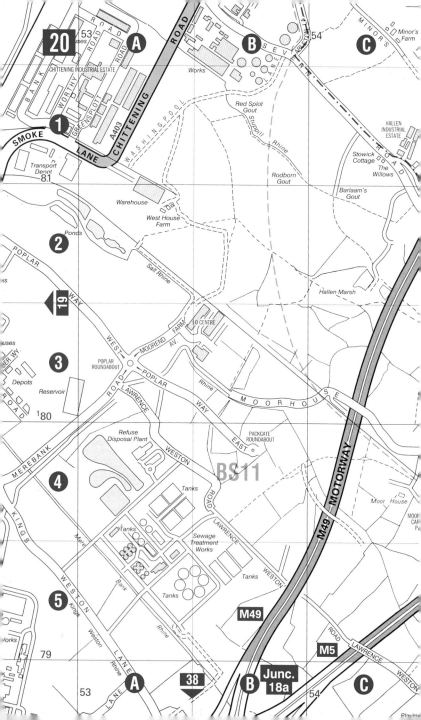

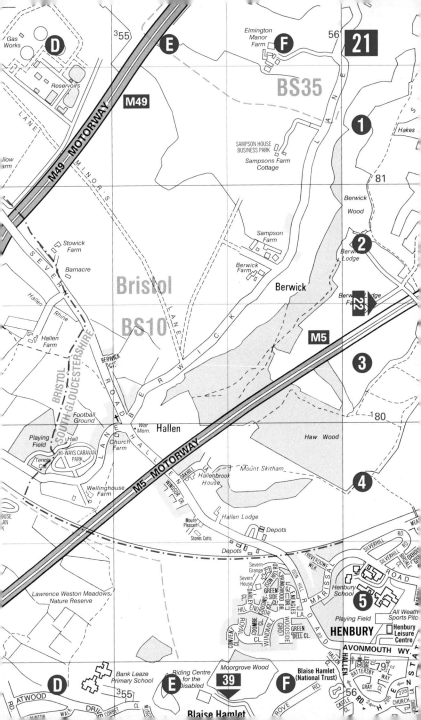

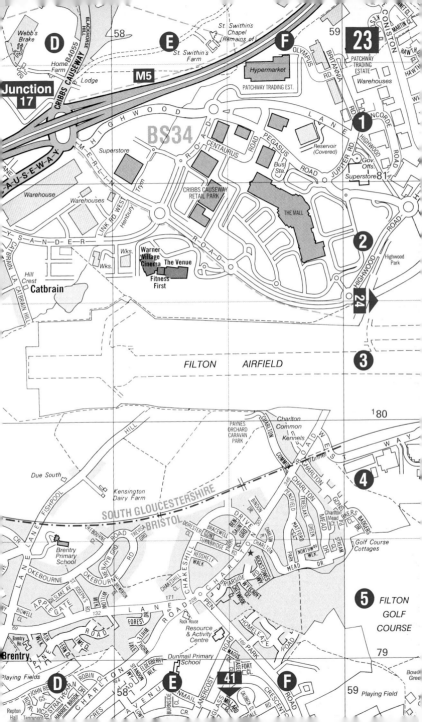

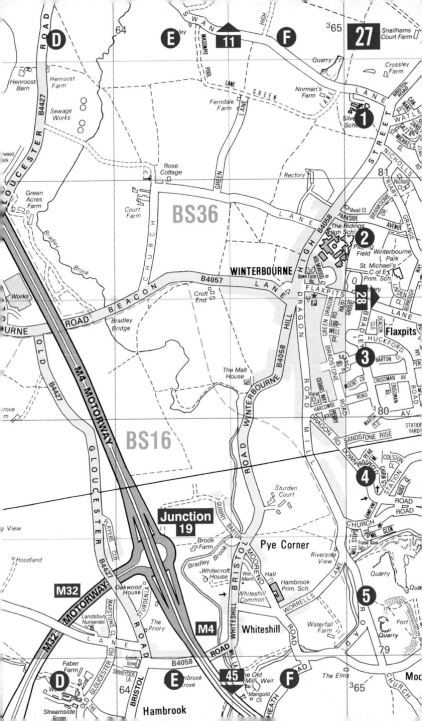

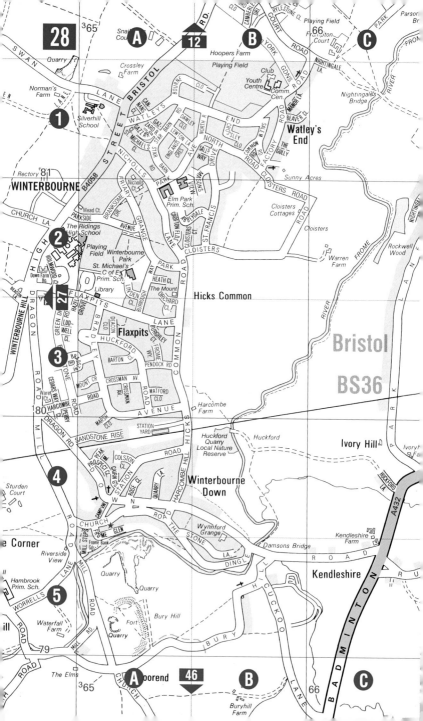

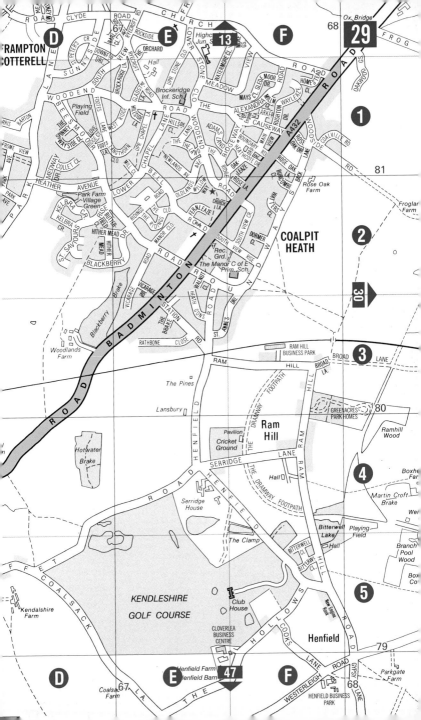

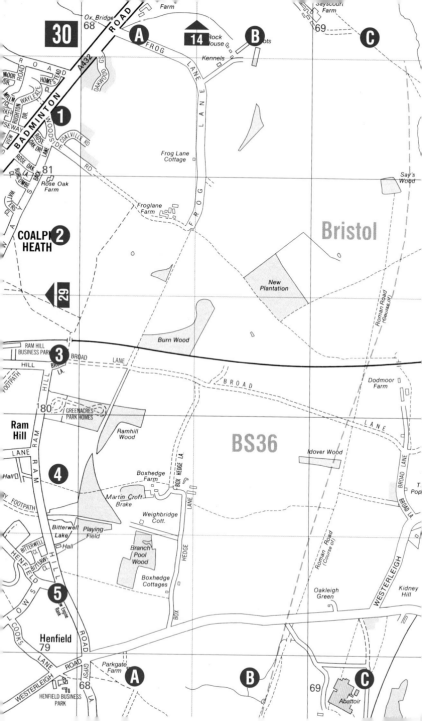

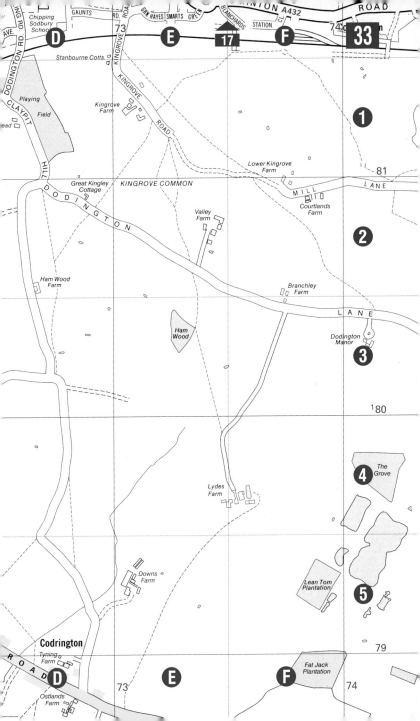

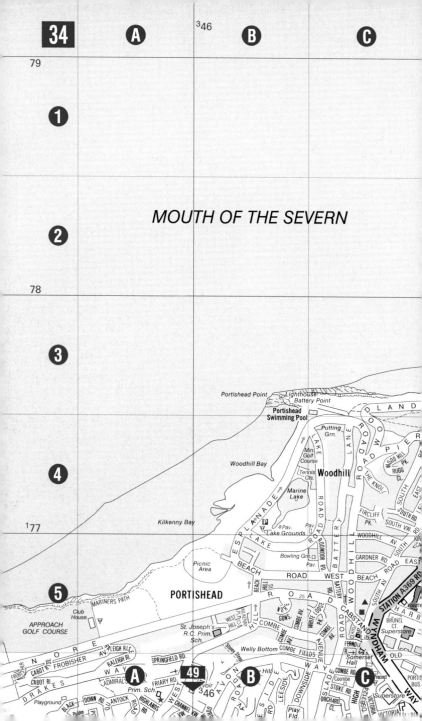

34 **A** ³46 **B** **C**

79

1

MOUTH OF THE SEVERN

2

78

3

Portishead Point Lighthouse
Battery Point
Portishead
Swimming Pool

WOODLAND

Putting
Grn.

Min.
Golf
Course

LAKE ROAD
WOODHILL ROAD
LANE
THE KNOLL
WOOD HILL
PK.
RUGG CL.
PIER
EAST

Woodhill Bay

Tennis
Cts.

Woodhill

Marine
Lake

FIRCLIFF
PK.
SOUTH RD.
SOUTH VW.

WOODHILL AV.

4

Kilkenny Bay

ESPLANADE
LAKE

P
Pav.
Lake Grounds

Pav.

BATTERY ROAD
WOODMOOR ROAD

WOODHILL

GARDNER RD.
SOUTH

¹77

Bowling Grn.

Pav.

WEST
BEACH ROAD

BEACH AV.

STATION A369 RD.
Youth

Picnic
Area

BEACH

ROAD

WOODHILL ROAD
CABSTAND

SOUTH AV.

HARB

BRUNEL
CT.
Superstore

5

MARINERS PATH

Club
House

PORTISHEAD

BEACH HILL
32
R
O
A
D
25

NORE
GDNS.

COMBE AV.
WHITE LODGE

COMBE AV.

FERNDL

Somerset
Hall

PORTIS
BUS

OLD

APPROACH
GOLF COURSE

St. Joseph's
R.C. Prim.
Sch.

WEST HILL
KILKENNY HILL
COMBE

AVENUE
COMBE RD.

HIGH

VICTORIAL

Superstore

VICTORIA

NORE RD
CABOT R.
FROBISHER
LEIGH R.C.
RALEIGH RD.
W A Y
CABOT RI.
ADMIRAL'S
Prim. Sch.
FRIARY RD.
HIGHLANDS
RD.
SPRINGFIELD RD.
Welly Bottom COMBE FIELDS
STOKE RD.
ORCHARD
CL.

DRAKES
Playground
BLACK-
DOWN RD.
QUANTOCK RD.
WEST CHANNEL VW.
WEST HILL
A
49
³46
'oir
B
LEESIDE RD.
DOWNSIDE
SLADE RD.
Play.
Fld.
C
WYNDHAM WAY
SLADE RD (B3124)
Polden

AVON ROAD
LEESIDE RD.
Hill
Coombe

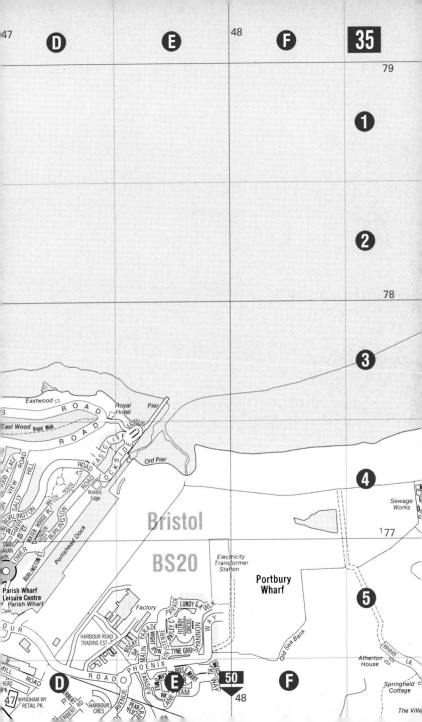

47

79

1

2

78

3

Eastwood

Royal Hotel

Pier

R O A D

East Wood Bread Walk

R O A D

EASTCLIFF

Old Pier

4

Sewage Works

DOCKSIDE

Waters Edge

ROAD

BURLINGTON HOUSE PL.

WATER HOUSE PL.

SWINDON ROAD BURLINGTON

VIEW ROAD

SALLY HILL

PLACE

BURLINGTON RD.

NEVILLE RD.

SEVERN

LOWER

SWAN PARK

CARAVAN PARK

Portishead Dock

Bristol

Electricity Transformer Station

77

BS20

Portbury Wharf

Parish Wharf Leisure Centre

Parish Wharf Cen.

Factory

HARBOUR ROAD TRADING EST.

PARADE

PARADE

WRIGHT ROW

BISCAY DR.

MALIN

FINISTERRE

BAILEY C'T

PARADE

FITZROY

LUNDY G.A. WLK

CIRCUS

SHANNON

TYNE GRO.

WAY

Old Sea Bank

5

WHARF LA.

Atherton House

HARBOUR

ROAD

PHOENIX

ROSEMARY LANE

THAMES WAY

Springfield Cottage

MILL HEAD PK

ROAD

TANSEY

WINNIE WK.

BYRAM

PEAR TREE FLD.

HARBOUR CRES.

HERBERT RD.

AVENUE

D   **E**   **50**   **F**

47 WYNDHAM WY. RETAIL PK.   48

The Ville

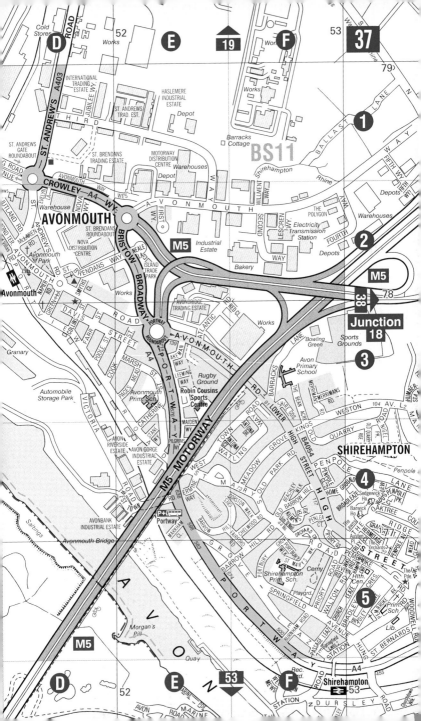

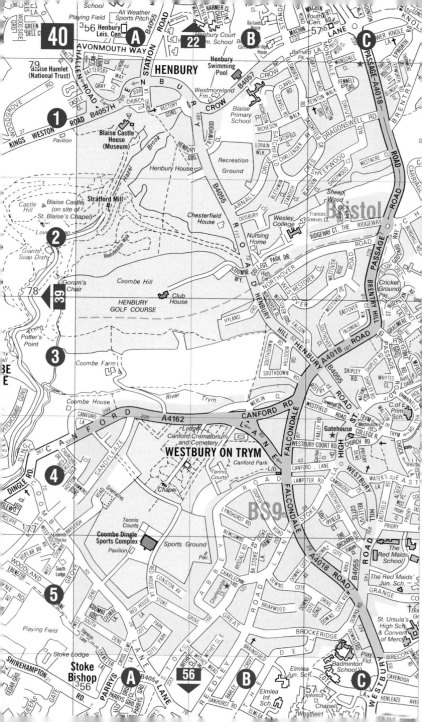

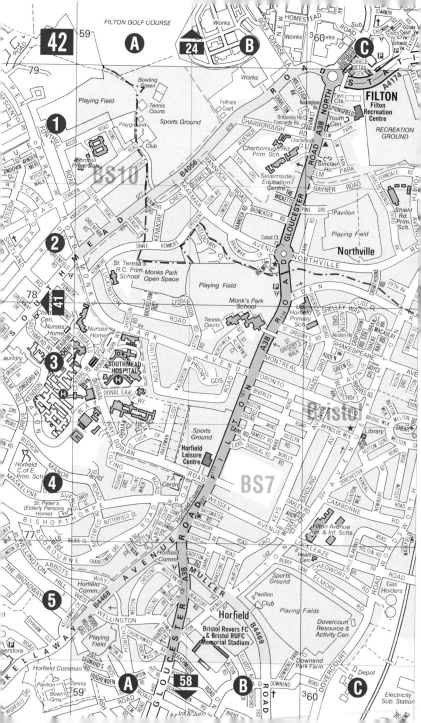

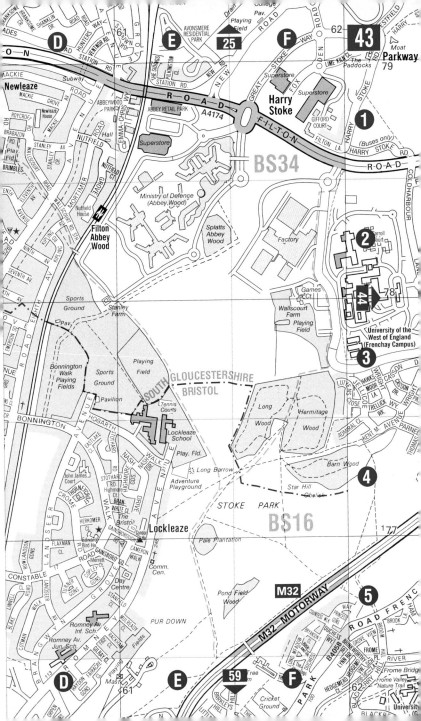

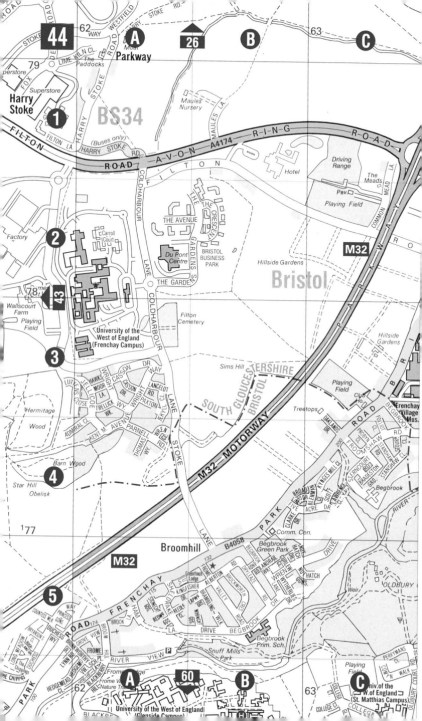

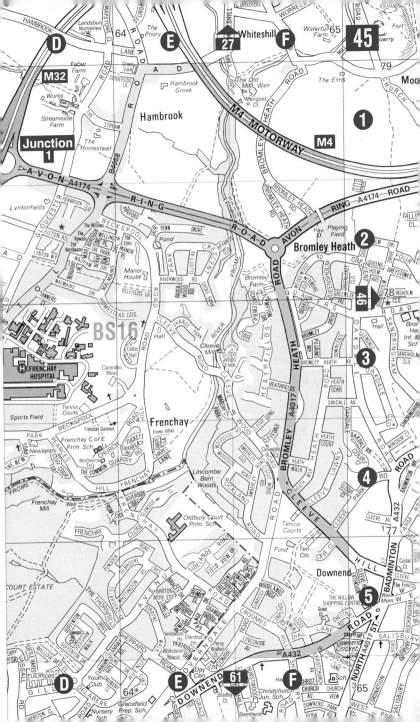

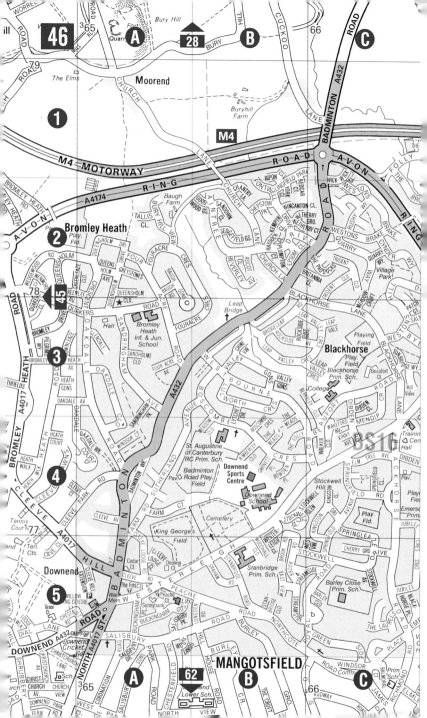

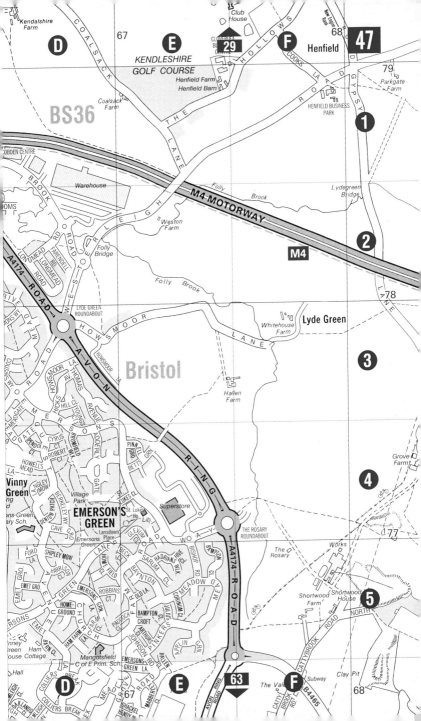

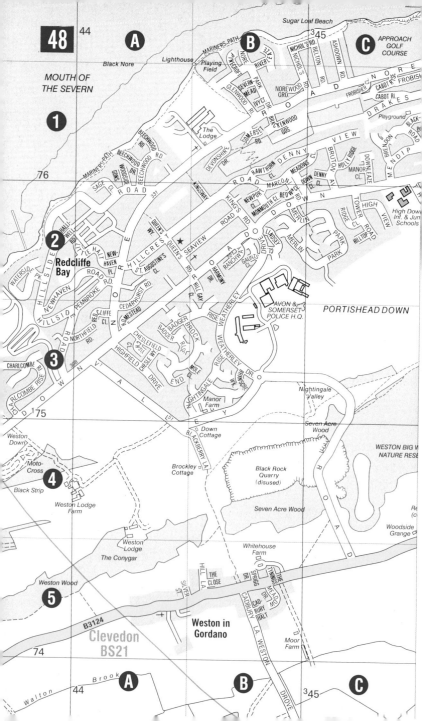

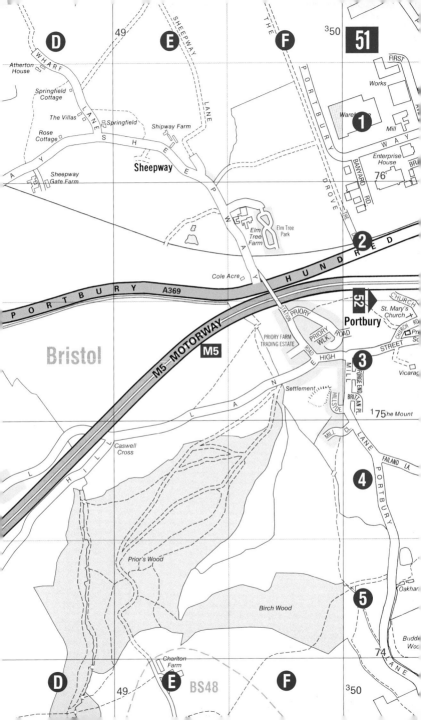

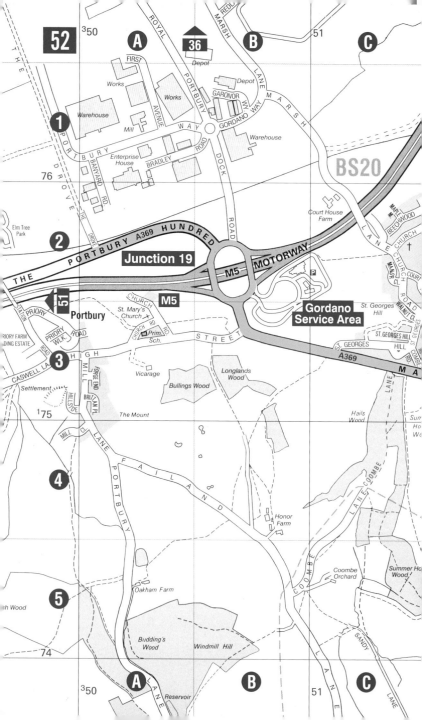

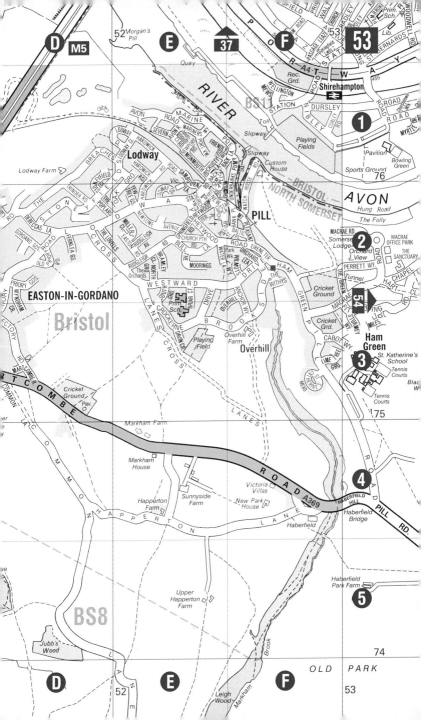

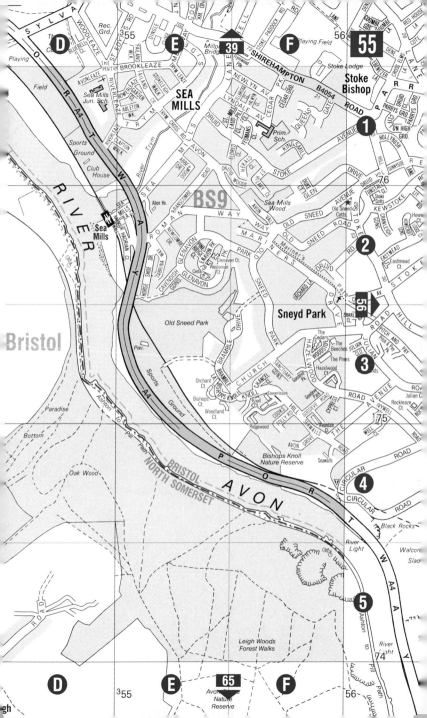

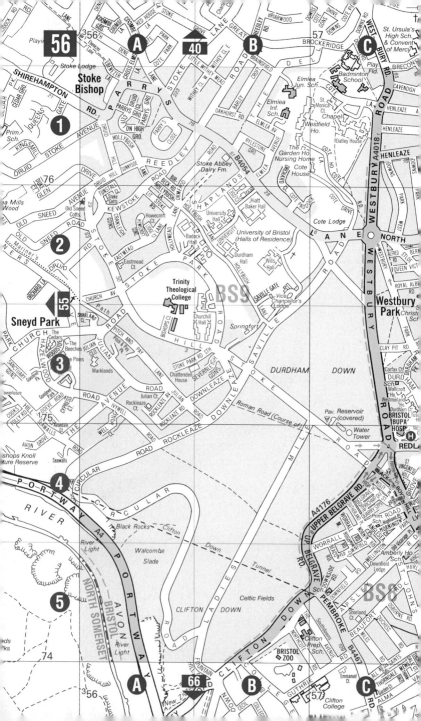

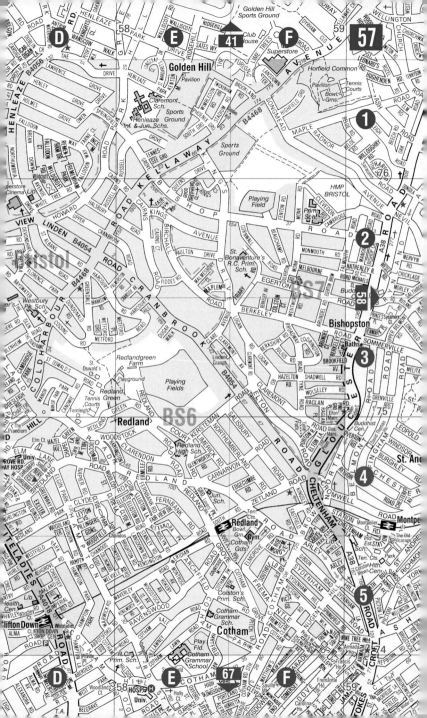

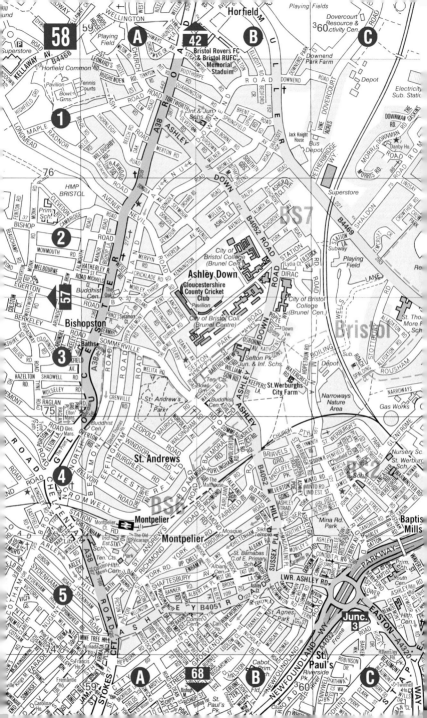

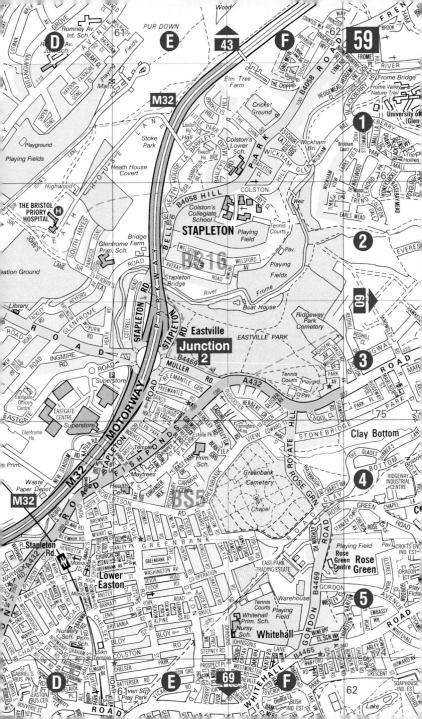

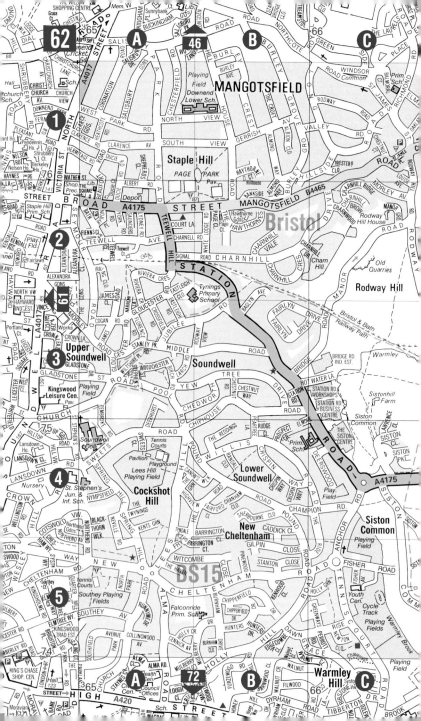

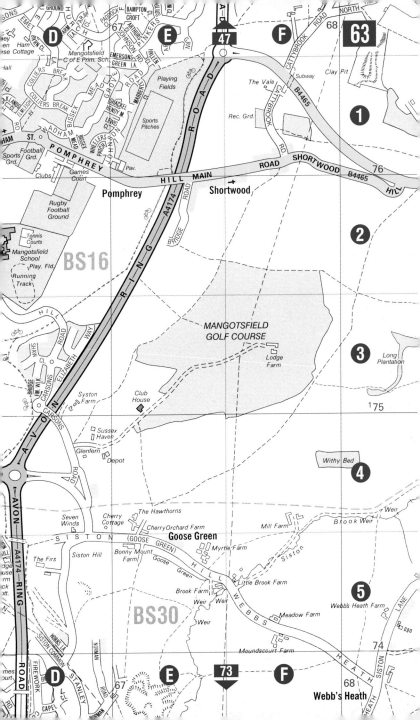

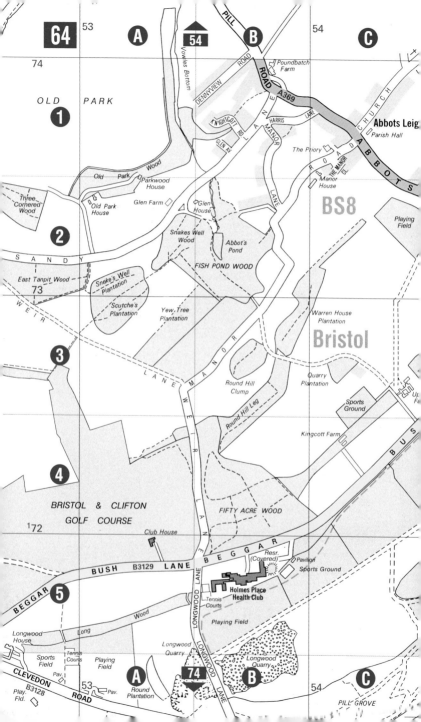

PILL

A 54 **B** 54 **C**

74

Poundbatch Farm

OLD PARK

1

DENNYVIEW ROAD

KNIGHTCOTT RD

GLEN LANE

ROAD A369

HARRIS LANE

MANOR LANE

Abbots Leig

Parish Hall

The Priory

CHURCH ROAD

Old Park Wood

Parkwood House

Glen Farm

Glen House

Manor House

THE MANOR CL

ABBOTS

Three Cornered Wood

Old Park House

Snakes Well Wood

Abbot's Pond

BS8

Playing Field

2

S A N D Y

FISH POND WOOD

East Tanpit Wood

Snake's Well Plantation

73

W E I R

Scutche's Plantation

Yew Tree Plantation

Warren House Plantation

Bristol

3

LANE

MANOR

Round Hill Clump

Quarry Plantation

Sports Ground

WEIR

Round Hill Leg

Kingcott Farm

BUS

4

BRISTOL & CLIFTON GOLF COURSE

FIFTY ACRE WOOD

172

Club House

LANE

LONGWOOD LANE

Resr. (Covered)

Pavilion

Sports Ground

BUSH B3129 LANE

Holmes Place Health Club

BEGGAR LANE

5

BEGGAR

Wood

Long

Tennis Courts

Playing Field

LONGWOOD LANE

Longwood House

Sports Field

Tennis Courts

Playing Field

Longwood Quarry

Longwood Quarry

Pav.

A Round Plantation

53

74 **B**

54 **C**

CLEVEDON B3128 ROAD

Play. Fld.

Pav.

PILL GROVE

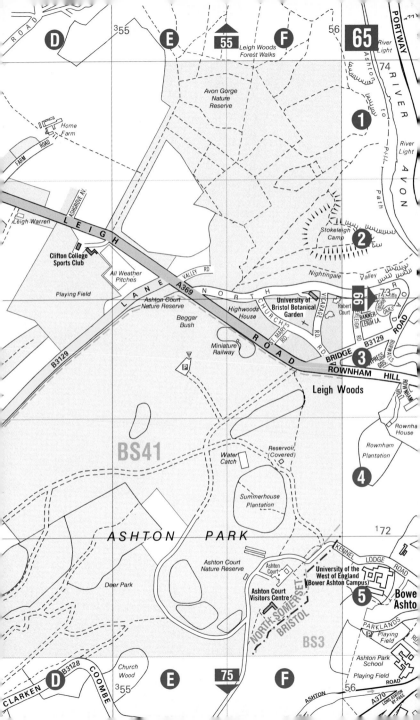

D 355 **E** **55** Leigh Woods Forest Walks **F** 56 **65** River Light 74

PORTWAY

River Light

Avon Gorge Nature Reserve

Home Farm

1

FARM ROAD

ASHGROVE AV.

LEIGH

Leigh Warren

Clifton College Sports Club

All Weather Pitches

Playing Field

LANE

VALLEY RD.

NORTH

Stokeleigh Camp

2

Nightingale Valley

A369

Ashton Court Nature Reserve

Beggar Bush

Highwoods House

CHURCH

University of Bristol Botanical Garden

Robert Court

VICARAGE RD.

66

BANNER
LEIGH LA.

73 cliffe

A369

ROAD

LEIGH

ROAD

B3129

Miniature Railway

MARY RD.

BRIDGE

B3129

BURWALLS RD.

PRIOR'S GDS.

ROWNHAM HILL

3

B3129

P

BS41

Leigh Woods

ROWNHAM HILL

Rownham House

Water Catch

Reservoir (Covered)

Rownham Plantation

4

Summerhouse Plantation

172

ASHTON PARK

Ashton Court Nature Reserve

Deer Park

KENNEL LODGE ROAD

University of the West of England (Bower Ashton Campus)

5

Bowe Ashto

NORTH SOMERSET

BRISTOL

Ashton Court

Ashton Court Visitors Centre

PARKLANDS

P Playing Field

BS3

Ashton Park School

Playing Field

ROAD

D B3128 COOMBE Church Wood 355 **E** **75** **F** 56

CLARKEN

ASHTON

A370 LONG ASHTON BY-PASS

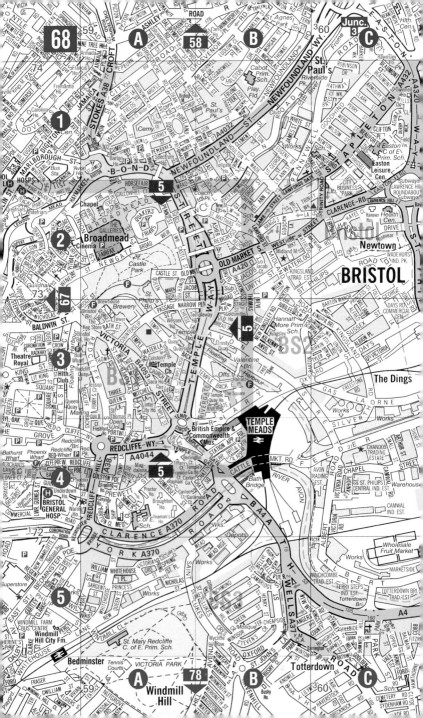

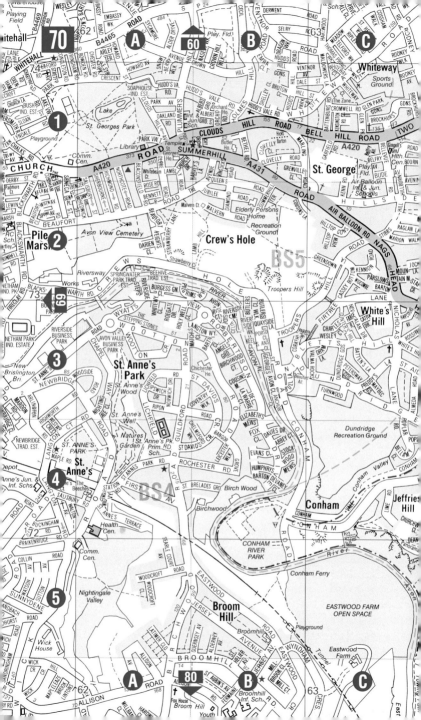

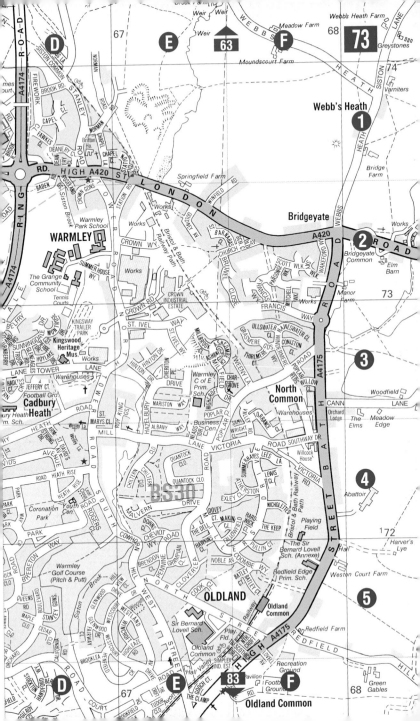

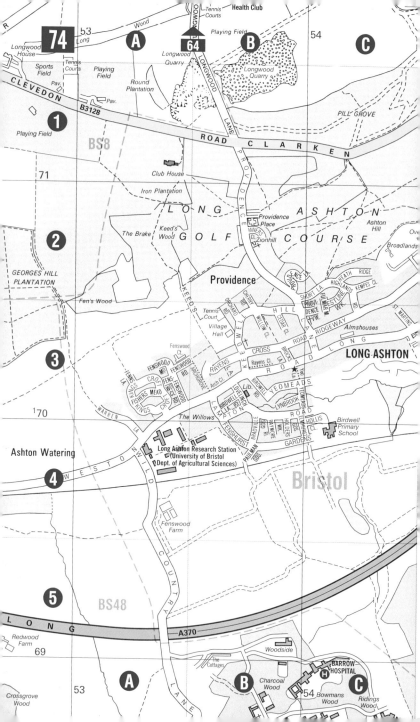

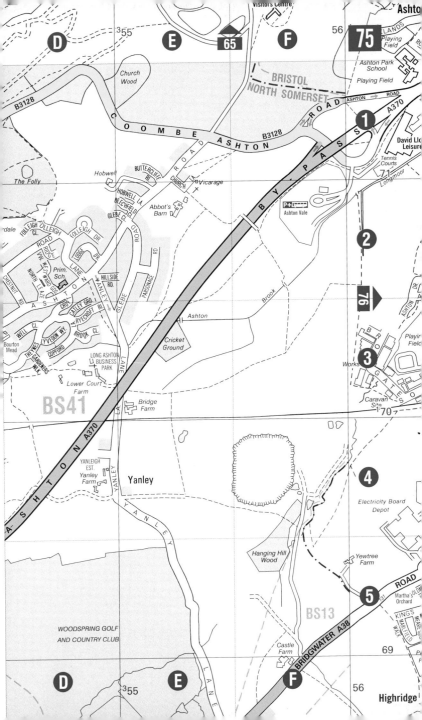

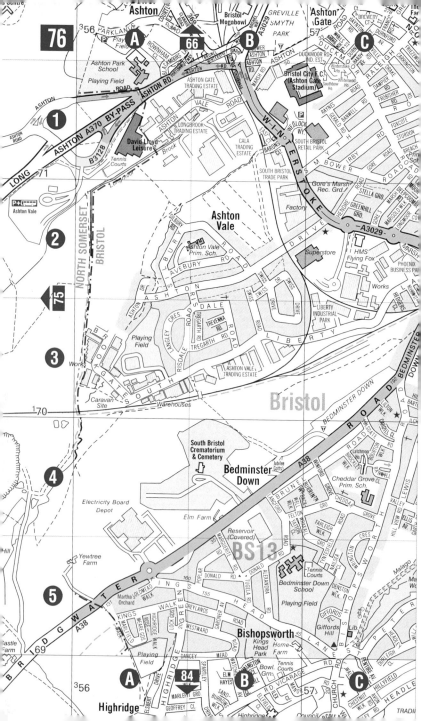

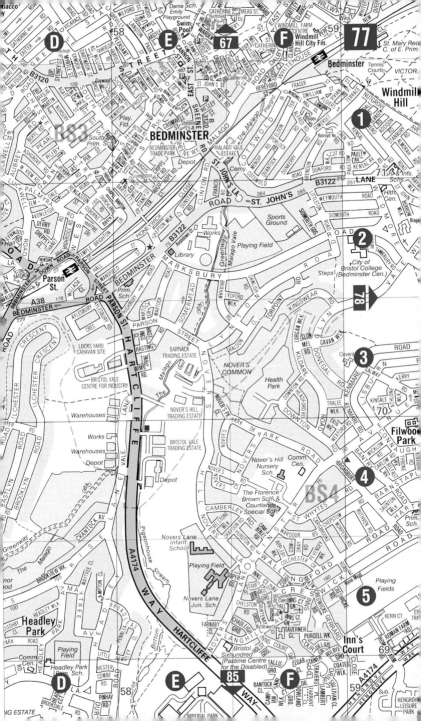

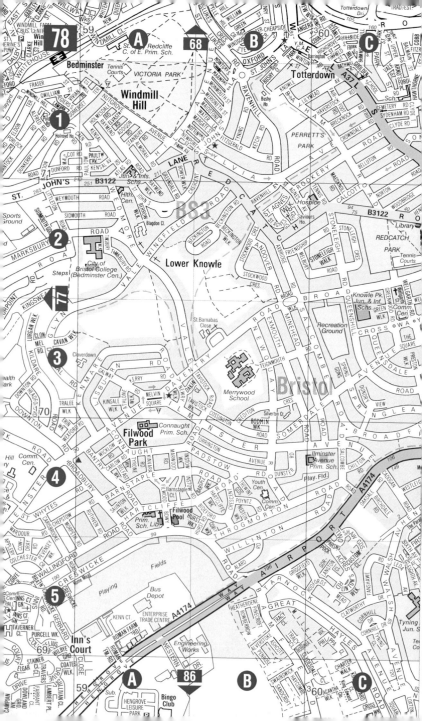

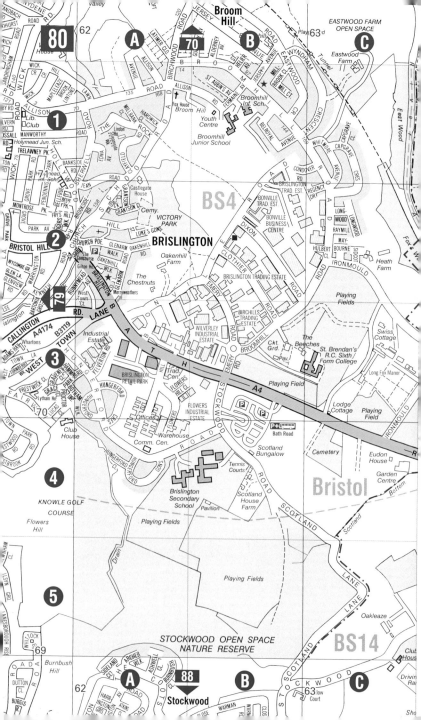

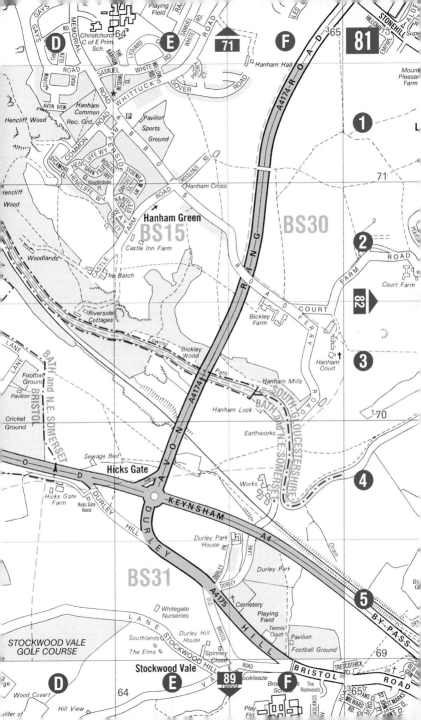

Key labels visible on the map:

- STONEHILL / HILLCROFT
- Mount Pleasant Farm
- Christchurch C of E Prim. Sch.
- Playing Field
- Hanham Hall
- GAY'S / GAY'S RD / MEMORIAL
- Avon View
- Hencliff Wood
- Hanham Common Rec. Grd.
- Pavilion Sports Ground
- WHITTUCK'S
- Hanham Cross
- Hanham Green
- BS15
- BS30
- Castle Inn Farm
- Woodlands
- The Batch
- Riverside Cottages
- Bickley Wood
- Bickley Farm
- Court Farm
- Hanham Court
- Hanham Mills
- Towing Path
- Hanham Lock
- SOUTH GLOUCESTERSHIRE
- BATH and N.E. SOMERSET
- Earthworks
- BRISTOL
- Football Ground
- Pavilion
- Cricket Ground
- Sewage Bed
- Hicks Gate
- Hicks Gate Farm
- Hicks Gate House
- Works
- KEYNSHAM
- DURLEY HILL
- AVON
- Durley Park House
- Durley Park
- BS31
- Whitegate Nurseries
- Southlands
- Durley Hill House
- The Elms
- Spinney Close
- Cemetery
- Playing Field
- Tennis Court
- Pavilion
- Football Ground
- STOCKWOOD VALE GOLF COURSE
- Wood Covert
- Hill View
- Stockwood Vale
- STOCKWOOD VALE
- BRISTOL ROAD
- BY-PASS
- Brook School
- The Redwoods
- TRESCOTHICK CL
- Play Field
- Wood Covert

Grid references: D, E, F (top and bottom), 81, 82, 89, 71, and numbered markers 1, 2, 3, 4, 5.

Road numbers: A4174, A4175, A4, A431

Coordinate markers: 365, 71, 70, 69, 64

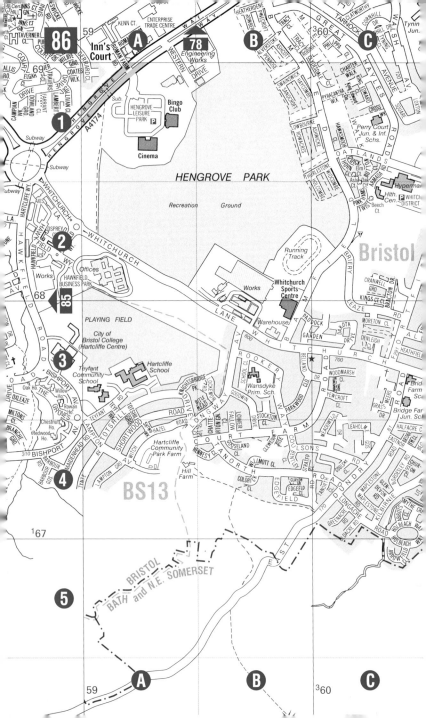

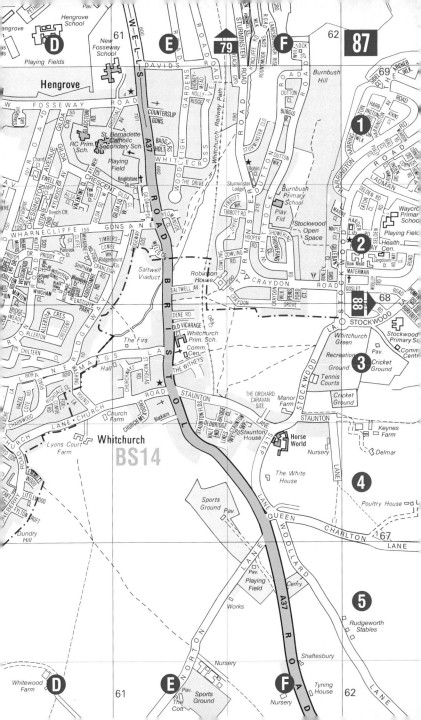

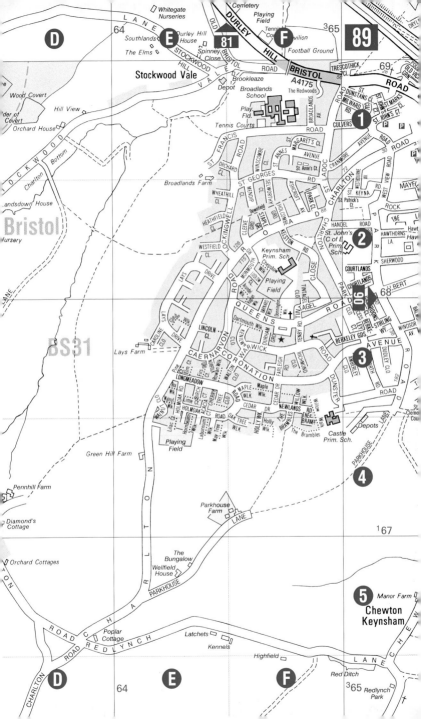

Whitegate Nurseries
Cemetery
Playing Field
Tennis Co.
Pavilion
Football Ground
365
LANE
DURLEY
HILL
OLD
D
E
81
F
89
64
Southlands
Durley Hill House
Spinney Close
BRISTOL
Stockwood Vale
Brookleaze
Depot
Broadlands School
The Redwoods
TRESCOTHICK CL.
69
OLD VIC
GRN
BRISTOL
ROAD
A4175
ST. DUNSTANS RD
MILWARD RD
ST. JOHN'S MARKS
CULVERS
1
ST. JOHN'S CT.
Wood Covert
Hill View
Covert
Orchard House
Landsdown House
Bristol
Nursery
Play Fld.
Tennis Courts
Broadlands Farm
St. FRANCIS ROAD
ST. GEORGES
WINSCOMBE
ST. ANNES
MARGARET'S CL.
AVENUE
St. Anne's Cl.
CRANMORE
AVENUE
ROAD
WEST VIEW ROAD
MAYFA
30
P
P
The Elms
STOCKWOOD
HILL
VALLEY
Charlton Bottom
WHEATHILL CL.
ORCHARD CL.
SIXWORTHY CL.
MENDIP
HOLCOMBE
ASHCROFT
PARK CL.
St. Patrick's
ST. LADOC
CHARLTON ROAD
ST. KEYNA
NETHERTON
ROCK
THE
HAWTHORNS
Haw
LA.
SHERWOOD
BS31
HEATHFIELD CL.
LOCKINGWELL
CLEEVE
DOWNFIELD
STAPLE
KESTON
ROAD
CHARLTON
PARK
St. John's C of E Prim. Sch.
HANDEL
ROAD
St. John's C of E Prim Sch.
2
COURTLANDS
COURTLANDS
ALBERT
68
WESTFIELD CL.
Keynsham Prim. Sch.
Chepstow
WK
Playing Field
CLOSE
STIRLING
WINDSOR
AV
LAYS DRIVE
CAROLINE CL.
LAYS DRIVE
Lays Farm
LINCOLN CL.
ROAD
MONMOUTH
WMLOW
Dartmouth Wk
DURHAM
TENBY
RICHMOND
CLO.
TINTAGEL
QUEENS
BERKELEY GDS
BERK
BESSEMER
AVENUE
DUDLEY CLO.
3
BEVERLEY CLO.
RTH RD
ROAD
ROAD
CAERNARVON
CORONATION
WARWICK
WALLOW
FARLEIGH
RD.
DUNSTER CLO.
LONGMEADOW
HOLMOAK RD
BIRCH
ACACIA
CHERRY
MAPLE WK
Maple Wk
CEDAR DR
WILLOW WK
RD.
THE BRAMS
WALNUT CL.
Green Hill Farm
LILAC CLO.
HOLMOAK CL.
HAWTHORN
LIME CL.
LABURNUM
CEDAR ROAD
OAK TREE WK
HOLLY WK
Holly
The Brambles
Castle Prim. Sch.
Depots
PARKHOUSE
Playing Field
Pennhill Farm
Diamond's Cottage
Orchard Cottages
Parkhouse Farm
LANE
4
167
The Bungalow
Wellfield House
PARKHOUSE
CHARLTON
5
Manor Farm
Chewton Keynsham
CHEW LANE
ROAD
REDLYNCH
Poplar Cottage
Latchets
Kennels
Highfield
Red Ditch
365
Redlynch Park

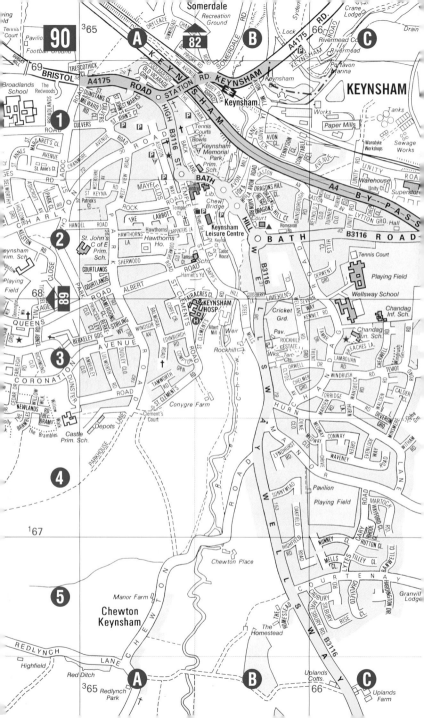

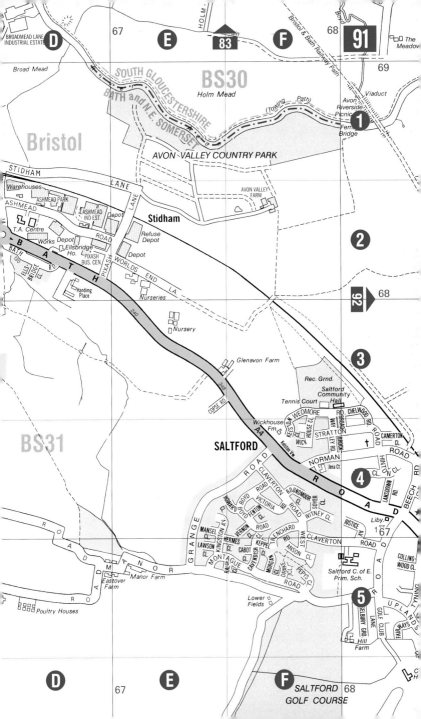

D   **E**   **F**

³70   Manor Farm
Manor House Farm
North Stoke

71   69

Pillow Mound
Little Down Fort
Pillow Mound
Pillow Mound
1

Avon House

Prospect Stile
2

Rivermead Farm
Reservoir (covered)

A431

94 68

Bath

BA1

Reservoir

Coombe Barn
3

Kelston Round Hill

Roundhill Barn
4

Mill Farm

BLACKSMITHS LA.
Kelston
ROAD/A
Roundhill Farm
Park Farm
Dean Hill
¹67

The Towers
Sandpit Shrubbery
Shagbear Wood
5

Manor Farm

KELSTON PARK
A431

The Coach House
Kelston Knoll

D   **E**   **F**

³70   **101**   71   KELSTON RD.

Lodge

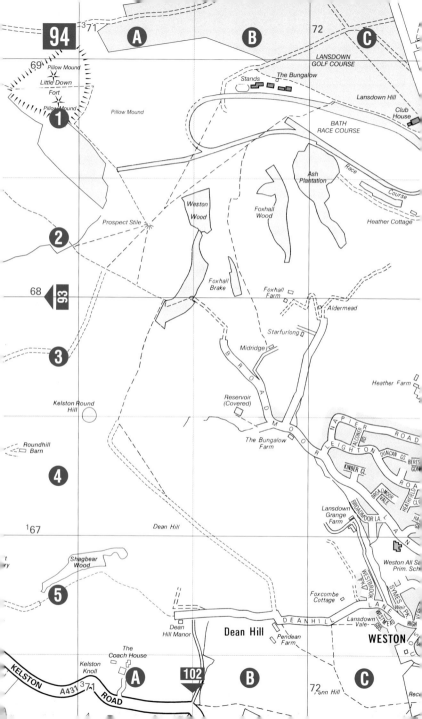

371

A

B

72

C

69

LANSDOWN
GOLF COURSE

Pillow Mound

Little Down

Stands

The Bungalow

Lansdown Hill

Fort

Pillow Mound

Club
House

1

Pillow Mound

BATH
RACE COURSE

Race

Ash
Plantation

Weston

Wood

Foxhall
Wood

Course

Prospect Stile

Heather Cottage

2

Foxhall
Brake

Foxhall
Farm

68

93

Aldermead

Starfurlong

3

Midridge

B
R
O
A
D

Heather Farm

Kelston Round
Hill

Reservoir
(Covered)

M
O
O
R

N
A
P
I
E
R

ROAD

4

Roundhill
Barn

The Bungalow
Farm

FALCONER
RD

LEIGHTON

DUNCAN GS

BERES
GDN

KINBER CL.

R
O
A

BROADVALE

MOOR

HEATHFIELD CLE

HA
GH

167

Dean Hill

Lansdown
Grange
Farm

BROADMOOR LA.

L
A
N

Weston All Se
Prim. Sch

Shagbear
Wood

WESTBROOK PK

S
I
M
E
S

Weir

ST

WESTVIEW GDS

t
ry

5

Foxcombe
Cottage

HIGH

Dean
Hill Manor

DEANHILL

Lansdown
Vale-

WESTON

Dean Hill

Pendean
Farm

KELSTON

The
Coach House

Kelston
Knoll

A

102

B

C

A431

371

ROAD

72

enn Hill

Rece

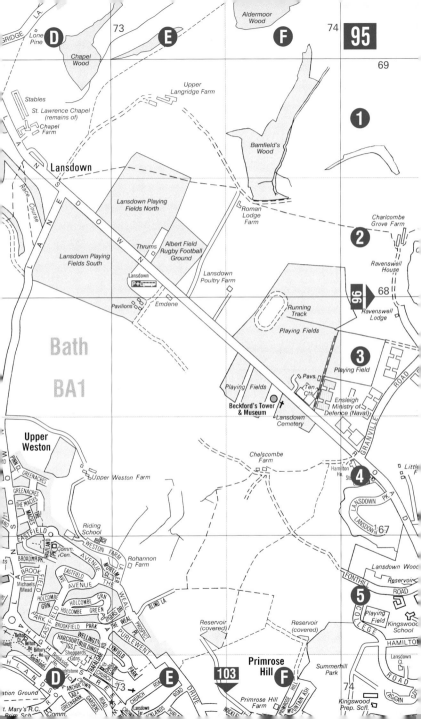

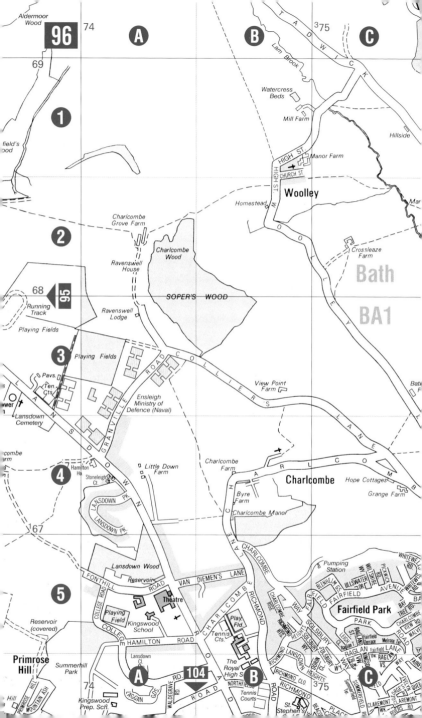

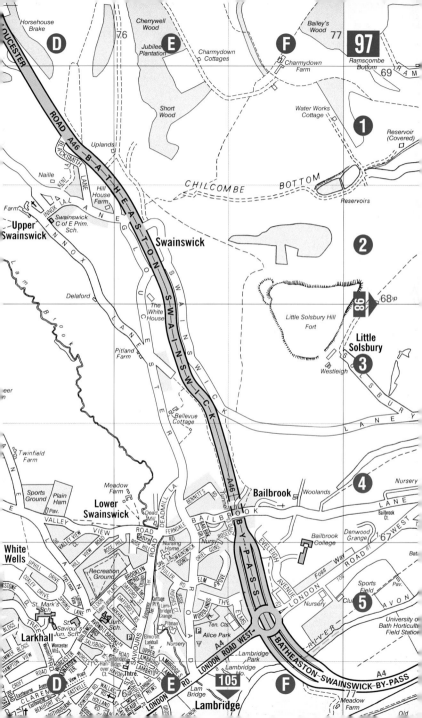

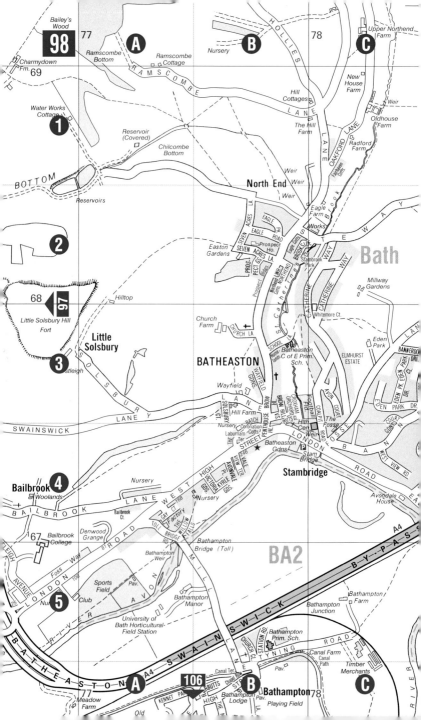

77

A

B

78

C

Bailey's Wood

Charmydown Fm.

69

Ramscombe Bottom

Ramscombe Cottage

Nursery

RAMSCOMBE

Upper Northend Farm

HOLLIES

New House Farm

Weir

Water Works Cottage

1

Reservoir (Covered)

Chilcombe Bottom

Hill Cottages

LANE

The Hill Farm

OAKFORD LANE

Oldhouse Farm

Radford Farm

BOTTOM

Reservoirs

Weir

Weir

Weir

North End

Eagle Farm

Works

WAY

Bath

2

SEVEN ACRES LA.

EAGLE

EAGLE ROAD

Prospect Ho.

Eagle Cotts.

Stambrook Park

ST. CATHERINE'S BROOK

Millway Gardens

68

97

Little Solsbury Hill Fort

Hilltop

Easton Gardens

SEVEN ACRES LA.

PROS PECT LA.

Prospect

CATHERINE

WAY

Whitemore Ct.

Eden Park

BANNERDOWN

Little Solsbury

stleigh

3

SOLSBURY

Church Farm

CHURCH LA.

SCHOOL

Batheaston C of E Prim. Sch.

Elmhurst Estate

EDEN PK. EDEN PARK CL.

EDEN PARK DRI.

DRI.

BATHEASTON

Wayfield

LANE

WATFIELD GDNS.

AVON

COURT

The Fosse

EDEN PARK DR.

SWAINSWICK

SOLSBURY LANE

Solsbury Ct.

Hill Farm

BATCH

PENYHOLE HILL

BROWN HILLS

Football Fld.

Hlth Cen.

Weir

LONDON

COALPIT ROAD

ROAD

WEST VIEW RD.

Nursery

Laburnam Cotts.

Ter.

Coronation

Batheaston Gdns.

Stam Bridge

Bailbrook

4

Nursery

HIGH STREET

VIEW VALE PL.

AVONDALE

KYRLE GDNS.

VICTORIA

GDNS.

Stambridge

BAILBROOK

Woolands

LANE

WEST

Nursery

Avondale House

67

Bailbrook College

Denwood Grange

ROAD

GAY CT. FACTORY HILL

WILLOW

Bathampton Bridge (Toll)

BA2

A4

BY-PASS

Bailbrook Ct.

BROAD

TOLL BRIDGE RD.

MILL

5

LEIGH AVENUE

Foss Way

LONDON

Sports Field

Club

Pav.

Bathampton Weir

Bathampton Manor

RIVER AVON

University of Bath Horticultural Field Station

SWAINSWICK

Bathampton Junction

Bathampton Farm

BATHEASTON

A4

SWAINSWICK

TYNING

ROAD

RIVER

Meadow Farm

77

A

A4

106

Canal Ter.

SHUTS

KENNET PARK

HIGH

Bathampton Lodge

B

Church Rd.

STATION RD.

CHURCH LA.

THE

Pav.

Bathampton Prim. Sch.

Pav.

Bathampton

Bathampton Playing Field

78

Canal Farm

Canal Path

Timber Merchants

C

Old

D
79
Bannerdown
Cottage

E
Banner Down
(Common)

Tennygrove
Wood

F

3 80

69

Reservoir
(covered)

Reservoir
(covered)

Woodleaze
Wood

Reservoir
(covered)

Upper
Shockerwick
Farm

Resr.
(cov.)

1

Lower
Shockerwick
Farm

Shockerwick

Starfall
Farm

Refuse
Tip

The
Elms

Sheep Sleight

BANNERDOWN

Upper
Sleight

2

Middle
Lodge

68

JSSE
LANE

The Mount

HIGH
BANNERDOWN

Bannerdown
Gardens

The Brow

BA1

BANNERDOWN CLO.

WHITE CLO.

RECULVER
CL.

EASTWOODS

3

Box
Bridge

A

D

BARNFIELD WAY

BARNFIELD WAY

MEADOW

Bathford
Nurseries

A4

NORTH WILTSHIRE
BATH and
N. E. SOMERSET

DRI
URRIS

WEST
WOODS

BOX

By
Brook

4

ROAD

67

Mill

BRADFORD

Bathford
Bridge

BATHFORD

COSTINGS

Bathford
Lodge

Whitehaven

Bathford

Playing
Field

AVON

Jewson
View
Farm

Vicarage

Bathford
Prim. Sch.

HILL
STREET

MANOR

ROWLANDS

MANOR
CL.

DOVERS PK

DOVERS PK.

WOOD

ASHLEY

HIGH

New Road

CHAPEL
ROW

LANE

GARSTON

71

5

STREET

Pleasant
Place

A363

Lower House
Farm

CHURCH LA.

COURT LA.

PUMP

MOUNTAIN
LANE

MOUNTAIN

DOVERS

WOO
PARK

Mountain
Wood

Woodland Place

PROSPECT PL.

FARLEIGH

D
79

E
gley

107

F

RISE

FARLEIGH RISE

3 80

ROAD

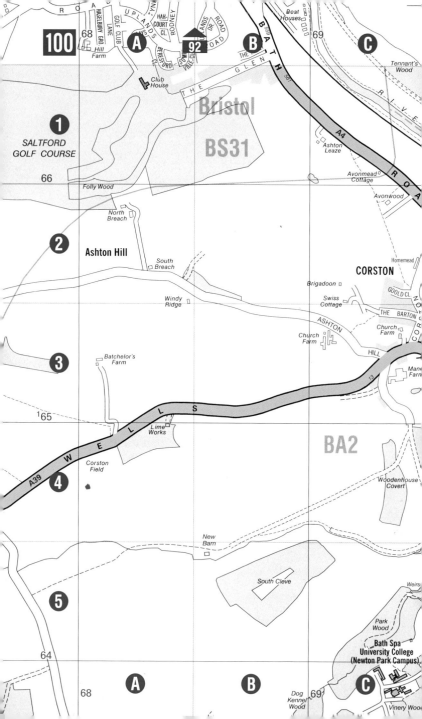

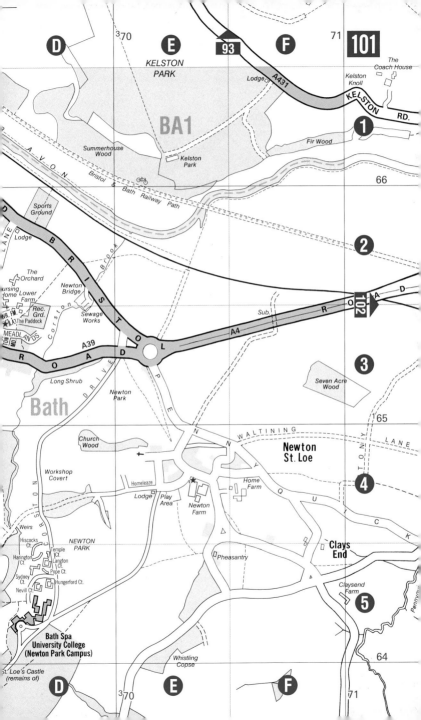

D 370 **E** **93** **F**

KELSTON PARK

A431 Lodge Kelston Knoll

The Coach House

KELSTON RD.

BA1

Summerhouse Wood

Kelston Park

Fir Wood

1

A V O N

Bristol & Bath Railway Path

66

B R I S T O L

Sports Ground

Lodge

2

The Orchard

Newton Bridge

Nursing Home

Lower Farm

Rec. Grd.

The Paddock

MEADLANDS

Corston Brook

Sewage Works

Sub.

A D R O A D

102

R O A D

A39

Long Shrub

Newton Park

A4

Seven Acre Wood

3

Bath

D R I V E

Church Wood

WALTINING

Newton St. Loe

165

Workshop Covert

Homeleaze

Lodge Play Area

Newton Farm

Home Farm

4

N E W T O N

C K

Weirs

Hiscocks Ct.

Temple Ct.

Harington Ct.

Langton Ct.

Pope Ct.

Sydney Ct.

Hungerford Ct.

Nevill Ct.

NEWTON PARK

Pheasantry

Clays End

Claysend Farm

5

Pennyvu

Bath Spa University College (Newton Park Campus)

St. Loe's Castle (remains of)

64

D 370 **E** **F** 71

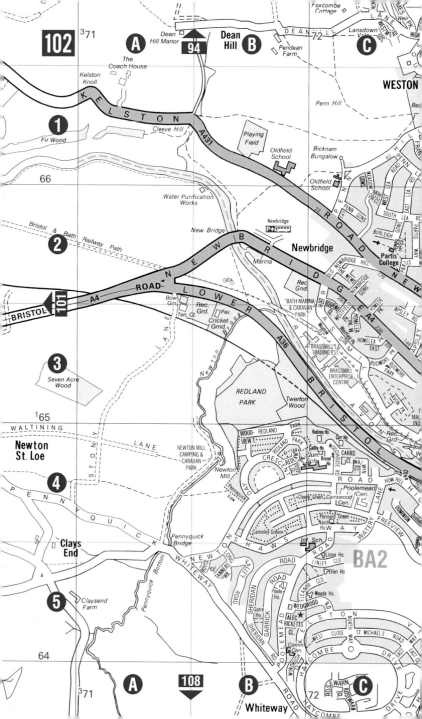

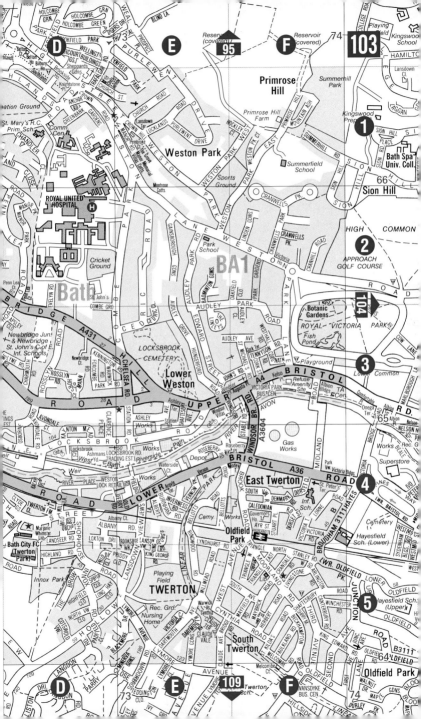

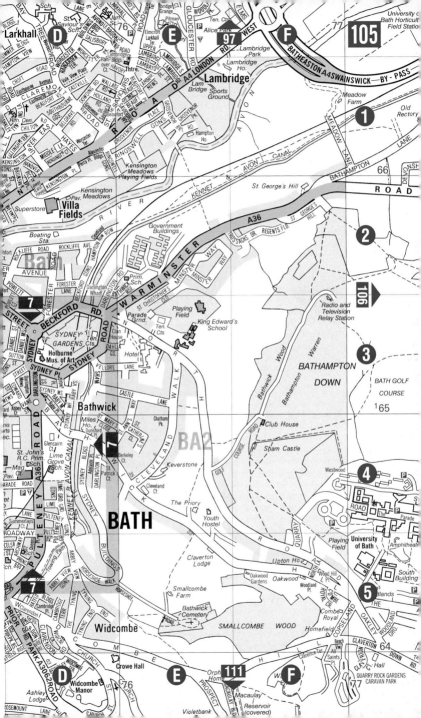

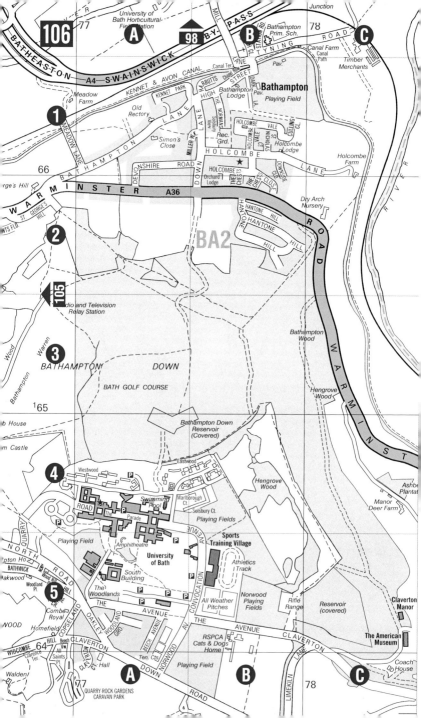

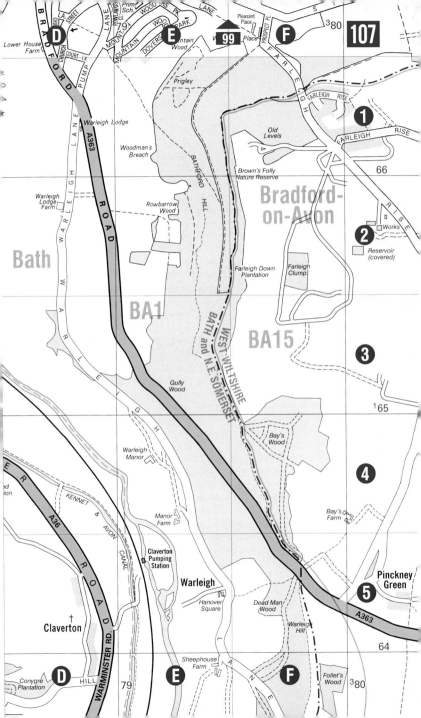

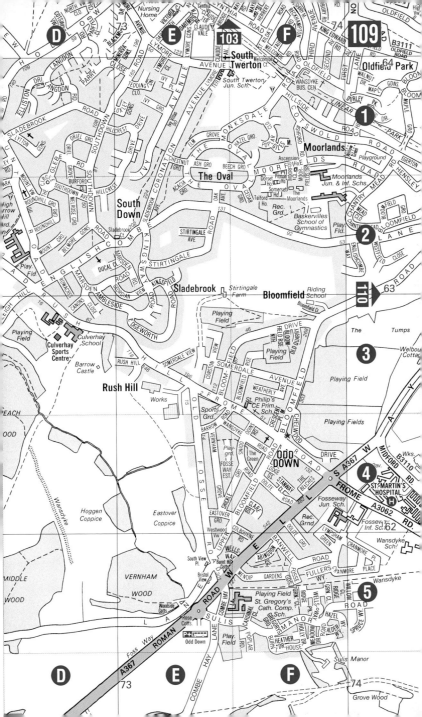

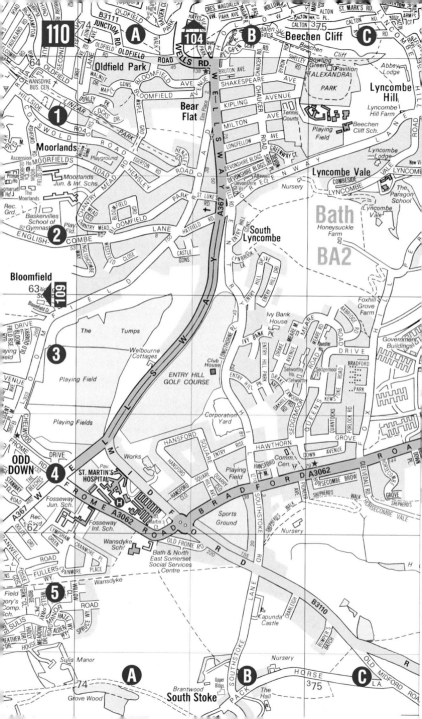

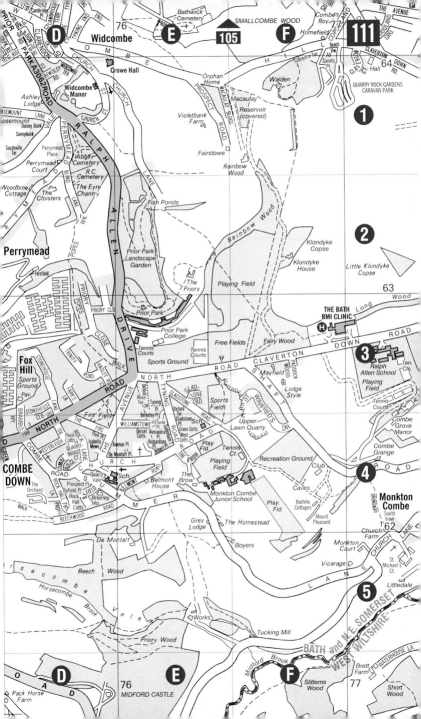

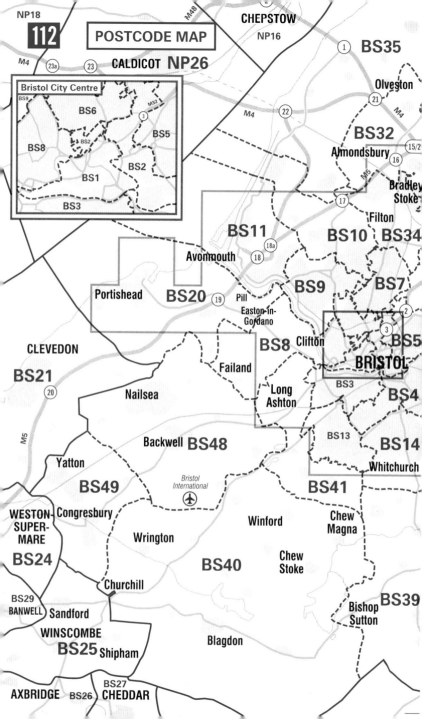

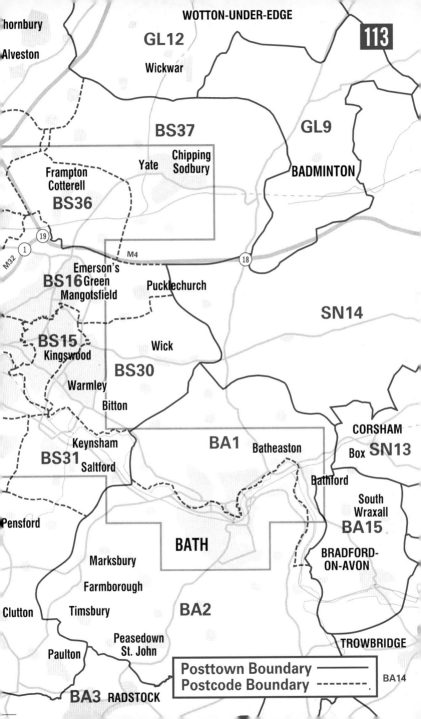

WOTTON-UNDER-EDGE

113

GL12

Wickwar

BS37

Chipping
Sodbury

Yate

GL9

BADMINTON

Frampton
Cotterell

BS36

hornbury

Alveston

(19)

(1)

M32

M4

(18)

Emerson's
Green

BS16

Mangotsfield

Pucklechurch

SN14

BS15

Kingswood

Wick

BS30

Warmley

Bitton

Keynsham

BS31

Saltford

BA1

Batheaston

CORSHAM

Box **SN13**

Bathford

South
Wraxall

BA15

Pensford

BATH

**BRADFORD-
ON-AVON**

Marksbury

Farmborough

Clutton

Timsbury

BA2

Peasedown
St. John

TROWBRIDGE

Paulton

BA3 **RADSTOCK**

Posttown Boundary ———
Postcode Boundary - - - - - -

BA14

INDEX

Including Streets, Places & Areas, Industrial Estates, Selected Flats & Walkways,
Junction Names, Stations and Selected Places of Interest.

HOW TO USE THIS INDEX

1. Each street name is followed by its Postal District and then by its Locality abbreviation(s) and then by its map reference;
   e.g. **Abbeydale**. BS36: Wint . . . .2A **28** is in the Bristol 36 Postal District and the Winterbourne Locality and is to be found in square
   2A on page **28**. The page number is shown in bold type.

2. A strict alphabetical order is followed in which Av., Rd., St., etc. (though abbreviated) are read in full and as part of the street name;
   e.g. **Alder Ct.** appears after **Aldercombe Rd.** but before **Alderdown Cl.**

3. Streets and a selection of flats and walkways too small to be shown on the maps, appear in the index with the thoroughfare to which it
   is connected shown in brackets; e.g. **Abbey Chambers** BA1: Bath . . . .4C **6** (off York St.)

4. Addresses that are in more than one part are referred to as not continuous.

5. Places and areas are shown in the index in BLUE TYPE and the map reference is to the actual map square in which the town centre or
   area is located and not to the place name shown on the map; e.g. **ABBOTS LEIGH** 1B **64**

6. An example of a selected place of interest is **American Mus., The** 5C **106**

7. An example of a station is **Avonmouth Station (Rail)** . . . .2D **37**. Included are Rail **(Rail)** and Park and Ride **(Park & Ride)** Stations.

8. Map references for entries that appear on the large scale pages **4-7** are shown first, with small scale map references shown in brackets;
   e.g. **Abbey Ct.** BA2: Bath . . . .2E **7** (3D **105**).

GENERAL ABBREVIATIONS

All. : Alley
App. : Approach
Arc. : Arcade
Av. : Avenue
Bk. : Back
Blvd. : Boulevard
Bri. : Bridge
B'way. : Broadway
Bldg. : Building
Bldgs. : Buildings
Bus. : Business
Cvn. : Caravan
C'way. : Causeway
Cen. : Centre
Chu. : Church
Chyd. : Churchyard
Cl. : Close
Comn. : Common
Cnr. : Corner
Cott. : Cottage
Cotts. : Cottages
Ct. : Court
Cres. : Crescent
Cft. : Croft
Dr. : Drive
E. : East
Ent. : Enterprise

Est. : Estate
Fld. : Field
Flds. : Fields
Gdn. : Garden
Gdns. : Gardens
Ga. : Gate
Gt. : Great
Grn. : Green
Gro. : Grove
Hgts. : Heights
Ho. : House
Ho's. : Houses
Ind. : Industrial
Info. : Information
La. : Lane
Lit. : Little
Lwr. : Lower
Mnr. : Manor
Mans. : Mansions
Mkt. : Market
Mdw. : Meadow
Mdws. : Meadows
M. : Mews
Mt. : Mount
Mus. : Museum
Nth. : North
No. : Number

Pde. : Parade
Pk. : Park
Pas. : Passage
Pl. : Place
Pct. : Precinct
Res. : Residential
Ri. : Rise
Rd. : Road
Rdbt. : Roundabout
Shop. : Shopping
Sth. : South
Sq. : Square
Sta. : Station
St. : Street
Ter. : Terrace
Twr. : Tower
Trad. : Trading
Up. : Upper
Va. : Vale
Vw. : View
Vs. : Villas
Vis. : Visitors
Wlk. : Walk
W. : West
Yd. : Yard

LOCALITY ABBREVIATIONS

Abb L : **Abbots Leigh**
Alm : **Almondsbury**
Ash G : **Ashton Gate**
Ash V : **Ashton Vale**
A'mth : **Avonmouth**
Bar G : **Barrow Gurney**
Bar C : **Barrs Court**
Bar H : **Barton Hill**
Bath : **Bath**
B'ptn : **Bathampton**
Bathe : **Batheaston**
Bathf : **Bathford**
Bedm : **Bedminster**
B'stn : **Bishopston**
Bis : **Bishopsworth**
Bit : **Bitton**
Bwr A : **Bower Ashton**
Brad S : **Bradley Stoke**
Bren : **Brentry**
B'yte : **Bridgeyate**
Brisl : **Brislington**
Bris : **Bristol**
B'hll : **Broomhill**
C Hth : **Cadbury Heath**
Charl : **Charlcombe**
Chip S : **Chipping Sodbury**

Chit : **Chittening**
Clap G : **Clapton-in-Gordano**
C'ton : **Claverton**
Clav D : **Claverton Down**
Clif : **Clifton**
Coal H : **Coalpit Heath**
Cod : **Codrington**
C Down : **Combe Down**
C Hay : **Combe Hay**
C Din : **Coombe Dingle**
Cor : **Corston**
Cot : **Cotham**
Dod : **Dodington**
Down : **Downend**
Dun : **Dundry**
E Comp : **Easter Compton**
E'tn : **Easton**
Eas : **Easton-in-Gordano**
Eastv : **Eastville**
Emer G : **Emersons Green**
Eng : **Englishcombe**
Fail : **Failand**
Fil : **Filton**
Fish : **Fishponds**
Flax B : **Flax Bourton**
Fram C : **Frampton Cotterell**

Fren : **Frenchay**
Gau E : **Gaunt's Earthcott**
H'len : **Hallen**
Ham : **Hambrook**
Han : **Hanham**
Hart : **Hartcliffe**
Hen : **Henbury**
H'fld : **Henfield**
H'gro : **Hengrove**
Henle : **Henleaze**
Hor : **Horfield**
Hort : **Horton**
Ing : **Inglesbatch**
Iron A : **Iron Acton**
Kel : **Kelston**
Key : **Keynsham**
K'wd : **Kingswood**
Know : **Knowle**
L'rdge : **Langridge**
L'dwn : **Lansdown**
Law W : **Lawrence Weston**
L Wds : **Leigh Woods**
Lim S : **Limpley Stoke**
Lit S : **Little Stoke**
L'lze : **Lockleaze**
L Ash : **Long Ashton**

100 Steps—Altringham Rd.

L Grn : Longwell Green
Mang : Mangotsfield
Mon C : Monkton Combe
Mon F : Monkton Farleigh
New L : Newton St Loe
Odd D : Odd Down
Old C : Oldland Common
Old S : Old Sodbury
Pat : Patchway
Pill : Pill
P'bry : Portbury
P'head : Portishead
Puck : Pucklechurch
Q Char : Queen Charlton
Redf : Redfield
Redl : Redland
St Ap : St Annes Park
St G : St George
Salt : Saltford
Sea M : Sea Mills
Shire : Shirehampton
Sho : Shockerwick
Short : Shortwood
Sis : Siston
Soun : Soundwell
S'mead : Southmead
S'ske : Southstoke
S'wll : Speedwell
Stap H : Staple Hill
Stap : Stapleton
Stoc : Stockwood
Stok B : Stoke Bishop
Stok G : Stoke Gifford
Swa : Swainswick
S'frd : Swineford
Up Swa : Upper Swainswick
Warl : Warleigh
Warm : Warmley
W Hth : Webbs Heath
W Trym : Westbury-on-Trym
W'lgh : Westerleigh
W'ton : Weston
Wes : Weston-in-Gordano
Whit : Whitchurch
W'hall : Whitehall
Will : Willsbridge
Wind H : Windmill Hill
Wint : Winterbourne
Wint D : Winterbourne Down
Withy : Withywood
W'ly : Woolley
Yate : Yate

100 Steps BS15: Han 4C 70
5102 BS1: Bris 1A 68

A

Abbey Chambers *BA1: Bath* *4C 6*
(off York St.)
Abbey Chu. Ho. *BA1: Bath* *4B 6*
(off Hetling Ct.)
Abbey Chyd. *BA1: Bath* *3C 6*
(off Cheap St.)
Abbey Cl. BS31: Key 1B 90
Abbey Ct. BA2: Bath 2E 7 (3D 105)
BS4: St Ap 4B 70
Abbeydale BS36: Wint 2A 28
Abbeygate St. BA1: Bath . . . 4C 6 (4C 104)
Abbey Grn. BA1: Bath 4C 6 (4C 104)
Abbey Ho. BS37: Yate 1F 31
Abbey Pk. BS31: Key 1B 90
Abbey Retail Pk. BS34: Fil 1E 43
Abbey Rd. BS9: W Trym 5B 40
Abbey St. *BA1: Bath* *4C 6*
(off York St.)
Abbey Vw. BA2: Bath 5F 7 (5D 105)
Abbey Vw. Gdns.
BA2: Bath 5E 7 (5D 105)
Abbeywood Dr. BS9: Stok B 1E 55
Abbeywood Pk. BS34: Fil 1D 43
Abbots Av. BS15: Han 5E 71
Abbots Cl. BS14: Whit 4C 86
Abbotsford Rd. BS6: Cot 5D 57
ABBOTS LEIGH 1B 64
Abbots Leigh Rd.
BS8: Abb L, L Wds 1C 64
Abbots Rd. BS15: Han 1E 81
Abbots Way BS9: Henle 5F 41
Abbotswood BS15: K'wd 2F 71
BS37: Yate 1F 31
ABC Beau Nash Cinema 3B 6
Aberdeen Rd. BS6: Cot 1D 67
Abingdon Gdns. BA2: Odd D 5F 109
Abingdon Rd. BS16: Fish 3C 60
Ableton La. BS10: H'len 1B 20
Ableton Wlk. BS9: Sea M 1E 55
Abon Ho. BS9: Sea M 2E 55
Abraham Cl. BS5: E'tn 1D 69
Abraham Fry Ho. BS15: K'wd 2A 72
Acacia Av. BS16: Stap H 2E 61
Acacia Cl. BS16: Stap H 3F 61
Acacia Ct. BS31: Key 3E 89
Acacia Gro. BA2: Bath 2E 109
Acacia M. BS16: Stap H 2F 61
Acacia Rd. BS16: Stap H 2F 61
Academy, The BA2: Bath . . . 5A 6 (5B 104)
Acorn Gro. BS13: Bis 1A 84
Acraman's Rd. BS3: Bedm 5E 67
Acresbush Cl. BS13: Bis 2C 84
Acton Court 1F 13
Acton Rd. BS16: Fish 3C 60
Adams Hay BS4: Brisl 3F 79
Adams Land BS36: Coal H 1E 29
Adderley Ga. BS16: Emer G 4D 47
Addiscombe Rd. BS14: Whit 2D 87
Addison Rd. BS3: Wind H 1A 78
Adelaide Pl. BA2: Bath 3F 7 (4D 105)
BS5: E'tn 1D 69
BS16: Fish 2B 60
Adelaide Ter. BS16: Fish 2C 60
Adelante Cl. BS34: Stok G 4C 26
Admiral Cl. BS16: Stap 4F 43
Admirals Wlk. BS20: P'head 1D 49
Aelfric Mdw. BS20: P'head 2B 50
Agate St. BS3: Bedm 1D 77
Aiken St. BS5: Bar H 3D 69
Ainslie's Belvedere *BA1: Bath* *1B 6*
(off Caroline Pl.)
Aintree Dr. BS16: Down 2B 46
Air Balloon Rd. BS5: St G 2C 70
Airport Rd. BS14: H'gro 5B 78
Akeman Way BS11: Shire 3E 37
Alard Rd. BS4: Know 5B 78
Albany Bldgs. BS3: Bedm 5E 67
Albany Ct. BA2: Bath 4D 103
Albany Ga. BS34: Stok G 3A 26
Albany Rd. BA2: Bath 4D 103
BS6: Bris 5B 58
Albany St. BS15: K'wd 1E 71
Albany Way BS30: Old C 4E 73
Albermarle Row BS8: Clif 3B 66
Albermarle Ter. BS8: Clif 3B 66
Albert Cres. BS2: Bris 4C 68
Albert Gro. BS5: St G 1B 70
Albert Gro. Sth. BS5: St G 1B 70
Albert Mill BS31: Key 3B 90
Alberton Rd. BS16: B'hll 5B 44
Albert Pde. BS5: Redf 1F 69
Albert Pk. BS6: Bris 5B 58
Albert Pk. Pl. BS6: Bris 5A 58
Albert Pl. BA2: C Down 4E 111
BS3: Bedm 1E 77
BS9: W Trym 4C 40
Albert Rd. BS2: Bris 5C 68
BS15: Han 4F 71
BS16: Stap H 2A 62
BS20: P'head 1F 49
BS31: Key 2A 90
Albert St. BS5: Redf 1E 69
Albert Ter. BA2: Bath 4E 103
BS16: Fish 2B 60
Albion Bldgs. BA1: Bath 3F 103
Albion Chambers BS1: Bris 2C 4
Albion Cl. BS16: Mang 1B 62
Albion Pl. BA1: Bath 3A 104
BS2: Bris 3C 68
(Kingsland Rd.)
BS2: Bris 1F 5
(Lawford St.)
Albion Rd. BS5: E'tn 5D 59
Albion St. BS5: Redf 1E 69
Albion Ter. BA1: Bath 3A 104
BS34: Pat 4D 9
Alcove Rd. BS16: Fish 3A 60
Aldercombe Rd. BS9: C Din 3E 39
Alder Ct. BS14: H'gro 2D 87
Alderdown Cl. BS11: Law W 3C 38
Alder Dr. BS5: W'hall 5A 60
Alderley Rd. BA2: Bath 1C 108
Aldermoor Way BS30: L Grn 5A 72
Alderney Av. BS4: Brisl 5B 70
Alders, The *BS16: Fren* *2D 45*
(off Marlborough Dr.)
Alderton Rd. BS7: Hor 3A 42
Alder Way BA2: Odd D 5F 109
Aldwick Av. BS13: Hart 4E 85
Alec Ricketts Cl. BA2: Bath 5B 102
Alexander Bldgs. BA1: Bath 1D 105
Alexandra Cl. BS16: Stap H 2F 61
Alexandra Ct. BS16: Fish 2B 60
Alexandra Gdns. BS16: Stap H 2F 61
Alexandra Pk. BS6: Redl 4E 57
BS16: Fish 2B 60
Alexandra Pl. BA2: C Down 4E 111
BS16: Stap H 2F 61
Alexandra Rd. BA2: Bath 5C 104
BS8: Clif 1D 67
BS10: W Trym 3E 41
BS13: Bis 5B 76
BS15: Han 4F 71
BS36: Coal H 1F 29
Alford Rd. BS4: Brisl 2E 79
Alfred Hill BS2: Bris 1F 67
Alfred Lovell Gdns. BS30: C Hth 5C 72
Alfred Pde. BS2: Bris 1B 4 (1F 67)
Alfred Pl. BS1: Bris 5C 4 (4F 67)
BS2: Bris 1E 67
Alfred Rd. BS3: Wind H 1F 77
BS6: Henle 2C 56
Alfred St. BA1: Bath 1B 6 (3B 104)
BS2: Bris 3C 68
BS5: Redf 1E 69
Algars Dr. BS37: Iron A 2A 14
Algiers St. BS3: Wind H 1F 77
Allanmead Rd. BS14: H'gro 4D 79
Allerton Cres. BS14: Whit 3D 87
Allerton Gdns. BS14: H'gro 2D 87
Allerton Rd. BS14: Whit 3C 86
Allfoxton Rd. BS7: Eastv 3C 58
All Hallows Rd. BS5: E'tn 1D 69
Allington Dr. BS30: Bar C 5B 72
Allington Rd. BS3: Bris 4E 67
Allison Av. BS4: Brisl 1A 80
Allison Rd. BS4: Brisl 1F 79
All Saints Cl. BS30: L Grn 1C 82
All Saints Ct. BS1: Bris 2C 4 (3F 67)
All Saints Gdns. BS8: Clif 1C 66
All Saints La. BS1: Bris 2C 4 (2F 67)
All Saints Pl. BA2: Clav D 1F 111
All Saints Rd. BA1: Bath 2B 104
BS8: Clif 1C 66
All Saints St. BS1: Bris 2C 4 (2F 67)
Alma Cl. BS15: K'wd 1A 72
Alma Ct. BS8: Clif 5D 57
Alma Rd. BS8: Clif 1C 66
BS15: K'wd 5A 62
Alma Rd. Av. BS8: Clif 1D 67
Alma Va. Rd. BS8: Clif 1C 66
Almeda Rd. BS5: St G 3C 70
ALMONDSBURY 1D 9
Almondsbury Bus. Cen.
BS32: Brad S 1F 9
Almond Way BS16: Mang 1B 62
Almorah Rd. BS3: Wind H 1A 78
Alpha Cen., The BS37: Yate 2E 15
Alpha Rd. BS3: Bedm 5F 67
Alpine Gdns. BA1: Bath 2C 104
Alpine Rd. BS5: E'tn 5E 59
Alsop Rd. BS15: K'wd 1F 71
Alton Pl. BA2: Bath 5C 6 (5C 104)
Alton Rd. BS7: Hor 1B 58
Altringham Rd. BS5: W'hall 5F 59

Alverstoke—Avondale Bldgs.

Alverstoke BS14: H'gro 5B **78**
Alveston Wlk. BS9: Sea M 4D **39**
Alwins Ct. BS30: Bar C 5B **72**
Amberley Cl. BS16: Down 4F **45**
BS31: Key 3A **90**
Amberley Rd. BS16: Down 4F **45**
BS34: Pat 5D **9**
Amble Cl. BS15: K'wd 2B **72**
Ambleside Av. BS10: S'mead 2D **41**
Ambleside Rd. BA2: Bath 3D **109**
Ambra Ter. BS8: Clif 3C **66**
Ambra Va. BS8: Clif 3C **66**
Ambra Va. E. BS8: Clif 3C **66**
Ambra Va. Sth. BS8: Clif 3C **66**
Ambra Va. W. BS8: Clif 3C **66**
Ambrose Rd. BS8: Clif 3C **66**
Ambury BA1: Bath 5B **6** (5B **104**)
Amelia Ct. BS1: Bris 3B **4** (3F **67**)
Amercombe Wlk. BS14: Stoc 5F **79**
American Mus., The **5C 106**
Amery La. BA1: Bath 4B **6** (4C **104**)
Anchor Cl. BS5: St G 3B **70**
Anchor Ho. BS4: Know 2D **79**
Anchor La. BS1: Bris 4A **4** (3E **67**)
Anchor Rd. BA1: W'ton 1D **103**
BS1: Bris 4A **4** (3D **67**)
BS15: K'wd 5C **62**
Anchor Sq. BS1: Bris 4A **4** (3E **67**)
Anchor Way BS20: Pill 2F **53**
Andereach Cl. BS14: H'gro 4D **79**
Andover Rd. BS4: Know 2B **78**
Andrew Millman Ct. BS37: Yate 4B **16**
Andruss Dr. BS41: Dun 5A **84**
Angels Ground BS4: St Ap 3B **70**
Angers Rd. BS4: Wind H 5B **68**
Anglesea Pl. BS8: Clif 4C **56**
Anglo Ter. *BA1: Bath* *2C* ***104***
(off London Rd.)
Annie Scott Cl. BS16: Fish 2B **60**
Anson Cl. BS31: Salt 5F **91**
Anstey's Cl. BS15: Han 4D **71**
Anstey's Rd. BS15: Han 4D **71**
Anstey St. BS5: E'tn 5D **59**
Anthea Rd. BS5: S'wll 4A **60**
Antona Ct. BS11: Shire 4F **37**
Antona Dr. BS11: Shire 4F **37**
Antrim Rd. BS9: Henle 5D **41**
Anvil St. BS2: Bris 3F **5** (3B **68**)
Apex Ct. BS32: Brad S 2F **9**
Apperley Cl. BS37: Yate 5F **15**
Appleby Wlk. BS4: Know 5F **77**
Appledore Cl. BS14: H'gro 4D **79**
Applegate BS10: Bren 5D **23**
Applin Grn. BS16: Emer G 5E **47**
Apseleys Mead BS32: Brad S 3E **9**
Apsley Cl. BA1: Bath 3D **103**
Apsley Rd. BA1: Bath 3C **102**
BS8: Clif 5C **56**
Apsley St. BS5: Eastv 4E **59**
Apsley Vs. BS6: Bris 5F **57**
Arbutus Dr. BS9: C Din 4E **39**
Arbutus Wlk. BS9: C Din 2F **39**
Arcade, The BS1: Bris 1D **5**
Arch Cl. BS41: L Ash 3B **74**
Archer Ct. BS30: L Grn 1B **82**
Archer Wlk. BS14: Stoc 1A **88**
Archfield Rd. BS6: Cot 5E **57**
Archgrove BS41: L Ash 3B **74**
Architectural Cen., The *BS1: Bris* *5B* ***4***
(off Narrow Quay)
Archway St. BA2: Bath 5E **7** (5D **105**)
Ardagh Ct. BS7: Hor 4B **42**
Arden Cl. BS32: Brad S 2A **26**
Ardenton Wlk. BS10: Bren 5C **22**
Ardern Cl. BS9: C Din 3D **39**
Argus Ct. BS3: Bedm 2E **77**
Argus Rd. BS3: Bedm 1E **77**
Argyle Av. BS5: Eastv 4E **59**
Argyle Dr. BS37: Yate 1A **16**
Argyle Pl. BS8: Clif 3C **66**
Argyle Rd. BS2: Bris 1A **68**
BS16: Fish 4D **61**
Argyle St. BA2: Bath 3D **7** (4C **104**)
BS3: Bedm 5E **67**
BS5: Eastv 4E **59**
Argyle Ter. BA2: Bath 4E **103**
Arley Cotts. BS6: Cot 5F **57**
Arley Hill BS6: Cot 5F **57**
Arley Pk. BS6: Cot 5F **57**
Arley Ter. BS5: W'hall 5A **60**
Arlingham Way BS34: Pat 4A **8**
Arlington Rd. BA2: Bath 5F **103**
BS4: St Ap 3F **69**
Arlington Vs. BS8: Clif 2D **67**
Armada Ho. BS1: Bris 5A **58**
Armadale Av. BS6: Bris 5A **58**
Armada Pl. BS1: Bris 5A **58**
Armada Rd. BS14: Whit 1C **86**
Armes Ct. BA2: Bath 5D **7** (5C **104**)
Armoury Sq. BS5: E'tn 1C **68**
Armstrong Ct. BS37: Yate 2E **15**
Armstrong Dr. BS30: C Hth 4D **73**
Armstrong Way BS37: Yate 2C **14**
Arnall Dr. BS10: Hen 2B **40**
Arncliffe BS10: S'mead 3E **41**
Arneside Rd. BS10: S'mead 2E **41**
Arnold Ct. BS37: Chip S 4D **17**
Arnolfini Gallery **5B 4 (4F 67)**
Arno's St. BS4: Wind H 1C **78**
ARNO'S VALE **5D** 69
Arrowfield Cl. BS14: Whit 5C **86**
Arthurs Cl. BS16: Emer G 5E **47**
Arthur Skemp Cl. BS5: Bar H 2D **69**
Arthur St. BS2: Bris 4C **68**
BS5: Redf 1E **69**
Arthurswood Rd. BS13: Withy 3C **84**
Arundel Cl. BS13: Hart 2D **85**
Arundel Ct. BS7: B'stn 3F **57**
Arundel Rd. BA1: Bath 1C **104**
BS7: B'stn 3F **57**
Arundel Wlk. BS31: Key 2F **89**
Ascension Ho. BA2: Bath 1F **109**
Ascot Cl. BS16: Down 2B **46**
Ascot Rd. BS10: S'mead 1F **41**
Ashbourne Cl. BS30: Old C 3E **73**
Ashburton Rd. BS10: S'mead 2E **41**
Ash Cl. BS16: Fish 3E **61**
BS34: Lit S 1F **25**
BS37: Yate 2F **15**
Ashcombe Cres. BS30: Old C 3E **73**
Ashcott BS14: H'gro 5B **78**
Ash Ct. BS14: Whit 1C **86**
Ashcroft Av. BS31: Key 2F **89**
Ashcroft Rd. BS9: Sea M 4E **39**
Ashdene Av. BS5: Eastv 3F **59**
Ashdown Rd. BS20: P'head 1C **48**
Asher La. BS2: Bris 1F **5** (2B **68**)
Ashfield Pl. BS6: Bris 5B **58**
Ashfield Rd. BS3: Bedm 1D **77**
Ashford Rd. BA2: Bath 1F **109**
BS34: Pat 1C **24**
Ashford Way BS15: K'wd 2C **72**
Ash Gro. BA2: Bath 1E **109**
BS16: Fish 3E **61**
Ashgrove Av. BS7: B'stn 2B **58**
BS8: Abb L 2D **65**
Ashgrove Cl. BS7: B'stn 2B **58**
Ashgrove Rd. BS3: Bedm 1D **77**
BS6: Redl 5D **57**
BS7: B'stn 2B **58**
Ashland Rd. BS13: Withy 3C **84**
Ash La. BS32: Alm 2A **8**
Ashley BS15: K'wd 1B **72**
Ashley Av. BA1: Bath 3E **103**
Ashley Cl. BS7: B'stn 2B **58**
Ashley Ct. BS6: Bris 5B **58**
Ashley Ct. Rd. BS7: Bris 4B **58**
ASHLEY DOWN **2A** 58
Ashley Down Rd.
BS7: B'stn, Bris 3B **58**
BS7: B'stn, Hor 1A **58**
Ashley Gro. Rd. BS2: Bris 4B **58**
Ashley Hill BS6: Bris 3B **58**
BS7: Bris 3B **58**
Ashley Pde. BS2: Bris 4B **58**
Ashley Pk. BS6: Bris 3B **58**
Ashley Rd. BA1: Bathf 5E **99**
BS6: Bris 5A **58**
Ashley St. BS2: Bris 5C **58**
Ashley Ter. BA1: Bath 3E **103**
Ashley Trad. Est. BS2: Bris 4B **58**
Ashman Cl. BS5: E'tn 1C **68**
Ashmans Yd. BA1: Bath 4D **103**
Ashmead Ho. BS5: Bar H 2D **69**
Ashmead Ind. Est. BS31: Key 2D **91**
Ashmead Pk. BS31: Key 2D **91**
Ashmead Rd. BS31: Key 2D **91**
Ashmead Way BS1: Bris 4B **66**
Ashridge Rd. BS32: Brad S 2D **9**
Ash Rd. BS7: Hor 1A **58**
Ashton *BS16: Fren* *2E* ***45***
(off Harford Dr.)
Ashton Av. BS1: Bris 4C **66**
Ashton Ct. BS41: L Ash 5F **65**
Ashton Court Nature Reserve **5E 65**
Ashton Court Vis. Cen. **5F 65**
Ashton Dr. BS3: Ash V 3A **76**
ASHTON GATE **5C** 66
Ashton Ga. Rd. BS3: Bris 5C **66**
Ashton Gate Stadium **1B 76**
Ashton Ga. Ter. BS3: Bris 5C **66**
Ashton Ga. Trad. Est. BS3: Ash V 1A **76**
Ashton Ga. Underpass
BS3: Ash V, Bwr A 5B **66**
ASHTON HILL **2A** 100
Ashton Hill BA2: Cor 3C **100**
Ashton Rd. BS3: Ash G 5B **66**
BS3: Ash V 1A **76**
BS41: L Ash 1F **75**
Ashton to Pill Path BS8: Abb L 3D **55**
BS8: L Wds 3A **66**
BS20: Pill 1C **54**
ASHTON VALE **2C** 76
Ashton Va. Rd. BS3: Ash V 1A **76**
Ashton Va. Trad. Est. BS3: Ash V 3B **76**
ASHTON WATERING **4A** 74
Ashton Way BS31: Key 1A **90**
Ashville Rd. BS3: Ash G 5C **66**
Ash Wlk. BS10: Bren 5D **23**
Ashwell Cl. BS14: Stoc 1A **88**
Ashwicke BS14: H'gro 1C **86**
Aspects Leisure Pk. **4A** 72
Assembly Rooms **1B 6**
Assembly Rooms La.
BS1: Bris 4B **4** (3F **67**)
Aston Ho. *BS1: Bris* *4A* ***68***
(off Burton Cl.)
Astry Cl. BS11: Law W 2C **38**
Atchley St. BS5: Bar H 2D **69**
Atherston BS30: Old C 4F **73**
Athlone Wlk. BS4: Know 3A **78**
Atkins Cl. BS14: Stoc 1A **88**
Atlantic Rd. BS11: Shire 3E **37**
Atlas Cl. BS5: S'wll 4C **60**
Atlas Rd. BS3: Wind H 1A **78**
Atlas St. BS2: Bris 4D **69**
Attewell Ct. BA2: Bath 1B **110**
Atwell Cl. BS32: Alm 4D **9**
Atwood Dr. BS11: Law W 1D **39**
Aubrey Rd. BS3: Bedm 1D **77**
Auburn Av. BS30: L Grn 1D **83**
Auburn Rd. BS6: Redl 4D **57**
Auden Mead BS7: Hor 3C **42**
Audley Av. BA1: Bath 3E **103**
Audley Cl. BA1: Bath 3F **103**
Audley Gro. BA1: Bath 3E **103**
Audley Pk. Rd. BA1: Bath 2E **103**
Audrey Wlk. BS9: Henle 4F **41**
Augusta Pl. BA1: Bath 3F **103**
Austen Gro. BS7: Hor 3C **42**
Austen Ho. BS7: Hor 3C **42**
Austen Pl. BS11: Shire 4A **38**
Aust La. BS9: W Trym 3C **40**
Avalon La. BS5: St G 3D **71**
Avalon Rd. BS5: St G 4D **71**
Avebury Rd. BS3: Ash V 2A **76**
Avening Rd. BS15: K'wd 1C **70**
Avenue, The BA2: C Down 4D **111**
BA2: Clav D 5A **106**
BS5: St G 2A **70**
BS7: B'stn 3A **58**
BS8: Clif 5B **56**
BS9: Stok B 4F **55**
BS16: Fren 2A **44**
BS31: Key 1A **90**
BS34: Lit S 2E **25**
BS34: Pat 3D **9**
BS37: Yate 4F **15**
Avenue Pl. BA2: C Down 4D **111**
Averay Rd. BS16: Stap 2E **59**
Avonbank Ind. Est. BS11: A'mth 4D **37**
Avonbridge Trad. Est.
BS11: Shire 3E **37**
Avon Bus. Pk. BS16: Fish 3B **60**
Avon Cl. BS5: St G 3B **70**
BS31: Key 1B **90**
Avon Ct. BA1: Bathe 3C **98**
BS16: Fish 1D **61**
Avon Cres. BS1: Bris 4C **66**
Avondale Bldgs. BA1: Bath 5D **97**

Avondale Bus. Cen. BS15: K'wd 4E 61
Avondale Ct. BA1: Bath 3D 103
  BS9: Stok B 4F 55
  BS30: L Grn 1B 82
Avondale Rd. BA1: Bath 3D 103
Avondale Works BS15: K'wd 4E 61
Avondown Cl. BS10: S'mead 1F 41
Avondown Ct. BS3: Bedm 2E 77
Avon Gorge Ind. Est. BS11: A'mth . .4E 37
Avon Gorge Nature Reserve 1E 65
Avon Gro. BS9: Stok B 4F 55
Avon Ho. BS1: Bris 1C 4
Avon La. BS31: Salt 3B 92
Avonlea BS15: Han 4E 71
  BS37: Yate 5F 15
Avonleaze BS9: Sea M 1D 55
Avonleigh Rd. BS3: Bedm 2D 77
Avon Meads BS2: Bris 4E 69
Avon Mill La. BS31: Key 1B 90
AVONMOUTH 2D 37
Avonmouth Rd. BS11: A'mth 3E 37
  BS11: Shire 3E 37
Avonmouth Station (Rail) 2D 37
Avonmouth Way BS10: Hen 5A 22
  BS11: A'mth 2E 37
Avonmouth Way W. BS11: A'mth 1D 37
Avon Pk. BA1: Bath 3C 102
  BS5: Redf 2F 69
Avon Ring Rd. BS4: Key 4E 81
  BS15: Han 4E 81
  BS15: Warm, Sis 5D 63
  BS16: Down 2F 45
  BS16: Emer G, Mang, Sis 1C 46
  BS16: Ham 1A 44
  BS30: Bar C, Han 4E 81
  BS30: Sis 4D 63
Avon Riverside Est. BS11: A'mth 4E 37
Avon Rd. BS13: Bis 1C 84
  BS20: Pill 1E 53
  BS31: Key 2B 90
Avonside Ind. Est. BS2: Bris 3E 69
Avonside Rd. BS2: Bris 3E 69
Avonside Way BS4: St Ap 3B 70
Avonsmere Res. Pk. BS34: Stok G . . .5E 25
Avon St. BA1: Bath 5B 6 (4B 104)
  BS2: Bris 3F 5 (3B 68)
Avon Trad. Est. BS2: Bris 4C 68
Avon Va. BS9: Stok B 2F 55
Avonvale Pl. BA1: Bathe 4B 98
Avonvale Rd. BS5: Bar H, Redf 3D 69
Avon Valley Bus. Pk. BS4: St Ap 3A 70
Avon Valley Country Pk. 1E 91
Avon Valley Farm BS31: Key 2F 91
Avon Valley Pk. 5D 71
Avon Valley Railway 3D 83
Avon Vw. BS15: Han 1D 81
Avon Way BS9: Stok B 1E 55
  BS10: S'mead 1D 49
  BS20: P'head 3F 41
Avonwood Cl. BS11: Shire 5A 38
Awdelett Cl. BS11: Law W 2D 39
Axbridge Rd. BA2: C Down 3C 110
  BS4: Know 2B 78
Axis BS14: Hart 2F 85
Aylesbury Cres. BS3: Bedm 3D 77
Aylesbury Rd. BS3: Bedm 3D 77
Aylmer Cres. BS14: H'gro 1D 87
Aylminton Wlk. BS11: Law W 1D 39
Ayr St. BA2: Bath 4F 103
Azelin Av. BS13: Hart 2D 85
Aztec Cen., The BS32: Alm 3C 8
AZTEC WEST 3C 8
Aztec W. BS32: Alm 3C 8
Azure, The 5A 58
              (off Bath Bldgs.)

B

Backfields BS2: Bris 1A 68
Backfields Ct. BS2: Bris 1A 68
           (off Backfields La.)
Backfields La. BS2: Bris 1A 68
Back La. BS20: Pill 1E 53
           (not continuous)
  BS31: Key 1A 90
  BS36: Coal H 2F 29
Bk. of Kingsdown Pde. BS6: Bris 1F 67
Back Rd. BS3: Bris 5C 66
Bk. Stoke La. BS9: W Trym 5B 40

Backwell Wlk. BS13: Bis 4B 76
Badenham Gro. BS11: Law W 3B 38
Baden Rd. BS5: Redf 2E 69
  BS15: K'wd 2C 72
  BS15: Warm 1D 73
Badger Cl. BS37: Yate 2F 15
Badger Ri. BS20: P'head 3A 48
Badgers Cl. BS32: Brad S 2F 9
Badgers Dr. BS10: Bren 4A 24
Badger Sett BS5: St G 2D 71
Badgers Holt BS14: H'gro 1E 87
Badger's La. BS32: Alm 3A 8
Badgers Wlk. BS4: Brisl 2F 79
Badgeworth BS37: Yate 2F 31
Badminton BS16: Fren 2E 45
             (off Penn Dr.)
Badminton Cen. BS37: Yate 3E 15
Badminton Ct. BS37: Yate 3E 15
Badminton Gdns. BA1: Bath 2E 103
Badminton Rd. BS2: Bris 5B 58
  BS16: Down 5A 46
  BS36: Coal H, Wint D 1C 46
  BS36: Fram C 3E 29
  BS37: Chip S 5F 17
  BS37: Yate 3E 29
Badminton Rd. Trad. Est.
  BS37: Yate 4D 15
Badminton Wlk. BS16: Down 4A 46
Badock Hall BS9: Stok B 2A 56
Baglyn Av. BS15: Soun 3B 62
Bagnell Cl. BS14: Stoc 2A 88
Bagnell Rd. BS14: Stoc 2A 88
Bagworth Dr. BS30: L Grn 1B 82
BAILBROOK 4F 97
Bailbrook Ct. BA1: Swa 4A 98
Bailbrook Gro. BA1: Swa 4E 97
Bailbrook La. BA1: Swa 4E 97
Bailey Ct. BS20: P'head 5E 35
Baileys Ct. BS32: Brad S 2B 26
Baileys Ct. Rd. BS32: Brad S 2A 26
Baileys Mead Rd. BS16: Stap 1E 59
Bakersfield BS30: L Grn 1C 82
Bakers Ground BS34: Stok G 3B 26
Balaclava Rd. BS16: Fish 3B 60
Baldwin St. BS1: Bris 3B 4 (3F 67)
Balfour Rd. BS3: Ash G 1D 77
Ballance St. BA1: Bath 1B 6 (2B 104)
Ballast La. BS11: A'mth 1F 37
Balmain St. BS4: Wind H 5C 68
Balmoral Cl. BS34: Stok G 4F 25
Balmoral Ho. BS16: Mang 1C 62
Balmoral Rd. BS7: Bris 4A 58
  BS30: L Grn 2B 82
  BS31: Key 3A 90
Baltic Pl. BS20: Pill 2F 53
Baltic Wharf Water Leisure Cen. 4C 66
Balustrade BA1: Bath 1D 105
           (off St Saviours Rd.)
Bamfield BS14: H'gro, Whit 5B 78
Bampton Cl. BS13: Bis 5D 77
  BS16: Emer G 5E 47
Bampton Dr. BS16: Emer G 3F 45
Bampton Dr. BS16: Down 3E 45
Banfield Cl. BS11: Law W 3C 38
Bangor Rd. BS4: St Ap 4B 70
Bangrove Wlk. BS11: Law W 3A 38
Banister Gro. BS4: Know 5F 77
Bank Pl. BS20: Pill 2F 53
Bank Rd. BS11: Chit 1F 19
  BS15: K'wd 1F 71
Bankside BS16: Stap H 2B 62
Bankside Rd. BS4: Brisl 1F 79
Bannerdown Cl. BA1: Bathe 3D 99
Bannerdown Dr. BA1: Bathe 3C 98
Bannerdown Rd. BA1: Bathe 4C 98
Bannerleigh La. BS8: L Wds 3A 66
Bannerleigh Rd. BS8: L Wds 3A 66
Bannerman Rd. BS5: E'tn 5D 59
             (Albion Rd.)
  BS5: E'tn 1D 69
           (Combfactory La.)
Banner Rd. BS6: Bris 5A 58
Bantock Cl. BS4: Know 1F 85
Bantry Rd. BS4: Know 4A 78
Banwell Cl. BS13: Bis 4C 76
  BS31: Key 5C 90
Banwell Rd. BA2: Odd D 5F 109
  BS3: Ash G 1C 76
Banyard Rd. BS20: P'bry 1A 52

BAPTIST MILLS 4C 58
Baptist St. BS5: E'tn 5C 58
Barbour Gdns. BS13: Hart 4F 85
Barbour Rd. BS13: Hart 4F 85
Barcroft Cl. BS15: K'wd 1E 71
Barkers Mead BS37: Yate 1B 16
Barker Wlk. BS5: E'tn 5C 58
Barkleys Hill BS16: Stap 1E 59
Barlands Ho. BS10: Hen 5B 22
Barley Cl. BS16: Mang 5C 46
  BS36: Fram C 5E 13
Barley Cft. BS9: W Trym 1B 56
Barnabas St. BS2: Bris 5A 58
Barnack Trad. Est. BS3: Bedm 3E 77
Barnard Wlk. BS31: Key 3F 89
Barn Cl. BS16: Emer G 5D 47
Barnes St. BS5: St G 1F 69
Barnfield Way BA1: Bathe 3D 99
Barnhill Cl. BS37: Yate 1C 16
Barnhill Rd. BS37: Chip S 4C 16
Barn Owl Way BS34: Stok G 3B 26
Barnstaple Cl. BS4: Know 4A 78
Barnstaple Rd. BS4: Know 4A 78
Barnstaple Wlk. BS4: Know 4B 78
Barnwood Cl. BS15: K'wd 1B 72
Barnwood Rd. BS37: Yate 1E 31
Baron Cl. BS30: Bit 4F 83
Barons Cl. BS3: Ash V 1B 76
Barossa Pl. BS1: Bris 5C 4 (4F 67)
Barracks La. BS11: Shire 3F 37
Barratt St. BS5: E'tn 5D 59
Barrington Cl. BS15: Soun 4B 62
Barrington Ct. BS4: Wind H 5B 68
  BS15: Soun 5A 62
Barrow Hill Cres. BS11: Shire 4E 37
Barrow Hill Rd. BS11: Shire 5E 37
Barrowmead Dr. BS11: Law W 4A 38
Barrow Rd. BA2: Odd D 4E 109
  BS5: Bar H 2D 69
BARRS COURT 4B 72
Barrs Ct. BS1: Bris 1D 5 (1A 68)
Barrs Ct. Av. BS30: Bar C 4C 72
Barrs Ct. Rd. BS30: Bar C 4C 72
Barry Cl. BS30: Bit 3E 83
Barry Rd. BS30: Old C 2E 83
Barstaple Ho. BS2: Bris 2F 5
Bartlett's Rd. BS3: Bedm 2E 77
Bartlett St. BA1: Bath 2B 6 (3B 104)
Bartley Cl. BS5: St G 2F 69
Bartley St. BS3: Bedm 5F 67
Barton, The BA2: Cor 3C 100
  BS15: Han 5D 71
Barton Bldgs. BA1: Bath 2B 6 (3B 104)
Barton Cl. BS4: St Ap 3B 70
  BS36: Wint 3A 28
Barton Ct. BA1: Bath 3C 6
  BS4: Bren 3E 69
BARTON HILL 3D 69
Barton Hill Rd. BS5: Bar H 3D 69
Barton Hill Trad. Est. BS5: Bar H 3D 69
Barton Ho. BS1: Bris 1D 5 (1A 68)
  BS5: Redf 3E 69
Bartonia Gro. BS4: Brisl 3F 79
Barton Mnr. BS2: Bris 3C 68
Barton Mdw. Est. BS16: Fish 5E 45
Barton Rd. BS2: Bris 3C 68
Barton St. BA1: Bath 3B 6 (4B 104)
  BS1: Bris 1F 67
Barton Va. BS2: Bris 3C 68
           (not continuous)
Barwick Ho. BS11: Shire 4A 38
Batch, The BA1: Bathe 4B 98
  BS31: Salt 4B 92
Batches, The BS3: Bedm 2D 77
Bates Cl. BS5: E'tn 4D 59
BATH 3C 6 (4C 104)
Bath Abbey 3C 6 (4C 104)
           (off Bath Abbey)
Bath Abbey Heritage Vaults 4C 6
           (off Bath Abbey)
BATHAMPTON 1B 106
Bathampton La. BA2: B'ptn 1A 106
Bath Bldgs. BS6: Bris 5A 58
Bath Bus. Cen. BA1: Bathe 3C 6
         (off Up. Borough Walls)
Bath City FC 4D 103
BATHEASTON 3B 98
Batheaston Swainswick By-Pass
  BA1: Bath, Swa, Up Swa 1D 97
  BA2: B'ptn 1D 97

Bathford—Bennett's La.

BATHFORD 5E **99**
Bathford Hill BA1: Bathf 5D **99**
Bath Hill BS31: Key 1B **90**
Bathite Cotts. BA2: Mon C 4F **111**
Bath Marina & Cvn. Pk.
BA1: Bath 2B **102**
Bath Race Course 1C **94**
Bath Riverside Bus. Pk.
BA2: Bath 4A **6** (4B **104**)
Bath Rd. BA1: Kel, S'frd 1C **92**
BA2: Cor 1C **100**
BS4: Bris, Wind H 4B **68**
BS4: Brisl 3A **80**
(Brislington)
BS4: Brisl 2F **79**
(Kensington Hill)
BS30: Bit, Will 3D **83**
BS30: B'yte, Old C 4F **73**
BS30: L Grn 5A **72**
BS31: Key, Salt 2B **90**
Bath RUFC .3D **7**
Bath Spa Station (Rail) 5D **7** (5C **104**)
Bath Sports & Leisure Cen.
. . . . .3D **7** (4C **104**)
Bath St. BA1: Bath 4B **6** (4B **104**)
BS1: Bris 3D **5** (3A **68**)
BS3: Ash G 5C **66**
BS16: Stap H 2A **62**
Bathurst Pde. BS1: Bris 5B **4** (4F **67**)
Bathwell Rd. BS4: Wind H 1C **78**
BATHWICK 1E **7** (3D **105**)
Bathwick Hill BA2: Bath 2E **7** (4D **105**)
Bathwick Ri. BA2: Bath 1F **7** (2E **105**)
Bathwick St. BA2: Bath 1D **7** (2C **104**)
Bathwick Ter. BA2: Bath 3F **7**
Batley Ct. BS30: Old C 5F **73**
Bat Stall La. *BA1: Bath* *3C **6***
(off Orange Gro.)
Batstone Cl. BA1: Bath 5D **97**
Battenburg Rd. BS5: St G 1C **70**
Batten Ct. BS37: Chip S 4E **17**
Batten Rd. BS5: St G 2D **71**
Batten's La. BS5: St G 3C **70**
Battersby Way BS10: Hen 1A **40**
Battersea Rd. BS5: E'tn 1E **69**
Battery La. BS20: P'head 5C **34**
Battery Rd. BS20: P'head 5C **34**
Battson Rd. BS14: Stoc 2A **88**
Baugh Gdns. BS16: Down 2A **46**
Baugh Rd. BS16: Down 2A **46**
Baxter Cl. BS15: K'wd 1B **72**
Bay Gdns. BS5: Eastv 4E **59**
Bayham Rd. BS4: Know, Wind H 1B **78**
Bayleys Dr. BS15: K'wd 3E **71**
Baynham Ct. *BS15: Han* *4D **71***
(off Henbury Rd.)
Baynton Ho. BS5: E'tn 2C **68**
Baynton Mdw. BS16: Emer G 5E **47**
Baynton Rd. BS3: Ash G 5C **66**
Bayswater Av. BS6: Henle 2D **57**
Bayswater Rd. BS7: Hor 4B **42**
Bay Tree Cl. BS34: Pat 1B **24**
Bay Tree Rd. BA1: Bath 5C **96**
Beachgrove Gdns. BS16: Fish 2E **61**
Beachgrove Rd. BS16: Fish 2D **61**
Beach Hill BS20: P'head 5B **34**
Beachley Wlk. BS11: Shire 4F **37**
Beach Rd. E. BS20: P'head 5C **34**
Beach Rd. W. BS20: P'head 5B **34**
BEACON HILL 1D **105**
Beacon Ho. *BS8: Clif* *2D **67***
(off Queen's Av.)
Beacon La. BS36: Wint 3E **27**
Beaconlea BS15: K'wd 3F **71**
Beacon Rd. BA1: Bath 1C **104**
Beaconsfield Cl. BS5: Bar H 3D **69**
Beaconsfield Rd. BS4: Know 1D **79**
BS5: St G 1A **70**
BS8: Clif 5C **56**
Beaconsfield St. BS5: Bar H 3D **69**
Beale Cl. BS14: Stoc 1A **88**
Beale Wlk. BA2: Bath 4A **104**
Beam St. BS5: Redf 2E **69**
Bean Acre, The BS11: Shire 3F **37**
Bean St. BS5: E'tn 5C **58**
Beanwood Pk. BS37: W'lgh 5A **32**
Bearbridge Rd. BS13: Withy 3B **84**
BEAR FLAT 1B **110**
Beauchamp Rd. BS7: B'stn 2F **57**
Beauford Sq. BA1: Bath 3B **6** (4B **104**)
Beaufort *BS16: Fren* *2E **45***
(off Harford Dr.)
Beaufort All. BS5: St G 3B **70**
Beaufort Av. BS37: Yate 3F **15**
Beaufort Cl. BS5: St G 2F **69**
Beaufort Ct. BS16: Down 3C **46**
Beaufort Cres.
BS34: Stok G 4A **26**
Beaufort E. BA1: Bath 1E **105**
Beaufort Hgts. BS5: St G 2A **70**
Beaufort Ho. BS5: Bar H 2D **69**
Beaufort M. BA1: Bath 1E **105**
BS8: Clif 2B **66**
Beaufort Pk.
BS32: Brad S 2F **9**
Beaufort Pl. BA1: Bath 1E **105**
BS5: E'tn 1C **68**
BS16: Fren 2D **45**
Beaufort Rd. BS5: St G 2F **69**
BS7: Hor 5B **42**
BS8: Clif 5C **56**
BS15: K'wd 5E **61**
BS16: Down 4C **46**
BS16: Stap H 2A **62**
BS36: Fram C 5C **12**
BS37: Yate 3F **15**
Beaufort St. BS3: Bedm 2E **77**
BS5: E'tn 1C **68**
Beaufort Vs. BA1: Bath 1D **105**
Beaufort Way BS10: S'mead 3F **41**
Beaufort W. BA1: Bath 1D **105**
Beauley Rd. BS3: Bris 4D **67**
Beaumont Cl. BS30: L Grn 1C **82**
Beaumont St. BS5: E'tn 1C **68**
Beaumont Ter. BS5: E'tn 1C **68**
Beau St. BA1: Bath 4B **6** (4B **104**)
Beaver Cl. BS36: Wint 1B **28**
Beazer Cl. BS16: Soun 3F **61**
Beazer Maze 3D **7** (4C **104**)
Beck Cl. BS16: Emer G 5E **47**
Beckford Ct. *BA2: Bath* *1F **7***
(off Darlington Rd.)
Beckford Gdns.
BA2: Bath 1F **7** (2D **105**)
BS14: Whit 4C **86**
Beckford Rd. BA2: Bath 1E **7** (3D **105**)
Beckford's Tower & Mus. 3F **95**
Beckhampton Rd. BA2: Bath 5F **103**
Beck Ho. BS34: Pat 5C **8**
Beckington Rd. BS3: Know 2B **78**
Beckington Wlk. BS3: Know 2B **78**
Beckspool Rd. BS16: Fren 4D **45**
Bedford Ct. BA1: Bath 2C **104**
Bedford Cres. BS7: Hor 1B **58**
Bedford Pl. BS2: Bris 1B **4** (1F **67**)
Bedford St. BA1: Bath 2C **104**
BEDMINSTER 1E **77**
Bedminster Bri. BS1: Bris 4F **67**
BS3: Bris 4F **67**
BEDMINSTER DOWN 4C **76**
Bedminster Down Rd.
BS13: Bedm, Bis 3C **76**
Bedminster Pde. BS3: Bedm 5F **67**
Bedminster Pl. BS3: Bedm 5F **67**
Bedminster Rd. BS3: Bedm 3D **77**
Bedminster Station (Rail) 1F **77**
Bedminster Trade Pk. BS3: Bedm . . .1E **77**
Bedwin Cl. BS20: P'head 2B **48**
Beech Av. BA2: Clav D 5A **106**
Beech Cl. BS30: Bar C 4C **72**
Beech Ct. BS14: Whit 2C **86**
Beech Cft. BS14: H'gro 2D **87**
Beechcroft BS41: Dun 5A **84**
Beechcroft Wlk. BS7: Hor 3C **42**
BEECHEN CLIFF 5B **104**
Beechen Cliff Rd. BA2: Bath 5B **104**
Beechen Dr. BS16: Fish 4D **61**
Beeches, The BA2: Odd D 4F **109**
BS4: St Ap 4A **70**
BS9: Stok B 3F **55**
BS30: Old C 2E **83**
BS32: Brad S 5F **9**
Beeches Gro. BS4: Brisl 2F **79**
Beeches Ind. Est. BS37: Yate 3D **15**
Beechfield Cl. BS41: L Ash 2E **75**
Beechfield Gro. BS9: C Din 3E **39**
Beech Gro. BA2: Bath 1E **109**
Beech Ho. BS16: Stap 1E **59**
Beechmount Ct. BS14: H'gro 4D **79**
Beechmount Gro. BS14: H'gro 4D **79**
Beech Rd. BS7: Hor 1A **58**
BS31: Salt 4A **92**
Beech Vw. BA2: Clav D 5F **105**
Beechwood Av. BS15: Han 4F **71**
Beechwood Cl. BS14: Stoc 4E **79**
Beechwood Dr. BS20: P'head 1A **48**
Beechwood Rd. BA2: C Down 4D **111**
BS16: Fish 2C **60**
BS20: Eas 2C **52**
BS20: P'head 1A **48**
Beehive Trad. Est. BS5: St G 2A **70**
Beehive Yd. BA1: Bath 2C **6** (3C **104**)
Beesmoor Rd.
BS36: Coal H, Fram C 1D **29**
Begbrook Dr. BS16: B'hll 5B **44**
Begbrook La. BS16: B'hll 5B **44**
Begbrook Pk. BS16: Fren 3C **44**
Beggar Bush La. BS8: Abb L, Fail . . .5A **64**
Beggarswell Cl. BS2: Bris 1B **68**
Belfast Wlk. BS4: Know 4A **78**
Belfields La. BS16: Fren 2E **45**
Belfry BS30: Warm 3D **73**
Belfry All. BS5: St G 1C **70**
Belfry Av. BS5: St G 1C **70**
Belgrave Cres. BA1: Bath 2C **104**
Belgrave Hill BS8: Clif 4C **56**
Belgrave Pl. BA1: Bath 1C **104**
BS8: Clif 2C **66**
Belgrave Rd. BA1: Bath 1D **105**
BS8: Clif 1D **67**
Belgrave Ter. BA1: Bath 1C **104**
Bellamy Av. BS13: Hart 3E **85**
Bellamy Cl. BS15: St G 4C **70**
Belland Dr. BS14: Whit 3B **86**
Bella Vista Rd. BA1: Bath 2B **104**
Bell Barn Rd. BS9: Stok B 5F **39**
Bell Cl. BS10: Hor 4A **42**
Bellevue BS8: Clif 3D **67**
Bellevue Cl. BS15: K'wd 2A **72**
Bellevue Cotts. BS8: Clif 3D **67**
BS9: W Trym 4C **40**
Bellevue Ct. BS8: Clif 3D **67**
Bellevue Cres. BS8: Clif 3D **67**
Bellevue Pk. BS4: Brisl 2F **79**
Bellevue Rd. BS4: Wind H 5B **68**
BS5: E'tn 4E **59**
BS5: St G 1C **70**
BS15: K'wd 2B **72**
Bellevue Ter. BS4: Brisl 2F **79**
BS4: Wind H 5B **68**
BS8: Clif 3D **67**
Bell Hill BS16: Stap 2E **59**
Bell Hill Rd. BS5: St G 1C **70**
Bellhouse Wlk. BS11: Law W 2D **39**
Bell La. BS1: Bris 2B **4** (2F **67**)
(not continuous)
Bellotts Rd. BA2: Bath 4E **103**
Bell Rd. BS36: Coal H 1E **29**
Belluton Rd. BS4: Know 1C **78**
Belmont BA1: Bath 1B **6** (3B **104**)
Belmont Dr. BS34: Stok G 3A **26**
Belmont Pk. BS7: Fil 2B **42**
Belmont Rd. BA2: C Down 4E **111**
BS4: Brisl 5E **69**
BS6: Bris 4A **58**
Belmont St. BS5: E'tn 5D **59**
Belmore Gdns. BA2: Bath 2D **109**
Beloe Rd. BS7: Hor 1A **58**
Belroyal Av. BS4: Brisl 1B **80**
Belsher Dr. BS15: K'wd 3C **72**
Belstone Wlk. BS4: Know 4E **77**
Belton Ct. BA1: W'ton 5D **95**
Belton Ho. BA1: W'ton 5D **95**
Belton Rd. BS5: E'tn 5D **59**
BS20: P'head 1C **48**
Belvedere BA1: Bath 1B **6** (3B **104**)
Belvedere Pl. BA1: Bath 1B **6**
Belvedere Rd. BS6: Redl 3C **56**
Belvedere Vs. BA1: Bath . . .1B **6** (2B **104**)
Belverstone BS15: K'wd 1E **71**
Belvoir Rd. BA2: Bath 5F **103**
BS6: Bris 4A **58**
Bence Ct. *BS15: Han* *4D **71***
(off Memorial Rd.)
Benford Cl. BS16: Fish 5E **45**
Bengough's Almshouses
BS2: Bris 1A **4** (2E **67**)
Bennett Rd. BS5: St G 2A **70**
Bennetts Ct. BS37: Yate 4B **16**
Bennett's La. BA1: Bath 1C **104**

Bennett's Rd. BA1: Swa 4E 97
Bennett St. BA1: Bath 1B 6 (3B 104)
Bennett Way BS8: Clif 4B 66
Bensaunt Gro. BS10: Bren 4F 23
Bentley Cl. BS14: Whit 4B 86
Benville Av. BS9: C Din 3E 39
Berchel Ho. BS3: Bedm 5E 67
Berenda Dr. BS30: L Grn 1D 83
Beresford Cl. BS31: Salt 5A 92
Beresford Gdns. BA1: W'ton 4C 94
Berkeley Av. BS7: B'stn 3F 57
    BS8: Clif 2E 67
Berkeley Cl. BS16: Down 3B 46
Berkeley Ct. BA2: Bath 3F 7 (4E 105)
    BS5: E'tn 2D 69
    BS7: B'stn 3F 57
    BS34: Pat 4B 8
Berkeley Cres. BS8: Clif 2D 67
Berkeley Gdns. BS31: Key 3A 90
Berkeley Grn. BS5: Fren 2D 45
Berkeley Grn. Rd. BS5: Eastv 4E 59
Berkeley Gro. BS5: Eastv 4E 59
Berkeley Ho. BA1: Bath 2C 104
    BS1: Bris 3D 67
    BS16: Stap H 1F 61
Berkeley Pl. BA1: Bath 2C 104
    BA2: C Down 3E 111
    BS8: Clif 2D 67
Berkeley Rd. BS6: Henle 2C 56
    BS7: B'stn 3F 57
    BS15: K'wd 2A 72
    BS16: Fish 4C 60
    BS16: Stap H 2F 61
Berkeleys Mead BS32: Brad S 2B 26
Berkeley Sq. BS8: Clif 2E 67
Berkeley St. BS5: Eastv 4E 59
                        (off Berkeley Grn. Rd.)
    BS5: Eastv 3E 59
                                (Fishponds Rd.)
Berkeley Way BS16: Emer G 4D 47
Berkshire Rd. BS7: B'stn 3F 57
Berlington Ct. BS1: Bris 5E 5 (4A 68)
Berners Cl. BS4: Know 5F 77
Berrow Wlk. BS3: Wind H 2A 78
Berry Cft. BS3: Bedm 5F 67
Berry La. BS7: Hor 5B 42
BERWICK .2F 21
Berwick Ct. BS10: H'len 3D 21
Berwick Dr. BS10: H'len 3A 22
Berwick La. BS10: H'len 3E 21
    BS35: E Comp 1A 22
Berwick Rd. BS5: Eastv 4D 59
Beryl Gro. BS14: H'gro 4E 79
Beryl Rd. BS3: Bedm 1D 77
Besom La. BS37: W'lgh 3E 31
Bethel Rd. BS5: St G 1B 70
Betjeman Ct. BS30: Bar C 4C 72
Betts Grn. BS16: Emer G 4E 47
Bevan Ct. BS34: Fil 1C 42
Beverley Av. BS16: Down 2B 46
Beverley Cl. BS5: St G 3D 71
Beverley Gdns. BS9: W Trym 4F 39
Beverley Rd. BS7: Hor 3B 42
Beverston Gdns. BS11: Law W 1D 39
Bevington Cl. BS34: Pat 4A 8
Bevington Wlk. BS34: Pat 4A 8
Bewdley Rd. BA2: Bath 1D 111
Bexley Rd. BS16: Fish 3D 61
Bibstone BS15: K'wd 1C 72
Bibury Av. BS34: Pat 5D 9
Bibury Cl. BS9: Henle 4F 41
Bibury Cres. BS9: Henle 4F 41
    BS15: Han 4E 71
Bickerton Cl. BS10: Hen 5B 22
Bickford Cl. BS30: Bar C 3C 72
Bickley Cl. BS15: Han 2D 81
Biddestone Rd. BS7: Hor 3A 42
Bideford Cres. BS4: Know 4B 78
Bidwell Cl. BS10: Bren 5D 23
Bifield Cl. BS14: Stoc 2B 88
Bifield Gdns. BS14: Stoc 2A 88
                                (not continuous)
Bifield Rd. BS14: Stoc 3A 88
Bigwood La. BS1: Bris 3A 4 (3E 67)
Bilberry Cl. BS9: C Din 3E 39
Bilbie Cl. BS10: Hor 4A 42
Bilbury Ho. BA1: W'ton 5D 95
Bilbury La. BA1: Bath 4C 6 (4C 104)
Billand Cl. BS13: Withy 4A 84
Bindon Dr. BS10: Bren 4F 23

Binley Gro. BS14: Stoc 2F 87
Binmead Gdns. BS13: Hart 3D 85
Birbeck Rd. BS9: Stok B 1A 56
Birch All. BS40: L Ash 2E 57
Birch Cl. BS34: Pat 1A 24
Birch Ct. BS31: Key 3E 89
    BS37: Yate 3F 15
Birch Cft. BS14: Whit 4C 86
Birchdale Rd. BS14: H'gro 4C 78
Birch Gro. BS20: P'head 2E 49
Birchills Trad. Est. BS4: Brisl 3B 80
Birch Rd. BS3: Bris 5D 67
    BS15: Soun 3A 62
    BS37: Yate 3F 15
Birchwood Ct. BS4: St Ap 3B 70
Birchwood Rd. BS4: Brisl, St Ap 1A 80
Birdale Cl. BS10: Hen 5A 22
Birdwell La. BS41: L Ash 3B 74
Birdwell Rd. BS41: L Ash 3B 74
Birdwood BS15: Han 3F 71
Birkdale BS30: Warm 3C 72
    BS37: Yate 5A 16
Birkin St. BS2: Bris 3C 68
Biscay Dr. BS20: P'head 5E 35
Bishop La. BS7: B'stn 2A 58
Bishop Mnr. Rd. BS10: Hor 4F 41
Bishop M. BS2: Bris 1A 68
Bishop Rd. BS7: B'stn 2A 58
    BS16: Emer G 5E 47
Bishops Cl. BS9: Stok B 3A 56
Bishops Cl. BS9: Stok B 3E 55
Bishops Cove BS13: Bis 2B 84
Bishops Knoll BS9: Stok B 3E 55
Bishops Knoll Nature Reserve 4F 55
BISHOPSTON 3F 57
Bishop St. BS2: Bris 1A 68
BISHOPSWORTH 2C 84
Bishopsworth Rd. BS13: Bis 5C 76
Bishopsworth Swimming Pool 1C 84
Bishop Ter. BS2: Bris 1B 68
Bishopthorpe Rd. BS7: Hor 4F 41
Bishport Av. BS13: Hart, Withy 3C 84
Bishport Cl. BS13: Hart 3D 85
Bishport Grn. BS13: Hart 4E 85
Bisley BS37: Yate 1E 31
Bissex Mead BS16: Emer G 1D 63
Bitterwell Cl. BS36: H'fld 5F 29
Bittle Mead BS13: Hart 3B 86
BITTON 4F 83
Bitton Station Railway Cen. 3D 83
Blackacre BS14: Whit 3E 87
Blackberry Av. BS16: Stap 1A 60
Blackberry Dr. BS36: Fram C 2D 29
Blackberry Hill BS16: Stap 1A 60
Black Boy Hill BS8: Clif 4C 56
Blackdown Ct. BS14: Whit 2D 87
Blackdown Rd. BS20: P'head 1C 48
                                (not continuous)
Blackeney Mills BS37: Yate 4F 15
Blackfriars BS1: Bris 1B 4 (2F 67)
BLACKHORSE 3C 46
Blackhorse Ct. BS15: K'wd 1E 71
Blackhorse Hill BS10: Pat 1D 23
Blackhorse La. BS16: Down 2B 46
Blackhorse Pl. BS16: Mang 5C 46
Blackhorse Rd. BS15: K'wd 1F 71
    BS16: Mang 4C 46
Blackmoor Rd. BS8: Abb L 5A 54
Blackmoors La. BS3: Bwr A 1A 76
Blackmore Dr. BA2: Bath 5E 103
Blacksmith La. BA1: Up Swa 1D 97
Blacksmiths La. BA1: Kel 4D 93
Blackswarth Rd. BS5: St G 2F 69
Blackthorn Cl. BS13: Hart 2F 85
Blackthorn Dr. BS20: P'head 1A 50
                                (not continuous)
    BS32: Brad S 1F 25
Blackthorn Rd. BS13: Hart 2F 85
Blackthorn Wlk. BS15: K'wd 4A 62
Bladen Cl. BS20: P'head 2A 50
Bladud Bldgs. BA1: Bath 2C 6 (3C 104)
Blagdon Cl. BS3: Wind H 2A 78
Blagdon Pk. BA2: Bath 1C 108
Blagrove Cl. BS13: Hart 4E 85
Blagrove Cres. BS13: Hart 4E 85
Blaisdon BS37: Yate 1A 32
Blaisdon Cl. BS10: Hen 2C 40
Blaise Castle 2F 39
Blaise Castle House (Mus.) 1A 40

BLAISE HAMLET 1E 39
Blaise Hamlet 1F 39
Blaise Wlk. BS9: Sea M 4E 39
Blakeney Rd. BS7: Hor 5C 42
    BS34: Pat 4A 8
Blake Rd. BS7: L'lze 5D 43
Blanchards BS37: Chip S 5E 17
Blandford Cl. BS9: W Trym 5D 41
Blenheim Ct. BS1: Bris 1F 67
                                (off Dighton St.)
Blenheim Dr. BS34: Fil 4D 25
    BS37: Yate 2E 15
Blenheim Gdns. BA1: Bath 5C 96
Blenheim Rd. BS6: Redl 3D 57
Blenheim St. BS5: E'tn 5C 58
Blenheim Way BS20: P'head 1A 50
Blenman Cl. BS16: B'hll 4C 44
Blethwin Cl. BS10: Hen 2B 40
Blind La. BA1: W'ton 5E 95
    BA2: Bath 1D 111
BLOOMFIELD 3F 109
Bloomfield Av. BA2: Bath 1A 110
Bloomfield Cres. BA2: Bath 3F 109
Bloomfield Dr. BA2: Odd D 3E 109
Bloomfield Gro. BA2: Bath 2A 110
Bloomfield Pk. BA2: Bath 2A 110
Bloomfield Ri. Nth. BA2: Odd D 3F 109
Bloomfield Rd.
    BA2: Bath, Odd D 3F 109
    BS4: Brisl 5E 69
Bloy St. BS5: E'tn 5E 59
                                (not continuous)
Bluebell Cl. BS9: Sea M 5D 39
Bluebells, The BS32: Brad S 1A 26
Boarding Ho. La. BS32: Alm 1A 8
Bodey Cl. BS30: C Hth 3C 72
Bodmin Wlk. BS4: Know 4B 78
Boiling Wells La. BS2: Bris 3C 58
    BS5: Eastv 3C 58
Bolton Rd. BS7: B'stn 3A 58
Bond St. BS1: Bris 1D 5 (1A 68)
Bonnington Wlk. BS7: L'lze 3D 43
Bonville Bus. Cen. BS4: Brisl 2B 80
Bonville Rd. BS4: Brisl 3A 80
Bonville Trad. Est. BS4: Brisl 2B 80
Booth Rd. BS3: Bedm 5E 67
Boot La. BS3: Bedm 5F 67
Bordesley Rd. BS14: Whit 4C 86
Borleyton Wlk. BS13: Withy 3B 84
Borver Gro. BS13: Hart 3D 85
                                (not continuous)
Boscombe Cres. BS16: Down 3B 46
Boston Rd. BS7: Hor 3B 42
Boswell St. BS5: Eastv 4E 59
Botanic Gardens 3F 103
Botany Bay .4B 22
Botham Dr. BS4: Brisl 3F 79
Boucher Pl. BS2: Bris 4C 58
Boulters Rd. BS13: Hart 3E 85
Boultons La. BS15: K'wd 1F 71
Boultons Rd. BS15: K'wd 1F 71
Boundary Rd. BS36: Coal H 1F 29
Bourchier Gdns. BS13: Hart 4D 85
Bourne Cl. BS15: K'wd 1D 71
    BS36: Wint 1A 28
Bourne La. BS5: Eastv 4D 59
Bourne Rd. BS15: K'wd 1C 70
Bourneville Rd. BS5: W'hall 1F 69
Boursland Cl. BS32: Brad S 3F 9
Bourton Av. BS34: Pat 5E 9
Bourton Cl. BS34: Pat 5E 9
Bourton Mead BS41: L Ash 3D 75
Bourton Wlk. BS13: Bis 4C 76
Bouverie St. BS5: E'tn 1D 69
Boverton Rd. BS34: Fil 5D 25
Bow Cotts. BS20: Pill 2F 53
                                (off Water La.)
Bowden Cl. BS9: C Din 3E 39
Bowden Pl. BS16: Down 4B 46
Bowden Rd. BS5: W'hall 5A 60
BOWER ASHTON 5A 66
Bower Ashton Ter. BS3: Ash G 5B 66
Bowerleaze BS9: Sea M 1E 55
Bower Rd. BS3: Bedm 1C 76
Bower Wlk. BS3: Wind H 1A 78
Bowling Hill BS37: Chip S 4C 16
Bowling Hill Bus. Pk.
    BS37: Chip S 4C 16
Bowling Rd. BS37: Chip S 5D 17
                                (not continuous)

Bowlplex—Broadstone Wlk.

Bowlplex .4A 72
Bow Mead BS14: Stoc .2A 88
Bowood *BS16: Fren* .*2E 45*
(off Avon Ring Rd.)
Bowring Cl. BS13: Hart .4E 85
Bowsland BS32: Brad S .3A 10
Bowsland Way BS32: Brad S .3E 9
Box Hedge La. BS36: H'fld .5A 30
Box Rd. BA1: Bathf .4D 99
Box Wlk. BS31: Key .3E 89
Boyce Cl. BA2: Bath .5B 102
Boyce Dr. BS2: Bris .4C 58
Boyce's Av. BS8: Clif .2C 66
Boyd Rd. BS31: Salt .4F 91
Brabazon Rd. BS34: Fil .1D 43
Bracewell Gdns. BS10: Bren .4E 23
Bracey Dr. BS16: Fish .5E 45
Brackenbury Dr. BS34: Stok G .3B 26
Brackendene BS32: Brad S .4E 9
Brackenwood Gdns.
BS20: P'head .1B 48
Bracton Dr. BS14: Whit .3C 86
Bradeston Gro. BS16: B'hll .4C 44
Bradford Pk. BA2: C Down .3C 110
(not continuous)
Bradford Rd. BA1: Bathf, Warl .4D 99
BA2: C Down .4B 110
Bradhurst St. BS5: Bar H .3D 69
Bradley Av. BS11: Shire .5A 38
BS36: Wint .3A 28
Bradley Ct. BS16: Down .1E 61
Bradley Cres. BS11: Shire .5A 38
Bradley Pavilions BS32: Brad S .3E 9
Bradley Rd. BS20: P'bry .1A 52
BS34: Pat .5B 8
BRADLEY STOKE .3E 9
Bradley Stoke Leisure Cen. .4A 10
Bradley Stoke Way BS32: Brad S .3D 9
Bradstone Rd. BS36: Wint .3F 27
Bradville Gdns. BS41: L Ash .4B 74
Bradwell Gro. BS10: S'mead .3E 41
Braemar Av. BS7: Fil .2A 42
Braemar Cres. BS7: Fil .2B 42
Bragg's La. BS2: Bris .1F **5** (2B **68**)
Braikenridge Rd. BS4: Brisl .5F 69
Brainsfield BS9: W Trym .5B 40
Brake, The BS36: Coal H .3E 29
BS37: Yate .1A 16
Brake Cl. BS15: K'wd .2B 72
BS32: Brad S .1A 26
Brakewell Gdns. BS14: Whit .3C 86
Bramble Dr. BS9: Stok B .3E 55
Bramble La. BS9: Stok B .3E 55
Brambles, The BS13: Hart .3E 85
BS31: Key .4F 89
(not continuous)
Bramble Way BA2: C Down .3D 111
Brambling Wlk. BS16: B'hll .5B 44
(not continuous)
Bramley Cl. BS20: Pill .2E 53
Bramley Ct. BS30: Bar C .5B 72
Bramleys, The BS20: P'head .2B 50
Brampton Way BS20: P'head .1F 49
Branche Gro. BS13: Hart .4F 85
Brandash Rd. BS37: Chip S .4E 17
Brandon Hill Nature Pk. .3D 67
Brandon Ho. BS8: Clif .3D 67
Brandon Steep BS1: Bris .3A **4** (3E **67**)
Brandon Steps BS1: Bris .3A **4** (3E **67**)
Brandon St. BS1: Bris .4A **4** (3E **67**)
Brangwyn Gro. BS7: L'lze .1D 59
Branksome Cres. BS34: Fil .5D 25
Branksome Dr. BS34: Fil .5D 25
BS36: Wint .2A 28
Branksome Rd. BS6: Redl .3D 57
Branscombe Rd. BS9: Stok B .2E 55
Branscombe Wlk. BS20: P'head .3B 48
Brante Wlk. BS7: Hor .3C 42
Branwhite Cl. BS7: L'lze .4D 43
Brassmill Ent. Cen. BA1: Bath .3C 102
Brassmill La. BA1: Bath .2C 102
Brassmill La. Trad. Est.
BA1: Bath .3C 102
Bratton Rd. BS4: Know .5F 77
Braunton Rd. BS3: Bedm .1E 77
Braydon Av. BS34: Lit S .5E 9
Brayne Ct. BS30: L Grn .1B 82
Breaches, The BS20: Eas .2D 53
Breaches Ga. BS32: Brad S .2B 26
Breaches La. BS31: Key .3C 90
Breach Rd. BS3: Bedm .1C 76
Brean Down Av. BS9: Henle .1D 57
(not continuous)
Brecknock Rd. BS4: Wind H .1C 78
Brecon Cl. BS9: Henle .5D 41
Brecon Rd. BS9: Henle .5C 40
Bredon BS37: Yate .1F 31
Bredon Cl. BS15: K'wd .2B 72
Bredon Nook Rd.
BS10: W Trym .4E 41
Brendon Cl. BS30: Old C .5E 73
Brendon Rd. BS3: Wind H .1F 77
BS20: P'head .1C 48
Brenner St. BS5: E'tn .4D 59
Brent Rd. BS7: Hor .1B 58
BRENTRY .5D 23
Brentry Av. BS5: Bar H .2D 69
Brentry Hill BS9: W Trym .2C 40
Brentry Ho. BS10: Bren .5D 23
Brentry La. BS10: Bren .1C 40
Brentry Rd. BS16: Fish .2A 60
Brereton Way BS30: C Hth .5D 73
Brewerton Cl. BS10: Bren .5E 23
Brewery Ct. BS3: Ash G .5C 66
Brewhouse BS1: Bris .3D **5** (3A **68**)
Briar Ct. BS20: Pill .3E 53
Briarfield Av. BS15: Han .4D 71
Briars Ct. BA2: Bath .1C 108
Briarside Rd. BS10: Bren .5E 23
Briar Wlk. BS16: Fish .3E 61
Briar Way BS16: Fish .2D 61
Briarwood BS9: W Trym .5B 40
Briary Rd. BS20: P'head .1E 49
Briavels Gro. BS6: Bris .4B 58
Brick St. BS2: Bris .2B 68
Bridewell La. BA1: Bath .3B **6** (4B **104**)
Bridewell St. BS1: Bris .1C **4** (2F **67**)
Bridge Cl. BS14: Whit .3E 87
Bridge Farm Cl. BS14: Whit .4C 86
Bridge Farm Wlk. BS16: Mang .3D 63
Bridgeleap Rd. BS16: Down .3B 46
Bridge Rd. BA2: Bath .5E 103
BS5: Eastv .3D 59
BS8: L Wds .3F 65
BS15: Soun .3B 62
BS16: Short .2E 63
BS37: Yate .3C 14
Bridge Rd. Ind. Est. BS15: Soun .3C 62
Bridges Ct. BS16: Fish .2D 61
Bridges Dr. BS16: Fish .5E 45
Bridge St. BA2: Bath .3C **6** (4C **104**)
BS1: Bris .3C **4** (3A **68**)
BS5: Eastv .4F 59
Bridge Valley Rd. BS8: Clif .1A 66
Bridge Wlk. BS7: Hor .3C 42
Bridge Way BS36: Fram C .5D 13
BRIDGEYATE .2F 73
Bridgman Gro. BS34: Fil .5D 25
Bridgwater Rd. BS41: Dun .5F 75
Briercliffe Rd. BS9: Stok B .4F 39
Brierly Furlong BS34: Stok G .5F 25
Briery Leaze Rd. BS14: Whit .2C 86
Brighton Cres. BS3: Bedm .2D 77
Brighton M. BS8: Clif .1D 67
Brighton Pk. BS5: E'tn .1D 69
Brighton Pl. BS15: K'wd .5F 61
Brighton Rd. BS6: Redl .5E 57
BS34: Pat .5B 8
Brighton St. BS2: Bris .5A 58
Brighton Ter. BS3: Bedm .2D 77
Bright St. BS5: Bar H .2D 69
BS15: K'wd .1F 71
Brigstocke Rd. BS2: Bris .5A 58
Brimbles BS7: Hor .1D 43
Brimsham Pk. Shop. Cen.
BS37: Yate .1A 16
Brinkworthy Rd. BS16: Stap .5F 43
Brinmead Wlk. BS13: Withy .4B 84
Brins Cl. BS34: Stok G .4B 26
Brinsmead Cres. *BS20: Pill* .*2F 53*
(off Heywood Rd.)
Briscoes Av. BS13: Hart .3E 85
BRISLINGTON .2A 80
Brislington Hill BS4: Brisl .2A 80
Brislington Retail Pk. BS4: Brisl .3A 80
Brislington Trad. Est.
BS4: Brisl .2B 80
(not continuous)
BRISTOL .2B **4** (2F **67**)
Bristol & Bath Railway Path .3C 62
Bristol & Exeter M.
BS1: Bris .5F **5** (4B **68**)
Bristol Bri. Ho. BS1: Bris .3C **4** (3A **68**)
Bristol Bus. Pk.
BS16: Fren .2B 44
Bristol Cathedral .4A **4** (3E **67**)
Bristol City FC .1B 76
Bristol Ga. BS8: Clif .4B 66
Bristol Harbour Railway .5A **4** (4E **67**)
Bristol Hill BS4: Brisl .2F 79
Bristol Hippodrome .3A **4** (3F **67**)
Bristol Ho. BS1: Bris .3E 5
Bristol Ice Rink .2A **4** (2E **67**)
Bristol Industrial Mus. .5B **4** (4F **67**)
Bristol Megabowl .5B 66
Bristol North Swimming Pool .3A 58
Bristol Parkway Nth.
BS34: Stok G .3C 26
Bristol Parkway Station (Rail) .4A 26
Bristol Rd. BA2: Cor, New L .2D 101
BS14: Whit .2E 87
BS16: Fren, Ham .3C 44
BS16: Ham .5F 27
BS20: P'head .2F 49
BS31: Key .1F 89
BS36: Fram C, Wint .1A 28
BS37: Iron A .4C 12
Bristol Rovers FC Memorial Stadium
.5B 42
Bristol RUFC Memorial Stadium .5B 42
Bristol South Swimming Pool .5E 67
Bristol Spa University College
Newton Pk. Campus .5C 100
Sion Hill .1A 104
Bristol Va. Cen. for Industry
BS3: Bedm .3D 77
Bristol Va. Trad. Est. BS3: Bedm .4E 77
Bristol Vw. BA2: Odd D .5E 109
Bristol Zoo .5B 56
Bristow B'way. BS11: A'mth .2E 37
Britannia Cl. BS16: Down .2C 46
Britannia Cres. BS34: Stok G .3F 25
Britannia Ho. BS34: Fil .1B 42
Britannia Rd. BS5: E'tn .5D 59
BS15: K'wd .1E 71
BS34: Pat .5A 8
British, The BS37: Yate .1D 15
British Empire & Commonwealth Mus.
.5E **5** (4B **68**)
British Rd. BS3: Bedm .1D 77
Brittan Pl. BS20: P'bry .3A 52
Britten Ct. BS30: L Grn .5B 72
Britton Ho. BS15: Warm .1D 73
Brixham Rd. BS3: Wind H .2E 77
Brixton Rd. BS5: E'tn .1D 69
Brixton Rd. M. BS5: E'tn .1D 69
Broadbury Rd. BS4: Know .4F 77
Broad Cft. BS32: Brad S .3E 9
Broadfield Av. BS15: K'wd .1E 71
Broadfield Rd. BS4: Know .4C 78
Broadlands Av. BS31: Key .1F 89
Broadlands Dr. BS11: Law W .3C 38
Broad La. BS36: Coal H .3F 29
BS37: W'lgh .4C 30
BS37: Yate .1D 15
(not continuous)
Broadleas BS13: Bis .5E 77
Broadleaze BS11: Shire .4F 37
Broadleys Av. BS9: Henle .4E 41
BROAD MEAD .4D 25
BROADMEAD .2D **5** (2A **68**)
Broadmead BS1: Bris .1D **5** (2A **68**)
Broadmead Gallery *BS1: Bris* .*1D 5*
(off Broadmead)
Broadmead La. BS31: Key .2D 91
Broadmead La. Ind. Est.
BS31: Key .5D 83
Broadmoor La. BA1: W'ton .3B 94
Broadmoor Pk. BA1: W'ton .5D 95
Broadmoor Va. BA1: W'ton .4C 94
Broadoak Hill BS41: Dun .5B 84
Broadoak Rd. BS13: Withy .3B 84
Broad Oaks BS8: L Wds .3A 66
Broadoak Wlk. BS16: Fish .2D 61
Broad Plain BS2: Bris .3F **5** (2B **68**)
Broad Quay BA1: Bath .5C **6** (5B **104**)
BS1: Bris .3B **4** (3F **67**)
Broad Quay Ho. BS1: Bris .4B 4
Broad Rd. BS15: K'wd .5E 61
Broadstone Wlk. BS13: Hart .2F 85

120 A-Z Bristol & Bath

Broad St. BA1: Bath 2C **6** (3C **104**)
 BS1: Bris 2C **4** (2F **67**)
 BS16: Stap H 2F **61**
 BS37: Chip S 4D **17**
Broad St. Pl. BA1: Bath 2C **6** (3C **104**)
Broad Wlk. BS4: Know 2B **78**
 BS20: P'head 4D **35**
Broadwalk Shop. Cen.
 BS4: Know 2D **79**
Broad Way BS31: Salt 5F **91**
Broadway BA2: Bath 4E **7** (4D **105**)
 BS37: Yate 3B **16**
Broadway Av. BS9: Henle 5F **41**
Broadway Ct.
 BA2: Bath 5D **7** (5C **104**)
 BS13: Withy 2B **84**
Broadways Dr. BS7: B'stn 3F **57**
Broad Weir BS1: Bris 2E **5** (2A **68**)
Brock End BS20: P'head 3B **48**
Brockhurst Gdns. BS15: K'wd 1C **70**
Brockhurst Rd. BS15: K'wd 1C **70**
Brockley Cl. BS34: Lit S 1E **25**
Brockley Rd. BS31: Salt 4F **91**
Brockley Wlk. BS13: Bis 4C **76**
Brockridge La. BS36: Fram C 1E **29**
Brocks Rd. BS13: Hart 4E **85**
Brock St. BA1: Bath 1A **6** (3B **104**)
Brockworth BS37: Yate 2E **31**
Brockworth Cres. BS16: B'hill 5B **44**
Bromley Dr. BS16: Down 3F **45**
BROMLEY HEATH 3A **46**
Bromley Heath Av. BS16: Down 3F **45**
Bromley Heath Rd. BS16: Down 4F **45**
 BS16: Ham 1F **45**
Bromley Rd. BS7: Hor 1B **58**
Brompton Cl. BS15: K'wd 1B **72**
Brompton Ho. BA2: Bath 1D **7** (3C **104**)
Broncksea Rd. BS7: Fil 2B **42**
Brook Cl. BS41: L Ash 3D **75**
Brookcote Dr. BS34: Lit S 2F **25**
Brookdale Rd. BS13: Bis 1D **85**
Brookfield Av. BS7: B'stn 3F **57**
Brookfield Cl. BS37: Chip S 3E **17**
Brookfield Pk. BA1: W'ton 5D **95**
Brookfield Rd. BS6: Cot 4F **57**
 BS34: Pat 5D **9**
Brookfield Wlk. BS30: Old C 1E **83**
Brookgate BS3: Ash V 3A **76**
Brook Hill BS6: Bris 5B **58**
Brook Ho. BS34: Lit S 5E **9**
Brookland Rd. BS6: Henle 1F **57**
Brook La. BS6: Bris 5B **58**
 BS16: B'hill 5A **44**
Brooklea BS30: Old C 5D **73**
Brookleaze BS9: Sea M 1E **55**
Brookleaze Bldgs. BA1: Bath 5D **97**
Brook Lintons BS4: Brisl 1F **79**
Brooklyn Rd. BA1: W'ton 5E **97**
 BS13: Bis 4D **77**
Brookridge Ho. BS10: Hen 5B **22**
Brook Rd. BA2: Bath 4F **103**
 BS3: Bedm 5F **67**
 BS5: S'wll 5A **60**
 BS6: Bris 5B **58**
 BS15: K'wd 1C **72**
 (not continuous)
 BS15: Warm 1D **73**
 BS16: Fish 2C **60**
 (not continuous)
 BS16: Mang 5B **46**
Brookside BS20: Pill 3E **53**
Brookside Cl. BA1: Bathe 2B **98**
Brookside Dr. BS36: Fram C 5D **13**
Brookside Ho. BA1: W'ton 1D **103**
Brookside Rd. BS4: Brisl 2A **80**
Brook St. BS5: Redf 2E **69**
 BS37: Chip S 4C **16**
Brookthorpe BS37: Yate 5F **15**
Brookthorpe Av. BS11: Law W 2C **38**
Brookthorpe Ct. BS37: Yate 5F **15**
Brookview Wlk. BS13: Bis 5D **77**
Brook Way BS32: Brad S 4E **9**
Broomfield Wlk. BS16: Emer G . . .4D **47**
BROOM HILL 5B **70**
BROOMHILL 5B **44**
Broom Hill BS16: B'hill 5A **44**
Broomhill Rd. BS4: Brisl 1B **80**
Brooms, The BS16: Emer G 1C **46**

Brougham Hayes BA2: Bath 4F **103**
Brougham Pl. BA1: Bath 5E **97**
 (off St Saviours Rd.)
Broughton Ho. BS1: Bris 5E **5** (4A **68**)
Brow, The BA2: Bath 5D **103**
 BA2: C Down 4E **111**
Brow Hill BA1: Bathe 3B **98**
Brow Hill Vs. BA1: Bathe 3B **98**
Brown's Folly Nature Reserve 1F **107**
Bruce Av. BS5: E'tn 5E **59**
Bruce Rd. BS5: E'tn 5E **59**
Brunel Cl. BS30: Warm 2E **73**
Brunel Ct. BS20: P'head 5C **34**
 BS37: Yate 3E **15**
Brunel Ho. BA2: Bath 1C **48**
 BS1: Bris 3A **4** (3E **67**)
Brunel Lock Rd. BS1: Bris 4B **66**
Brunel Rd. BS13: Bis 4B **76**
Brunel Way BS1: Bris 5B **66**
 BS3: Ash G, Bwr A 5B **66**
Brunswick Pl. BA1: Bath 1B **6**
 BS1: Bris 4B **66**
Brunswick Sq. BS2: Bris 1A **68**
Brunswick St. BA1: Bath 1D **105**
 BS2: Bris 1A **68**
 BS5: Redf 2E **69**
Bruton Av. BA2: Bath 1B **110**
 BS20: P'head 1C **48**
Bruton Cl. BS5: St G 1B **70**
Bruton Pl. BS8: Clif 2D **67**
Bryanson's Cl. BS16: Stap 5F **43**
Bryants Cl. BS16: Fren 2E **45**
Bryants Hill BS5: St G 3D **71**
Brynland Av. BS7: B'stn 2A **58**
Buchanans Wharf Nth. BS1: Bris . .4C **4**
Buchanans Wharf Sth. BS1: Bris . .4C **4**
Buckingham Dr. BS34: Stok G 4F **25**
Buckingham Gdns. BS16: Down . . .5A **46**
Buckingham Ho. BS34: Fil 1B **42**
Buckingham Pl. BS8: Clif 2C **66**
 BS16: Down 5A **46**
Buckingham St. BS3: Bedm 2E **77**
Buckingham Va. BS8: Clif 1C **66**
Bucklewell Cl. BS11: Shire 5B **38**
Bude Av. BS5: St G 1C **70**
Bude Rd. BS34: Fil 5D **25**
Building of Bath Mus. 1B **6** (3C **104**)
Bullens Cl. BS32: Brad S 3F **9**
Buller Rd. BS4: Know 2E **79**
Bull La. BS5: St G 3B **70**
 BS20: Pill 3E **53**
Bull Wharf BS1: Bris 3D **5** (3F **67**)
Bumper's Batch BA2: S'ske 5C **110**
Burbank Cl. BS30: L Grn 1C **82**
Burbarrow La. BS30: Cod, W'lgh . . .5F **83**
Burchells Av. BS15: K'wd 5D **61**
BURCHELLS GREEN 1D **71**
Burchells Grn. Cl. BS15: K'wd 5D **61**
Burchells Grn. Rd. BS15: K'wd 5D **61**
Burcombe Rd. BS36: Coal H 1F **29**
Burcott Rd. BS11: A'mth 3E **19**
Burden Cl. BS32: Brad S 2B **26**
Burfoote Gdns. BS14: Stoc 3A **88**
Burfoote Rd. BS14: Stoc 3A **88**
Burford Av. BS34: Pat 5E **9**
Burford Cl. BA2: Bath 2D **109**
 BS20: P'head 2A **50**
Burford Gro. BS11: Shire 1B **54**
Burgage Cl. BS37: Chip S 5D **17**
Burgess Grn. Cl. BS4: St Ap 2A **70**
Burghill Rd. BS10: W Trym 2C **40**
Burghley Rd. BS6: Bris 3A **58**
Burghley Rd. BS6: Bris 4A **58**
Burgis Rd. BS14: Stoc 1F **87**
Burleigh Gdns. BA1: Bath 2C **102**
Burley Av. BS16: Mang 1B **62**
Burley Gro. BS16: Mang 5B **46**
Burley Cres. BS16: Mang 5B **46**
Burlington Ct. BS20: P'head 5D **35**
Burlington Pl. BA1: Bath 1A **6**
Burlington Rd. BS6: Redl 4D **57**
 BS20: P'head 4D **35**
Burlington St. BA1: Bath 1A **6** (2B **104**)
Burnbush Cl. BS14: Stoc 1A **88**
Burnell Dr. BS2: Bris 1B **68**
Burney Way BS30: L Grn 1C **82**
Burnham Cl. BS15: K'wd 5B **62**
Burnham Dr. BS15: K'wd 5B **62**

Burnham Rd. BA2: Bath 4E **103**
 BS11: Shire 5F **37**
Burnside Cl. BS10: S'mead 1E **41**
Burnt Ho. Cotts. BA2: Odd D 5E **109**
Burnt Ho. Rd. BA2: Odd D 5F **109**
Burrington Wlk. BS13: Bis 4C **76**
Burrough Way BS36: Wint 3A **28**
Burton Cl. BS1: Bris 4A **68**
Burton Ct. BS8: Clif 2D **67**
Burton St. BA1: Bath 3C **6** (4C **104**)
Burwalls Rd. BS8: L Wds 3A **66**
Bury Ct. Cl. BS11: Law W 2C **38**
Bury Hill BS36: Wint D 5B **28**
Bury Hill Vw. BS16: Down 2A **46**
Bush Av. BS34: Lit S 2E **25**
Bush Ct. BS4: Wind H 1B **78**
Bush Ind. Est. BS5: St G 1F **69**
Bush La. BS3: Bris 5D **67**
Bushy Ho. BS4: Wind H 1B **78**
Bushy Pk. BS4: Wind H 1B **78**
Bus Pk. BS5: Bar H 2D **69**
Butcombe Wlk. BS14: Whit 2D **87**
Butler Ho. BS5: St G 1B **70**
Butlers Cl. BS5: St G 3B **70**
Butlers Wlk. BS5: St G 3B **70**
Buttercliffe Ri. BS41: L Ash 1E **75**
Butterfield Cl. BS10: Hor 4A **42**
 BS36: Fram C 2D **29**
Butterfield Rd. BS10: Hor 4A **42**
Butterworth Ct. BS4: Know 5F **77**
Button Cl. BS14: Whit 1C **86**
Buxton Wlk. BS7: Hor 3C **42**
Bye Mead BS16: Emer G 3C **46**
Byfield BA2: C Down 4D **111**
Byfield Bldgs. BA2: C Down 4D **111**
 (off Byfield Pl.)
Byfield Pl. BA2: C Down 4D **111**
Byron Pl. BS8: Clif 2D **67**
 BS16: Stap H 2A **62**
Byron Rd. BA2: Bath 1B **110**
Byron St. BS2: Bris 5C **58**
 BS5: Redf 2E **69**
Byzantine Ct. BS1: Bris 5B **4**

C

Cabot Cl. BS15: K'wd 2E **71**
 BS31: Salt 5F **91**
 BS37: Yate 4B **16**
Cabot Ct. BS7: Fil 2B **42**
Cabot Grn. BS5: Bar H 2D **69**
Cabot Ri. BS20: P'head 1C **48**
Cabot Tower 3D **67**
Cabot Way BS8: Clif 4B **66**
 BS20: Pill 3F **53**
Cabstand BS20: P'head 5C **34**
Cadbury Halt BS20: Wes 5B **48**
CADBURY HEATH 3D **73**
Cadbury Heath Rd. BS30: C Hth . . .4C **72**
Cadbury La. BS20: Wes 5B **48**
Cadbury Rd. BS20: P'head 2F **49**
 BS31: Key 5C **90**
Cadby Ho. BA2: Bath 4C **102**
Caddick Cl. BS15: K'wd 4B **62**
Cade Cl. BS15: K'wd 3B **72**
 BS34: Stok G 3A **26**
Cadogan Rd. BS14: H'gro 4C **78**
Caen Rd. BS3: Wind H 1F **77**
Caernarvon Rd. BS31: Key 3E **89**
Caern Well Pl. BA1: Bath 1C **6**
Caine Rd. BS7: Hor 4B **42**
Cains Cl. BS15: K'wd 3A **72**
Cairn Gdns. BS36: Wint D 4A **28**
Cairns Ct. BS6: Redl 2E **57**
Cairns Cres. BS2: Bris 5B **58**
Cairns Rd. BS6: Henle, Redl 1D **57**
Cala Trad. Est. BS3: Ash V 1B **76**
Calcott Rd. BS4: Know 2C **78**
Caldbeck Cl. BS10: S'mead 1F **41**
Calder Cl. BS31: Key 3C **90**
Caldicot Cl. BS11: Law W 1E **39**
 BS30: Will 2D **83**
Caledonia M. BS8: Clif 3B **66**
Caledonian Rd. BA2: Bath 4F **103**
 BS1: Bris 4D **67**
Caledonia Pl. BS8: Clif 3B **66**
Callard Ho. BS30: L Grn 1C **82**
Callard Ho. BS16: Fish 2B **60**
Callicroft Rd. BS34: Pat 1C **24**

Callington Rd. BS4: Brisl 3D 79
  BS14: H'gro 3D 79
Callowhill Ct. BS1: Bris 1D 5 (2A 68)
Calton Gdns. BA2: Bath 5B 104
Calton Rd. BA2: Bath 5C 6 (5C 104)
Calton Wlk. BA2: Bath . . .5B 6 (5B 104)
Camberley Dr. BS36: Fram C 5B 12
Camberley Rd. BS4: Know 4E 77
  (not continuous)
Cambrian Dr. BS37: Yate 2F 15
Cambridge Cres. BS9: W Trym 4C 40
Cambridge Pk. BS6: Redl 3D 57
Cambridge Pl. BA2: Bath . . .5E 7 (5D 105)
Cambridge Rd. BS7: B'stn 2F 57
Cambridge St. BS3: Wind H 5B 68
  BS5: Redf 2E 69
Cambridge Ter.
  BA2: Bath 5E 7 (5D 105)
Camden Cl. BA1: Bath 2B 104
Camden Cres. BA1: Bath 2B 104
Camden Rd. BA1: Bath 2C 104
  BS3: Bris 4D 67
Camden Row BA1: Bath 2B 104
  (not continuous)
Camden Ter. BA1: Bath 2C 104
  (off Camden Rd.)
  BS8: Clif 3C 66
Cameley Grn. BA2: Bath 4B 102
Camelford Rd. BS5: E'tn 5F 59
Cameron Wlk. BS7: L'lze 5E 43
Cameroons Cl. BS31: Key 3A 90
Camerton Cl. BS31: Salt 4A 92
Camerton Rd. BS5: E'tn 5F 59
Camomile Wlk. BS20: P'head 1B 50
Campbells Farm Dr.
  BS11: Law W 2B 38
Campbell St. BS2: Bris 5A 58
Campian Wlk. BS4: Know 1F 85
Campion Dr. BS32: Brad S 3F 9
Camp Rd. BS8: Clif 2B 66
Camp Vw. BS36: Wint D 4A 28
Camwal Ind. Est. BS2: Bris 4C 68
Camwal Rd. BS2: Bris 4C 68
Canada Way BS1: Bris 4C 66
Canal Ter. BA2: B'ptn 1B 106
Canberra Gro. BS34: Fil 4D 25
Canford Cl. BS9: W Trym 4F 39
Canford Rd. BS9: W Trym 3B 40
Cannans Cl. BS36: Wint 1A 28
Cann La. BS30: B'yte, Old C 3F 73
Cannon St. BS1: Bris 1C 4 (1F 67)
  BS3: Bedm 5E 67
Canons Cl. BA2: Bath 3D 109
Canons Ho. BS1: Bris 5A 4 (4E 67)
CANON'S MARSH 4A 4 (3E 67)
Canon's Rd. BS1: Bris 4A 4 (3E 67)
  (not continuous)
Canon St. BS5: Redf 1E 69
Canon's Wlk. BS15: Soun 4A 62
Canons Way BS1: Bris 4A 4 (3E 67)
Canowie Rd. BS6: Redl 3D 57
Cantell Gro. BS14: Stoc 2B 88
Canterbury Cl. BS37: Yate 2A 16
Canterbury Rd. BA2: Bath 5F 103
Canterbury St. BS5: Bar H 3D 69
Cantock's Cl. BS8: Clif 2A 4 (2E 67)
Canton Pl. BA1: Bath 2C 104
Canvey Cl. BS10: Hor 4A 42
Canynge Ho. BS1: Bris 5D 5 (4A 68)
Canynge Rd. BS8: Clif 1B 66
Canynge Sq. BS8: Clif 1B 66
Canynge St. BS1: Bris 4D 5 (3A 68)
Capel Cl. BS15: Warm 1D 73
Capel Rd. BS11: Law W 2D 39
Capenor Cl. BS20: P'head 2E 49
Capgrave Cl. BS4: Brisl 1C 80
Capgrave Cres. BS4: Brisl 1C 80
Capital Edge BS8: Clif 3D 67
Capricorn Quay BS8: Clif 3D 67
Caraway Gdns. BS5: Eastv 4E 59
Cardigan Cl. BS9: Henle 5D 41
Cardigan M. BS9: Henle 1D 57
Cardigan Rd. BS9: Henle 5D 41
Cardill Cl. BS13: Bis 4C 76
Cardinal Cl. BA2: Odd D 5F 109
Carfax Ct. BS6: Redl 3C 56
Carisbrooke Rd. BS4: Know 4F 77
Carlow Rd. BS4: Know 4A 78
Carlton Cl. BS9: W Trym 4C 40

Carlton Pk. BS5: Redf 1E 69
Carlyle Rd. BS5: E'tn 5E 59
Carmarthen Cl. BS37: Yate 1B 16
Carmarthen Gro. BS30: Will 3D 83
Carmarthen Rd. BS9: Henle 5C 40
Carnarvon Rd. BS6: Redl 4E 57
Caroline Bldgs. BA2: Bath 5E 7
Caroline Cl. BS31: Key 3E 89
  BS37: Chip S 3D 17
Caroline Pl. BA1: Bath 1B 6 (2B 104)
Carpenters La. BS31: Key 2A 90
Carpenters Shop La. BS16: Down . . .5A 46
Carr Ho. BA2: Bath 4C 102
  BS2: Bris 5B 58
Carriage Ct. BA1: Bath 1A 6
Carriage Dr. BS10: Bren 1C 40
Carrick Ho. BS8: Clif 3B 66
  (off Hotwell Rd.)
Carrington Rd. BS3: Ash G 5C 66
Carroll Ct. BS16: Fren 2A 44
Carrs Cl. BA2: Bath 4C 102
Carsons Rd. BS16: Mang 3D 63
Carter Wlk. BS32: Brad S 5F 9
Cart La. BS1: Bris 4E 5 (3A 68)
Cartledge Rd. BS5: E'tn 5E 59
Cashmore Ho. BS5: Bar H 2D 69
Caslon Ct. BS1: Bris 5E 5 (4A 68)
Cassell Rd. BS16: Down, Fish 1E 61
Cassey Bottom La. BS5: St G 2C 70
Casson Dr. BS16: Stap 3A 44
Castle Cl. BS10: Hen 1F 39
Castle Ct. BS34: Stok G 4C 26
Castle Farm Rd. BS15: Han 2D 81
Castle Gallery BS1: Bris 2D 5
  (off The Galleries)
Castle Gdns. BA2: Bath 2A 110
Castlegate Ho. BS4: Brisl 2A 80
Castle Rd. BS15: K'wd 4F 61
  BS30: Old C 1E 83
Castle St. BS1: Bris 2E 5 (2A 68)
Caswell Hill BS20: Clap G 5C 50
Caswell La. BS20: Clap G, P'bry 5B 50
CATBRAIN 2D 23
Catbrain Hill BS10: Pat 2D 23
Catbrain La. BS10: Pat 2D 23
Cater Rd. BS13: Bis 1C 84
Catharine Pl. BA1: Bath 1A 6 (3B 104)
Cathcart Ho. BA1: Bath 1C 104
Cathedral Sq. BS1: Bris 4A 4 (3E 67)
Catherine Ct. BS6: Bris 5A 58
  (off Backfields La.)
Catherine Mead St. BS3: Bedm 5E 67
Cattistock Dr. BS5: St G 3C 70
Cattle Mkt. Rd. BS1: Bris 5F 5 (4B 68)
Cattybrook Rd. BS16: Short 1F 63
Cattybrook Rd. Nth. BS16: Short 1F 63
Cattybrook St. BS5: E'tn 1D 69
Causeway, The BS20: Clap G 5A 50
  BS36: Coal H 1E 29
Causley Dr. BS30: Bar C 4B 72
Cavan Wlk. BS4: Know 3F 77
Cave Cl. BS16: Down 5F 45
Cave Ct. BS2: Bris 1A 68
Cave Dr. BS16: Fish 5F 45
Cave Gro. BS16: Emer G 4D 47
Cavendish Cl. BS31: Salt 5F 91
Cavendish Cres. BA1: Bath 2A 104
Cavendish Gdns. BS9: Stok B 2E 55
Cavendish Lodge BA1: Bath 2A 104
Cavendish Pl. BA1: Bath 2A 104
Cavendish Rd. BA1: Bath 1A 6 (2A 104)
  BS9: Henle 1C 56
  BS34: Pat 5B 8
Cave St. BS2: Bris 1A 68
Caxton Cl. BA2: Bath 2C 6 (3C 104)
Caxton Ga. BS1: Bris 5E 5 (4A 68)
Cecil Av. BS5: S'wll 5B 60
Cecil Rd. BS8: Clif 1B 66
  BS15: K'wd 1F 71
Cedar Cl. BS30: Old C 5D 73
  BS34: Pat 1B 24
  BS41: L Ash 3B 74
Cedar Ct. BS29: Stok B 2E 55
  BS16: Down 5A 46

Cedar Dr. BS31: Key 3F 89
Cedar Gro. BA2: Bath 2F 109
  BS9: Stok B 1F 55
Cedar Hall BS16: Fren 3E 45
Cedarhurst Rd. BS20: P'head 3A 48
Cedar Pk. BS9: Stok B 1F 55
Cedar Row BS11: Shire 5B 38
Cedars, The BS9: Stok B 5F 55
Cedars Way BS36: Wint 3F 27
Cedar Vs. BA2: Bath 5A 6 (5A 104)
Cedar Wlk. BA2: Bath 5A 104
  (not continuous)
Cedar Way BA2: Bath 5A 6 (5A 104)
  BS20: P'head 2D 49
Cedric Cl. BA1: Bath 3E 103
Cedric Rd. BA1: Bath 3E 103
Celestine Rd. BS37: Yate 2E 15
Celia Ter. BS4: St Ap 3B 70
Cemetery Rd. BS4: Wind H 1C 78
Cennick Av. BS15: K'wd 5A 62
Centaurus Rd. BS34: Pat 1E 23
Central Av. BS15: Han 4E 71
Central Pk. BS14: H'gro 4D 79
Central Trad. Est. BS4: Bris 5D 69
Central Way BS10: S'mead 3A 42
Centre, The BS31: Key 2A 90
Cen. for Sport, Exercise and Health
  . . . . .1E 67
Ceres Cl. BS30: L Grn 2B 82
Cerimon Ga. BS34: Stok G 3A 26
Cerney La. BS11: Shire 1A 54
Cesson Cl. BS37: Chip S 5E 17
Chadleigh Gro. BS4: Know 5F 77
Chakeshill Cl. BS10: Bren 5E 23
Chakeshill Dr. BS10: Bren 5E 23
Chalcombe Cl. BS34: Lit S 5E 9
Chalcroft Ho. BS3: Bris 5C 66
Chalcroft Wlk. BS13: Withy 3A 84
Chalet, The BS10: Hen 5B 22
Chalfield Cl. BS31: Key 5C 90
Chalford Cl. BS37: Yate 5F 15
Chalks Rd. BS5: St G 1F 69
Challender Av. BS10: Hen 1B 40
Challoner Ct. BS1: Bris 5B 4 (4F 67)
Champion Rd. BS15: K'wd 4B 62
Champneys Av. BS10: Hen 5B 22
Champs Sur Marne
  BS32: Brad S 5A 10
Chancel Cl. BS9: Stok B 3F 55
Chancery St. BS5: Bar H 2D 69
Chandag Rd. BS31: Key 3B 90
Chandler Cl. BA1: Bath 1D 103
Chandos BS6: Redl 4E 57
Chandos Bldgs. BA1: Bath 4B 6
  (off Westgate Bldgs.)
Chandos Rd. BS6: Redl 5D 57
  BS31: Key 5A 82
Chandos Trad. Est. BS2: Bris 4C 68
Channells Hill BS9: W Trym 3C 40
Channel Vw. Cres. BS20: P'head 1D 49
Channel Vw. Rd. BS20: P'head 1D 49
Channon's Hill BS16: Fish 2B 60
Chantry Ct. BS1: Bris 3A 4
  (off Denmark St.)
Chantry Gro. BS11: Law W 1E 39
Chantry La. BS16: Down 2B 46
Chantry Mead Rd. BA2: Bath 2A 110
Chantry Rd. BS8: Clif 5D 57
Chapel Barton BS3: Bedm 2D 77
Chapel Cl. BS15: Warm 1D 73
Chapel Ct. BA1: Bath 4B 6
  (off Westgate Bldgs.)
Chapel Gdns. BS10: W Trym 2C 40
Chapel Grn. La. BS6: Redl 4D 57
Chapel La. BS5: S'wll 4A 60
  BS11: Law W 1D 39
  BS15: Warm 1D 73
  BS16: Fren 4E 45
Chapel Orchard BS37: Yate 3D 15
Chapel Pill La. BS20: Pill 3E 53
Chapel Rd. BS5: E'tn 5D 59
  BS13: Bis 1C 84
  BS15: Han 4E 71
Chapel Row BA1: Bath 3A 6 (4B 104)
  BA1: Bathf 5E 99
  BA2: B'ptn 1B 106
  BS20: Pill 2E 53
Chapel St. BS2: Bris 4C 68
Chapel Way BS4: St Ap 3A 70
Chaplin Rd. BS5: E'tn 5D 59

Chapter St. BS2: Bris 1A 68
Chapter Wlk. BS6: Redl 3D 57
Charbon Ga. BS34: Stok G 3B 26
Charborough Ct. BS34: Fil 1B 42
Charborough Rd. BS34: Fil 1B 42
Charbury Wlk. BS11: Shire 1A 54
Chard Ct. BS14: H'gro 1D 87
Chardstock Av. BS9: C Din 3E 39
Charfield BS15: K'wd 1C 72
Charfield Rd. BS10: S'mead 2E 41
Chargrove BS30: Old C 3F 73
BS37: Yate 1F 31
Charis Av. BS10: W Trym 4E 41
CHARLCOMBE 5B 96
Charlcombe La. BA1: Bath, Charl . .5B 96
Charlcombe Ri. BA1: Bath 5B 96
BS20: P'head 3A 48
Charlcombe Vw. Rd. BA1: Bath 5C 96
Charlcombe Ct. BS9: W Trym 5B 40
Charlcombe Way BA1: Bath 5B 96
Charlecombe Ct. BS9: W Trym 5B 40
Charles Av. BS34: Stok G 4A 26
Charles Ct. BS8: Clif 3C 66
Charles England Ho. BS34: Pat . . .1B 24
Charles Pl. BS8: Clif 3C 66
Charles Rd. BS34: Fil 5D 25
Charles St. BA1: Bath 3A 6 (4B 104)
BS1: Bris 1F 67
Charles Wesley Ct. BS5: St G 3C 70
Charleton Ho. BS2: Bris 1F 5
(off Gt. Ann St.)
Charlotte St. BA1: Bath 3A 6 (4B 104)
BS1: Bris 2A 4 (2E 67)
BS2: Bris 1B 68
Charlotte St. Sth. BS1: Bris 3E 67
Charlton Av. BS34: Fil 1B 42
Charlton Ct. BS34: Pat 4B 8
Charlton Comn. BS10: Bren 4F 23
Charlton Gdns. BS10: Bren 4F 23
Charlton La. BS10: Bren 5C 22
Charlton Leaze BS10: Pat 2C 22
Charlton Mead Ct. BS10: Bren 4F 23
Charlton Mead Dr. BS10: Bren 4F 23
Charlton Pk. BS31: Key 2F 89
Charlton Pl. BS10: Bren 4F 23
Charlton Rd. BS10: Bren 2C 40
BS15: K'wd 5D 61
BS31: Key, Q Char 5D 89
Charlton St. BS5: Bar H 2D 69
Charminster Rd. BS16: Fish 3D 61
Charmouth Rd. BA1: Bath 3D 103
Charnell Rd. BS16: Stap H 2A 62
Charnhill Brow BS16: Mang 2C 62
Charnhill Cres. BS16: Mang 2B 62
Charnhill Dr. BS16: Mang 2B 62
Charnhill Ridge BS16: Mang 2C 62
Charnhill Va. BS16: Mang 2B 62
Charnwood BS16: Mang 2C 62
Charnwood Rd. BS14: Whit 3D 87
Charterhouse Rd. BS5: St G 1F 69
Charter Wlk. BS14: H'gro 1C 86
Chase, The BS16: Fish 3E 61
Chasefield La. BS16: Fish 2D 61
Chase Rd. BS15: K'wd 4F 61
Chatcombe BS37: Yate 1A 32
Chatham Pk. BA2: Bath 4E 105
Chatham Row BA1: Bath 1C 6 (3C 104)
Chatsworth Rd. BS4: Bris 5E 69
BS16: Fish 3D 61
Chattenden Ho. BS9: Stok B 3A 56
Chatterton Grn. BS14: Whit 4B 86
Chatterton Ho. BS1: Bris 4A 68
(off Ship La.)
Chatterton Sq. BS1: Bris 5F 5 (4B 68)
Chatterton St. BS1: Bris 4B 68
Chaucer Rd. BA2: Bath 1B 110
Chaundey Gro. BS13: Hart 2D 85
Chavenage BS15: K'wd 5C 62
Cheapside BS2: Bris 1B 68
Cheapside St. BS3: Wind H 5B 68
Cheap St. BA1: Bath 3C 6 (4A 104)
Cheddar Gro. BS13: Bis 4C 76
Chedworth BS15: Soun 3A 62
BS37: Yate 1D 31
Chedworth Rd. BS7: Hor 5C 42
Cheese La. BS2: Bris 3E 5 (3A 68)
Chelford Gro. BS34: Pat 5D 9
Chelmer Gro. BS31: Key 3B 90

Chelmsford Wlk. BS4: St Ap 4B 70
Chelscombe BA1: W'ton 1D 103
Chelsea Cl. BS31: Key 2E 91
Chelsea Ho. BA1: Bath 2C 104
(off London Rd.)
Chelsea Pk. BS5: E'tn 1E 69
Chelsea Rd. BA1: Bath 3E 103
BS5: E'tn 5D 59
Chelston Rd. BS4: Know 5F 77
Cheltenham La. BS6: Bris 4F 57
Cheltenham Rd. BS6: Bris 4F 57
BS15: K'wd 5A 62
Cheltenham St.
BA2: Bath 5A 6 (5A 104)
Chelvy Cl. BS13: Hart 4F 85
Chelwood Dr. BA2: Odd D 4F 109
Chelwood Rd. BS11: Shire 4F 37
BS31: Salt 3A 92
Chepstow Pk. BS16: Down 2B 46
Chepstow Rd. BS4: Know 4F 77
Chepstow Wlk. BS31: Key 2F 89
Chequers Cl. BS30: Old C 1E 83
Chequers Ct. BS32: Brad S 1C 26
Cherington BS15: Han 4D 71
BS37: Yate 2F 31
Cherington Rd. BS10: W Trym 4E 41
Cheriton Pl. BS9: W Trym 4D 41
BS30: Old C 3E 73
Cherry Cl. BS1: Bris 1A 68
(off Barton St.)
Cherry Gdn. La. BS30: Bit, Old C . .1D 83
Cherry Gdn. Rd. BS30: Bit 3E 83
Cherry Gdns. BS30: Bit 3E 83
Cherry Gro. BS16: Mang 5C 46
Cherry La. BS1: Bris 1A 68
Cherry Orchard La. BS5: St G 1B 70
Cherry Rd. BS37: Chip S 4C 16
BS41: L Ash 2B 74
Cherry Tree Cl. BS16: Fish 4E 61
Cherrytree Cl. BS16: Fish 4E 61
Cherrytree Cres. BS16: Fish 4E 61
Cherrytree Rd. BS16: Fish 4E 61
Cherry Wood BS30: Old C 2D 83
Chertsey Rd. BS6: Redl 5D 57
Cherwell Rd. BS31: Key 3C 90
Chesham Way BS15: K'wd 5F 61
Cheshire Cl. BS37: Yate 2A 16
Chesle Cl. BS20: P'head 3A 48
Cheslefield BS20: P'head 3A 48
Chesle Way BS20: P'head 3A 48
Chessel Cl. BS32: Brad S 3E 9
Chessel St. BS3: Bedm 1D 77
Chessington Av. BS14: H'gro 2D 87
Chesterfield Av. BS6: Bris 4A 58
Chesterfield Rd. BS6: Bris 4A 58
BS16: Down 1A 62
CHESTER PARK 4E 61
Chester Pk. BS5: W'hall 1A 70
Chester Pk. Rd. BS16: Fish 4D 61
(not continuous)
Chester Rd. BS5: W'hall 5A 60
Chesters BS30: C Hth 5C 72
Chester St. BS5: E'tn 4D 59
Chestertons, The BA2: B'ptn . . .2B 106
(not continuous)
Chestnut Cl. BS14: Stoc 2A 88
Chestnut Cl. BS16: Mang 1C 62
Chestnut Dr. BS37: Chip S 4C 16
Chestnut Gro. BA2: Bath 1E 109
Chestnut Ho. BS13: Hart 3F 85
BS16: Fish 5E 45
Chestnut Rd. BS15: Soun 3B 62
BS16: Down 5F 45
BS41: L Ash 2D 75
Chestnut Wlk. BS13: Bis 1C 84
BS31: Salt 4A 92
Chestnut Way BS15: Soun 3B 62
Chetwode Cl. BS10: Bren 5F 23
Chetwood Ho. BS2: Bar H 3E 69
Chevening Cl. BS34: Stok G 4F 25
Cheviot Way BS30: Old C 4E 73
Chewton Cl. BS16: Fish 3D 61
CHEWTON KEYNSHAM 5A 90
Chewton Rd. BS31: Key 5A 90
Cheyne Rd. BS9: Stok B 5F 39
Chichester Ho. BS4: St Ap 3B 70
Chichester Way BS37: Yate 2F 15
Childrens Av. BA1: Bath 2A 104
Chiltern Cl. BS14: Whit 3D 87
BS30: Old C 4E 73

Chilton Rd. BA1: Bath 1D 105
BS4: Know 4C 78
Chilwood Cl. BS37: Iron A 2A 14
Chine, The BS16: Stap 1F 59
Chine Vw. BS16: Down 3B 46
Chiphouse Rd. BS15: Soun 4B 62
Chipperfield Dr. BS15: K'wd 5B 62
Chipping Edge Ind. Est.
BS37: Chip S 4D 17
Chippings, The BS16: Stap 1F 59
CHIPPING SODBURY 4D 17
Chisbury St. BS5: Eastv 3E 59
Chittening Ind. Est.
BS11: Chit 1F 19
Chittening Rd. BS11: Chit 1A 20
Chock La. BS9: W Trym 4C 40
Christchurch Av. BS16: Down 1F 61
Christ Chu. Cotts. BA1: Bath 1B 6
(off Julian Rd.)
Christchurch Hall BA1: Bath 1B 6
Christchurch La. BS16: Down 5F 45
Christchurch Rd. BS8: Clif 2C 66
Christina Ter. BS8: Clif 4C 66
Christmas Steps BS1: Bris . . .2B 4 (2F 67)
Christmas St. BS1: Bris 2B 4 (2F 67)
Church Av. BS5: E'tn 5D 59
BS9: Stok B 2A 56
BS30: Warm 2E 73
Church Cl. BA1: Bathf 5D 99
BA2: B'ptn 5B 98
BS10: Hen 1A 40
BS20: P'head 1F 49
BS36: Fram C 5D 13
Churchdown Wlk. BS11: Shire 1A 54
Church Dr. BS5: St G 1A 70
Churchfarm Cl. BS37: Yate 2B 16
Church Farm Paddock BS30: Bit . . .5F 83
Church Farm Rd. BS16: Emer G 5D 47
Church Hill BS4: Brisl 2F 79
Churchill Cl. BS30: Bar C 4C 72
Churchill Dr. BS9: W Trym 4F 39
Churchill Hall BS9: Stok B 3B 56
Churchill Rd. BS4: Brisl 5E 69
Churchlands Rd. BS3: Bedm 2D 77
Church La. BA1: Bathe 2A 98
BA2: Bath 1E 111
BA2: Mon C 5F 111
BS1: Bris 4E 5 (3A 68)
BS3: Bedm 5F 67
(not continuous)
BS5: St G 1F 69
BS8: Clif 3D 67
BS10: Hen 1A 40
BS14: Whit 4D 87
BS16: Down, Ham 1A 46
(not continuous)
BS30: Bit 5F 83
BS36: Coal H 2E 29
BS36: Wint 2E 27
BS41: L Ash 1E 75
Church Leaze BS11: Shire 5F 37
Church Mdws. BS14: Whit 3E 87
Church Pde. BS4: Brisl 2A 80
Church Path BS2: Bris 4B 58
BS3: Bedm 1E 77
BS7: Bris 4B 58
Church Path Rd. BS20: Pill 2E 53
Church Path Steps BS8: Clif 4C 66
Church Pl. BS20: Pill 2E 53
Church Rd. BA1: W'ton 1E 103
BA2: C Down 4D 111
BS3: Bedm 5E 67
BS5: Redf, St G 2E 69
BS7: Hor 5A 42
BS8: Abb L 1C 64
BS8: L Wds 3F 65
BS9: Stok B 3F 55
BS9: W Trym 4C 40
BS13: Bis 2B 84
BS14: Whit 3D 87
BS15: Han 4D 71
BS15: K'wd 1A 72
BS16: Fren 4D 45
BS16: Soun 3F 61
BS20: Eas 2C 52
BS20: P'bry 3A 52
BS30: Bit 4F 83
BS32: Alm 1C 8
BS34: Fil 5C 24

Church Rd. BS34: Stok G 4A 26
    BS36: Fram C 4C 12
    BS36: Wint D 4A 28
    BS37: Yate 2A 16
              (not continuous)
    BS41: Dun 5A 84
Church Rd. Nth. BS20: P'head 1F 49
Church Rd. Sth. BS20: P'head 2F 49
Church St. BA1: Bath 4C 6
              (off York St.)
    BA1: Bathf 5D 99
    BA1: W'ly 1B 96
    BA1: W'ton 1D 103
    BA2: Bath 1D 111
    BS1: Bris 4E 5 (3A 68)
    BS5: Bar H 3D 69
    BS5: E'tn 5D 59
Church Vw. BS16: Down 1F 61
    BS32: Alm 1B 8
    BS34: Fil 5C 24
Church Wlk. BS20: Han 2E 53
Churchward Cl. BS15: Han 4C 70
Churchward Rd. BS37: Yate 2D 15
Churchways BS14: Whit 3E 87
Churchways Av. BS7: Hor 5A 42
Churchways Cres. BS7: Hor 5A 42
Churston Cl. BS14: Whit 4C 86
Cineworld Cinema 1A 86
Circle, The BA2: Bath 2D 109
Circuit 32 BS5: E'tn 1D 69
Circular Rd. BS9: Stok B 4A 56
Circus, The BA1: Bath 1B 6 (3B 104)
Circus M. BA1: Bath 1A 6 (3B 104)
Circus Pl. BA1: Bath 1A 6 (3B 104)
              (not continuous)
City Bus. Pk. BS5: E'tn 2C 68
City Mus. & Art Gallery 2E 67
City of Bristol College 3C 46
City Rd. BS2: Bris 1A 68
City Vw. BA1: Bath 2C 104
          (off Camden Rd.)
Clamp, The BS30: Old C 1E 83
Clanage Rd. BS3: Bwr A 5A 66
Clan Ho. BA1: Bath 1F 7 (3E 105)
Clapton Drove BS20: Clap G 5E 49
CLAPTON IN GORDANO 5A 50
Clapton La. BS20: Clap G, P'head . .3F 49
Clapton Wlk. BS9: Sea M 1E 55
Clare Av. BS7: B'stn 3E 57
Clare Gdns. BA2: Odd D 4F 109
Claremont Av. BS7: B'stn 3E 57
Claremont Bldgs. BA1: Bath 1C 104
Claremont Rd. BA1: Bath 1D 105
    BS7: B'stn 3F 57
Claremont St. BS5: E'tn 5C 58
Claremont Ter. BA1: Bath 1D 105
          (off Camden Rd.)
    BS5: St G 2F 69
Claremont Vs. BA1: Bath 1C 104
          (off Camden Rd.)
Claremont Wlk. BA1: Bath 1C 104
Clarence Av. BS16: Stap H 1A 62
Clarence Gdns. BS16: Stap H 1A 62
Clarence Pl. BA1: Bath 3D 103
    BS2: Bris 1E 67
Clarence Rd. BS1: Bris 5F 5 (4A 68)
    BS2: Bris 2C 68
    BS15: K'wd 5D 61
    BS16: Down 1F 61
Clarence St. BA1: Bath 2C 104
Clarence Ter. BA2: Clav D 1F 111
Clarendon M. BS16: Fren 3D 45
Clarendon Rd. BA2: Bath 5D 105
    BS6: Redl 4E 57
Clarendon Vs. BA2: Bath 5D 105
Clare Rd. BS5: Eastv 4D 59
    BS6: Cot 5F 57
    BS15: K'wd 4E 61
Clare St. BS1: Bris 3B 4 (3F 67)
    BS5: Redf 1E 69
Clarke Dr. BS16: B'hll 4B 44
Clarken Coombe BS41: L Ash 1B 74
Clarke St. BS3: Bedm 5F 67
Clark St. BS5: E'tn 5F 67
    BS5: E'tn 1C 68
Clatworthy Dr. BS14: H'gro 5C 78
Claude Av. BA2: Bath 5E 103
Claude Ter. BA2: Bath 5E 103
Claude Va. BA2: Bath 5E 103
Clavell Rd. BS10: Hen 1B 40

Claverham Rd. BS16: Fish 1C 60
CLAVERTON 5D 107
Claverton Bldgs. BA2: Bath 5D 7
Claverton Ct. BA2: Clav D 5A 106
Claverton Down Rd.
    BA2: Clav D, C Down 5A 106
Claverton Hill
    BA2: C'ton, Clav D 5B 106
Claverton Manor 5C 106
Claverton Pumping Station 5E 107
Claverton Rd. BS31: Salt 4F 91
Claverton Rd. W. BS31: Salt 4F 91
Claverton St. BA2: Bath 5C 6 (5C 104)
CLAY BOTTOM 4F 59
Clay Bottom BS5: Eastv 4F 59
Claydon Grn. BS14: Whit 4B 86
Clayfield BS37: Yate 1A 16
Clayfield Rd. BS4: Brisl 1A 80
CLAY HILL 4A 60
Clay Hill BS5: S'wll 4A 60
Clay La. BS30: Bit 4F 83
    BS34: Lit S 1D 25
Claymore Cres. BS15: K'wd 5D 61
Claypiece Rd. BS13: Withy 3B 84
Claypit Hill BS37: Chip S 1D 33
Clay Pit Rd. BS6: Henle 3C 56
Claypool Rd. BS15: K'wd 2F 71
CLAYS END 5F 101
Cleave St. BS2: Bris 4C 58
Cleeve Av. BS16: Down 4A 46
Cleeve Ct. BS16: Down 4A 46
Cleevedale Rd. BA2: C Down 4C 110
Cleeve Gdns. BS16: Down 4F 45
Cleeve Grn. BA2: Bath 4B 102
Cleeve Gro. BS31: Key 2F 89
Cleeve Hill BS16: Down 4F 45
Cleeve Hill Extension
    BS16: Down 5A 46
Cleeve Lawns BS16: Down 4F 45
Cleeve Lodge Cl. BS16: Down 5A 46
Cleeve Lodge Rd. BS16: Down 4A 46
Cleeve Pk. Rd. BS16: Down 4F 45
Cleeve Rd. BS4: Know 1D 79
    BS16: Down 5A 46
    BS16: Fren 3E 45
    BS37: Yate 4A 16
Cleeve Wood Pk. BS16: Down 3E 45
Cleeve Wood Rd. BS16: Down 3E 45
              (not continuous)
Clement St. BS2: Bris 1B 68
Clermont Cl. BS34: Pat 5B 8
Cleve Ct. BS34: Fil 4D 25
Clevedale BS16: Down 4F 45
Clevedale Ct. BS16: Down 4F 45
Clevedon La. BS20: Clap G 5A 50
Clevedon Rd. BS7: B'stn 2F 57
    BS8: Fail 1A 74
    BS20: P'head 4E 49
              (not continuous)
    BS41: L Ash 1A 74
Clevedon Ter. BS6: Bris 1F 67
Cleveland Cotts. BA1: Bath 2C 104
Cleveland Ct. BA2: Bath 4E 105
Cleveland Pl. BA1: Bath 2C 104
Cleveland Pl. E. BA1: Bath 2C 104
          (off Cleveland Pl.)
Cleveland Pl. W. BA1: Bath 2C 104
          (off Cleveland Pl.)
Cleveland Reach BA1: Bath 2C 104
Cleveland Row BA2: Bath 2D 105
Cleveland Ter. BA1: Bath 2C 104
Cleveland Wlk. BA2: Bath 4F 7 (4E 105)
Cleve Rd. BS34: Fil 4C 24
Cleweson Ri. BS14: Whit 4B 86
Cliff Ct. Dr. BS16: Fren 4D 45
Clifford Gdns. BS11: Shire 5A 38
Clifford Rd. BS16: Fish 2E 61
Clift Ho. Rd. BS3: Ash G 5B 66
Clift Ho. Spur BS3: Ash G 5B 66
CLIFTON .1C 66
Clifton Arc. BS8: Clif 2B 66
          (off Boyce's Av.)
Clifton Cl. BS8: Clif 2B 66
Clifton College Sports Club 2D 65
Clifton Down BS8: Clif 1B 66
              (not continuous)

Clifton Down Rd. BS8: Clif 2B 66
Clifton Down Shop. Cen.
    BS8: Clif 5D 57
Clifton Down Station (Rail) 5D 57
Clifton Hgts. BS8: Clif 2D 67
Clifton High Gro. BS9: Stok B 1A 56
Clifton Hill BS8: Clif 3C 66
Clifton Hill Ho. BS8: Clif 3D 67
Clifton Observatory and Camera Obscura
                      .2B 66
Clifton Pk. BS8: Clif 2C 66
Clifton Pk. Rd. BS8: Clif 1B 66
Clifton Pl. BS5: E'tn 1C 68
Clifton Rd. BS8: Clif 2C 66
Clifton Roman Catholic Cathedral
                      .1C 66
Clifton St. BS3: Bedm 1E 77
    BS20: P'head 4E 49
Clifton Suspension Bridge 2A 66
Clifton Suspension Bridge Vis. Cen.
                      .2B 66
Clifton Va. BS8: Clif 3C 66
Clifton Va. Cl. BS8: Clif 3C 66
Clifton Vw. BS3: Wind H 5B 68
Clifton Wd. 3C 66
CLIFTON WOOD 3C 66
Clifton Wood Ct. BS8: Clif 3D 67
Clifton-Wood Cres. BS8: Clif 3D 67
Clifton Wood Rd. BS8: Clif 3D 67
Cliftonwood Ter. BS8: Clif 3C 66
Clift Pl. BS1: Bris 5C 4 (4F 67)
Clift Rd. BS3: Ash G 5C 66
Clinton Rd. BS3: Bedm 2E 77
Clive Rd. BS14: H'gro 4E 79
Clockhouse M. BS20: P'head 5C 34
Cloisters Ct. BS36: Wint 2A 28
Cloisters Rd. BS36: Wint 2B 28
Clonmel Rd. BS4: Know 3F 77
Close, The BS10: Hen 3B 22
    BS16: Soun 3F 61
    BS20: Wes 5B 48
    BS34: Lit S 2E 25
    BS34: Pat 4E 9
    BS36: Coal H 2E 29
Clothier Rd. BS4: Brisl 2B 80
Clouds Hill Av. BS5: St G 1A 70
Clouds Hill Rd. BS5: St G 1B 70
Clovelly Cl. BS5: St G 1B 70
Clovelly Rd. BS5: St G 1B 70
Cloverdale Dr. BS30: L Grn 1C 82
Cloverdown BS4: Know 3A 78
Clover Ground BS9: W Trym 3D 41
Cloverlea Bus. Cen. BS36: H'fld . . .5E 29
Cloverlea Rd. BS30: Old C 5E 73
Clover Leaze BS32: Brad S 2F 25
Clyde Av. BS31: Key 3B 90
Clyde Gdns. BA2: Bath 4D 103
    BS5: St G 3D 71
Clyde Gro. BS34: Fil 1B 42
Clyde La. BS6: Redl 4D 57
Clyde M. BS6: Redl 4E 57
Clyde Pk. BS6: Redl 4D 57
Clyde Rd. BS4: Know 1C 78
    BS6: Redl 4D 57
    BS36: Fram C 5D 13
Clydesdale Cl. BS14: H'gro 1C 86
Clyde Ter. BS3: Bedm 1E 77
    BS4: Know 1C 78
Coaley Rd. BS11: Shire 1F 53
COALPIT HEATH 2E 29
Coalpit Rd. BA1: Bathe 3C 98
Coalsack La. BS36: H'fld 5D 29
Coalville Rd. BS36: Coal H 1F 29
Coape Rd. BS14: Stoc 2B 88
Coates Wlk. BS4: Know 1F 85
Cobblestone M. BS8: Clif 2C 66
Cobden Cen., The BS16: Emer G . . .1C 46
Cobden St. BS5: Redf 2D 69
Coberley BS15: K'wd 3E 71
Cobhorn Dr. BS13: Withy 3B 84
Cobourg Rd. BS6: Bris 5B 58
Coburg Vs. BA1: Bath 1C 104
Cock Rd. BS15: K'wd 3A 72
COCKSHOT HILL 4A 62
CODRINGTON 5D 33
Codrington Pl. BS8: Clif 2C 66
Codrington Rd.
    BS7: B'stn 3F 57
    BS37: W'lgh 5F 31
Cody Ct. BS15: Han 4D 71
Cogan Rd. BS16: Soun 3A 62

Cogmill La. BS36: Fram C 3C 12
    BS37: Iron A 1B 12
Cogsall Rd. BS14: Stoc 1B 88
Colbourne Rd. BA2: Odd D 4F 109
Colchester Cres. BS4: Know 5F 77
Coldharbour La. BS16: Fren, Stap . .2A 44
Coldharbour Rd. BS6: Redl 3D 57
Coldpark Gdns. BS13: Withy 2A 84
Coldpark Rd. BS13: Withy 2A 84
Coldrick Cl. BS14: Whit 4B 86
Colebrook Rd. BS15: K'wd 1E 71
Coleford Rd. BS10: S'mead 3F 41
Cole Mead BS13: Bis 2D 85
Coleridge Rd. BS5: Eastv 3E 59
Cole Rd. BS2: Bris 3D 69
Colesborne Cl. BS37: Yate 5F 15
Coleshill Dr. BS13: Hart 2D 85
College Av. BS16: Fish 1C 60
College Ct. BS16: Fish 1C 60
College Flds. BS8: Clif 1B 66
College Grn. BS1: Bris 3A 4 (3E 67)
College Ho. BS1: Bris 3A 4
    (off Orchard St.)
College Pk. BS1: Bris 3A 4
College Pk. Dr. BS10: Hen 2B 40
College Rd. BA1: L'dwn, Bath 5A 96
    BS8: Clif 1B 66
    BS9: W Trym 4C 40
    BS16: Fish 1C 60
College Sq. BS1: Bris 4A 4 (3E 67)
College St. BS1: Bris 4A 4 (3E 67)
College Vw. BA1: Bath 1C 104
College Way BS34: Fil 4C 24
Collett Cl. BS15: Han 4D 71
Collett Way BS37: Yate 2E 15
Colliers Break BS16: Emer G 1D 63
Collier's La. BA1: Charl 3A 96
Collingwood Av. BS15: K'wd 5A 62
Collingwood Cl. BS31: Salt 5A 92
Collingwood Rd. BS6: Redl 5D 57
Collin Rd. BS4: Brisl 5F 69
Collins Av. BS4: Lit S 2E 25
Collins Bldgs. BS31: Salt 4A 92
Collinson Rd. BS13: Hart 2D 85
Collins St. BS11: A'mth 3D 37
Colliter Cres. BS3: Bedm 2C 76
Colne Grn. BS31: Key 3C 90
Colonnades, The BA1: Bath 4B 6
Colston Av. BS1: Bris 3B 4 (3F 67)
Colston Cen. BS1: Bris 2B 4
    (off Colston St.)
Colston Cl. BS16: Soun 3F 61
    BS36: Wint D 4A 28
Colston Ct. BS7: B'stn 3F 57
Colston Dale BS16: Stap 2A 60
Colston Fort BS6: Bris 1F 67
    (off Montague Pl.)
Colston Hall 2B 4 (2F 67)
Colston Hill BS16: Stap 2F 59
Colston M. BS6: Bris 5A 58
Colston Pde. BS1: Bris . . .5D 5 (4A 68)
Colston Pl. BS1: Bris 4E 5 (3A 68)
Colston Rd. BS5: E'tn 5E 59
Colston St. BS1: Bris 2B 4 (2F 67)
    BS16: Soun 3F 61
Colston Twr. BS1: Bris 2B 4
    (off Colston St.)
Colston Yd. BS1: Bris 1B 4
    (off Colston St.)
Colthurst Dr. BS15: Han 4A 72
COLT'S GREEN 5F 17
Colwyn Rd. BS5: E'tn 5E 59
Combe Av. BS20: P'head 5B 34
COMBE DOWN 4D 111
Combe Flds. BS20: P'head 5B 34
Combe Gro. BA1: Bath 2D 103
Combe Hay La.
    BA2: C Hay, Odd D 5E 109
Combe Pk. BA1: Bath 3E 103
Combe Rd. BA2: C Down 4D 111
    BS20: P'head 1F 49
Combe Rd. Cl. BA2: C Down 4D 111
Combe Royal Cres. BA2: Clav D . .5F 105
Combeside BA2: Bath 2C 110
Combfactory La. BS5: E'tn 1D 69
Comb Paddock BS9: W Trym 4D 41
Comfortable Pl. BA1: Bath 3A 104
Commercial Rd. BS1: Bris 4F 67
Common, The BS16: Fren 4D 45
    BS34: Pat 4D 9
Common E., The BS34: Brad S 4E 9
Commonfield Rd. BS11: Law W 2D 39
Common La. BS8: Fail 3D 53
    BS20: Eas 3D 53
Common Mead La. BS16: Ham 2C 44
Common Rd. BS15: Han 1D 81
    BS36: Wint 1B 28
Compass Ct. BA1: Bath 1A 6
Compton Dr. BS9: Sea M 4E 39
Compton Grn. BS31: Key 3A 90
Compton Lodge BS6: Redl 5D 57
    (off Hampton Rd.)
Compton St. BS5: Redf 2E 69
Comtemporis BS8: Clif 2C 66
    (off Merchants Rd.)
Comyn Wlk. BS16: Fish 1C 60
Concorde Rd. BS10: S'mead 2D 41
Concorde Ho. BS34: Fil 1B 42
Concorde Rd. BS34: Pat 1A 24
Concourse, The BS4: Brisl 2A 80
Condor Ho. BS7: L'lze 4E 43
Condover Rd. BS4: Brisl 1B 80
Conduit Pl. BS2: Bris 5C 58
Conduit Rd. BS2: Bris 5C 58
Coneygree BS13: Bis 2B 84
Conference Av. BS20: P'head 1A 50
Conference Cl. BS20: P'head 2B 50
Congleton Rd. BS5: W'hall 5F 59
CONHAM 4B 70
Conham Hill BS15: Han 4C 70
Conham Rd. BS5: St G 4B 70
    BS15: St G 4B 70
Conham Va. BS15: St G 4B 70
Conifer Cl. BS16: Fish 5F 45
    BS36: Fram C 4C 12
Coniston Av. BS9: W Trym 5A 40
Coniston Cl. BS30: Old C 3F 73
Coniston Rd. BS34: Pat 5A 8
Connaught Rd. BS4: Know 4A 78
Connection Rd. BA2: Bath 4C 102
Constable Cl. BS31: Key 1B 90
Constable Rd. BS7: L'lze 5D 43
Constantine Av. BS34: Stok G 3A 26
Constitution Hill BS8: Clif 3C 66
Contemporis BS8: Clif 2C 66
Convent Cl. BS10: Hen 5F 21
Convocation Av. BA2: Clav D 5B 106
Conway Grn. BS31: Key 4C 90
Conway Rd. BS4: Brisl 5E 69
Conygre Gro. BS34: Fil 4D 25
Conygre Rd. BS34: Fil 5C 24
Cook Cl. BS30: Old C 5E 73
Cooks Cl. BS32: Brad S 2E 9
Cooks Folly Rd. BS9: Stok B 3F 55
Cooks La. BS36: H'fld 5F 29
Cooksley Rd. BS5: Redf 1E 69
Cook St. BS11: A'mth 3D 37
Cookworthy Cl. BS5: Bar H 3D 69
Coombe Bri. Av. BS9: Stok B 5E 39
Coombe Cl. BS10: Hen 5F 21
    BS20: P'head 1F 49
Coombe Dale BS9: Sea M 5E 39
COOMBE DINGLE 4F 39
Coombe Dingle Sports Complex . . .4A 40
Coombe Gdns. BS9: Stok B 5A 40
Coombe La. BS8: Fail 5B 52
    BS9: Stok B, W Trym 4F 39
    BS20: Eas, Fail 4C 52
Coombe Rd. BS5: Eastv 4E 59
Coombe Way BS10: Hen 2B 40
Coomb Rocke BS9: Stok B 4F 39
Cooperage La. BS3: Bris 4D 67
Cooperage Rd. BS5: Redf 2F 69
Co-operation Rd. BS5: E'tn 5E 59
Cooper Rd. BS9: W Trym 4B 40
Coopers Dr. BS37: Yate 1B 16
Coots, The BS14: Stoc 1A 88
Copeland Dr. BS14: Whit 2D 87
Copford La. BS41: L Ash 3D 75
Copley Cl. BS15: Han 4A 72
Copley Gdns. BS7: L'lze 5D 43
Coppice, The BS13: Withy 3A 84
    BS32: Brad S 1A 26
Copseland BA2: Clav D 5F 105
Copse Rd. BS4: Know 1D 79
    BS31: Salt 3E 91
Copthorne Cl. BS14: H'gro 2D 87
Corbet Cl. BS11: Law W 1D 39
Corbett Cl. BS37: Yate 1B 16
Corbett Ho. BS5: Bar H 2E 69
Cordwell Wlk. BS10: Hor 4F 41
Corey Cl. BS2: Bris 5B 58
Corfe Cres. BS31: Key 3A 90
Corfe Pl. BS30: Will 3D 83
Corfe Rd. BS4: Know 5F 77
Coriander Dr. BS32: Brad S 2C 26
Coriander Wlk. BS5: Eastv 4E 59
Corinthian Ct. BS1: Bris 5E 5
Corinum Cl. BS16: Emer G 5E 47
Corkers Hill BS5: St G 3B 70
Cork Pl. BA1: Bath 3F 103
    (off Cork St.)
Cork St. BA1: Bath 3F 103
Cork Ter. BA1: Bath 3F 103
Cornfield Cl. BS32: Brad S 4E 9
Cornish Dr. BS14: H'gro 5C 78
Cornish Gro. BS14: Stoc 1A 88
Cornish Rd. BS14: Stoc 1A 88
Cornish Wlk. BS14: Stoc 1A 88
Cornleaze BS13: Bis 2C 84
Corn St. BA1: Bath 4B 6 (4B 104)
    BS1: Bris 3B 4 (3F 67)
Cornwall Cres. BS37: Yate 2B 16
Cornwallis Av. BS8: Clif 3C 66
Cornwallis Cres. BS8: Clif 3B 66
Cornwallis Gro. BS8: Clif 3B 66
Cornwallis Ho. BS8: Clif 3C 66
Cornwall Rd. BS7: B'stn 2F 57
Coromandel Hgts. BA1: Bath 2B 104
    (off John Slessor Ct.)
Coronation Av. BA2: Bath 2E 109
    BS16: Fish 2C 60
    BS31: Key 3F 89
Coronation Cl. BS30: C Hth 4C 72
Coronation Cotts. BA1: Bathe 4B 98
Coronation Pl. BS1: Bris 3C 4 (3F 67)
Coronation Rd. BA1: Bath 3F 103
    BS3: Ash G, Bris 5C 66
    BS15: K'wd 2B 72
    BS16: Down 1A 62
    BS30: C Hth 4C 72
Corridor, The BA1: Bath 3C 6 (4C 104)
Corsley Wlk. BS4: Know 4B 78
CORSTON 3D 101
Corston BA2: New L 4D 101
Corston La. BA2: Cor 3C 100
Corston Vw. BA2: Odd D 3E 109
Corston Wlk. BS11: Shire 4F 37
Cossham Rd. BS5: St G 1F 69
Cossham St. BS16: Mang 1C 62
Cossham Wlk. BS5: St G 5C 60
Cossington Rd. BS4: Know 3B 78
Cossins Rd. BS6: Redl 5D 57
Costiland Dr. BS13: Bis 1B 84
Cote Bank Ho. BS9: W Trym 4D 41
Cote Dr. BS9: W Trym 2C 56
Cote Ho. La. BS9: W Trym 1C 56
Cote La. BS9: W Trym 1C 56
Cote Lea Pk. BS9: W Trym 4C 40
Cote Paddock BS9: W Trym 2B 56
Cote Pk. BS9: W Trym 5A 40
Cote Rd. BS9: W Trym 1C 56
COTHAM 5E 57
Cotham Brow BS6: Cot 5F 57
Cotham Gdns. BS6: Cot 5D 57
Cotham Gro. BS6: Cot 5F 57
Cotham Hill BS6: Cot 5D 57
Cotham Lawn Rd. BS6: Cot 1E 67
Cotham Pk. BS6: Cot 5E 57
Cotham Pk. Nth. BS6: Cot 5E 57
Cotham Pl. BS6: Cot 5E 57
Cotham Rd. BS6: Cot 1E 67
Cotham Rd. Sth. BS6: Cot 1F 67
Cotham Side BS6: Cot 5F 57
Cotham Va. BS6: Cot 5E 57
Cotman Wlk. BS7: L'lze 5D 43
Cotrith Gro. BS10: Hen 5A 22
Cotswold Cl. BS20: P'head 2A 50
Cotswold Ct. BS37: Chip S 4D 17
Cotswold Rd. BA2: Bath 1F 109
    BS3: Wind H 1F 77
    BS37: Chip S 5F 17
Cotswold Vw. BA2: Bath 5D 103
    BS15: K'wd 4F 61
    BS34: Fil 5C 24
Cottage Pl. BA1: Bath 5E 97
    BS2: Bris 1F 67
Cottages, The BS48: Bar G 5B 74
Cottington Ct. BS15: Han 4A 72

Cottisford Rd.—Dartmouth Wlk.

Cottisford Rd. BS5: Eastv 2D 59
Cottle Gdns. BS14: Stoc 1B 88
Cottle Rd. BS14: Stoc 1B 88
Cotton Mead BA2: Cor 3D 101
Cottonwood Dr. BS30: L Grn 1C 82
Cottrell Av. BS15: K'wd 4D 61
Cottrell Rd. BS5: Eastv 3E 59
Coulsons Cl. BS14: Whit 4C 86
Coulson's Rd. BS14: Whit 4B 86
Coulson Wlk. BS15: K'wd 4E 61
Counterpool Rd. BS15: K'wd 2E 71
Counterslip BS1: Bris 3D 5 (3A 68)
Counterslip Gdns. BS14: H'gro 1E 87
Countess Wlk. BS16: Stap 5F 43
County St. BS4: Wind H 5C 68
County Way BS34: Stok G 4C 26
Court Av. BS34: Stok G 3B 26
Court Cl. BS7: Hor 4A 42
BS20: P'head 2F 49
Courtenay Cres. BS4: Know 5F 77
Courtenay Rd. BS31: Key, Salt 5C 90
Court Farm Rd. BS14: Whit 4B 86
BS30: L Grn 3F 81
Courtfield Gro. BS16: Fish 2C 60
Court Gdns. BA1: Bathe 3C 98
Court Hay BS20: Eas 2C 52
Courtlands BS31: Key 2A 90
BS32: Brad S 4E 9
Courtlands La. BS3: Bwr A 5A 66
Court La. BA1: Bathf 5D 99
BS16: Stap H 2A 62
Courtney Rd. BS15: K'wd 2A 72
Courtney Way BS15: K'wd 2B 72
Court Rd. BS7: Hor 4B 42
BS15: K'wd 2F 71
BS30: Old C 1D 83
BS36: Fram C 5B 12
Courtside BS15: K'wd 2B 72
Courtside M. BS6: Cot 5E 57
Courtyard, The BS32: Brad S 2F 9
Cousins Cl. BS10: Hen 5F 21
Cousins La. BS5: St G 2B 70
Cousins M. BS4: St Ap 3B 70
Cousins Way BS16: Emer G 3D 47
Couzens Cl. BS37: Chip S 3D 17
Couzens Pl. BS34: Stok G 3B 26
Coventry Wlk. BS4: St Ap 3B 70
Cowdray Rd. BS4: Know 5F 77
Cowhorn Hill BS30: Old C 4E 73
Cow La. BA1: Bath 3A 104
Cowler Wlk. BS13: Withy 3B 84
Cowling Dr. BS14: Stoc 2E 87
Cowling Rd. BS14: Stoc 2F 87
Cowmead Wlk. BS2: Bris 5C 58
Cowper Rd. BS6: Redl 5E 57
Cowper St. BS5: Redf 2E 69
Cox Ct. BS30: Bar C 5B 72
Coxley Dr. BA1: Bath 5D 97
Crabtree La. BS41: Dun 5A 84
Crabtree Wlk. BS5: Eastv 4F 59
Craddock Cl. BS30: C Hth 5C 72
Cranberry Wlk. BS9: C Din 3E 39
Cranbourne Rd. BS34: Pat 1B 24
Cranbrook Rd. BS6: Redl 2E 57
Crandale Rd. BA2: Bath 5F 103
Crandell Cl. BS10: Hen 4B 22
Cranford Ct. BS9: Henle 5D 41
Cranham BS37: Yate 1E 31
Cranham Cl. BS15: Soun 4B 62
Cranham Dr. BS34: Pat 4E 9
Cranham Rd. BS10: W Trym 3E 41
Cranhill Rd. BA1: W'ton 2F 103
Cranleigh BA2: S'ske 5B 110
Cranleigh Ct. Rd. BS37: Yate 3F 15
Cranleigh Gdns. BS9: Stok B 2A 56
Cranleigh Rd. BS14: Whit 2D 87
Cranmore Av. BS31: Key 1F 89
Cranmore Cres. BS10: S'mead 2F 41
Cranmore Pl. BA2: Odd D 5F 109
Cranside Av. BS6: Redl 2E 57
Cransley Cres. BS9: Henle 4E 41
Crantock Av. BS13: Bis 4D 77
Crantock Dr. BS32: Alm 1D 9
Crantock Rd. BS37: Yate 4F 15
Cranwell Gro. BS14: Whit 2C 86
Cranwells Pk. BA1: W'ton 2F 103
Crates Cl. BS15: K'wd 1A 72
Craven Cl. BS30: Bar C 4B 72
Craven Way BS30: Bar C, C Hth 4B 72
Craydon Gro. BS14: Stoc 2F 87
Craydon Rd. BS14: Stoc 2F 87
Craydon Wlk. BS14: Stoc 2F 87
Create Environment Cen. 4B 66
Crediton Cres. BS4: Know 3B 78
Crescent, The BS9: Henle 5E 41
BS9: Sea M 5E 39
BS16: Fren 2B 44
BS16: Soun 3F 61
Crescent Cen., The BS1: Bris 3E 5
Crescent Gdns. BA1: Bath 2A 6 (3A 104)
Crescent La. BA1: Bath 1A 6 (2A 104)
Crescent Pl. M. BA2: Odd D 4F 109
Crescent Rd. BS16: Fish 5E 45
Crescent Vw. BA2: Bath 5A 6 (5B 104)
Crest, The BS4: Brisl 2E 79
Creswicke Av. BS15: Han 4E 71
Creswicke Rd. BS4: Know 5F 77
CREW'S HOLE 2B 70
Crews Hole Rd. BS5: St G 2A 70
CRIBBS CAUSEWAY 3C 22
Cribbs C'way. BS10: Hen, Pat 4B 22
BS10: Pat 1D 23
Cribbs C'way. Cen. BS10: Hen 3C 22
Cribbs C'way. Retail Pk.
BS34: Pat 2E 23
Cricket La. BS10: W Trym 3C 40
Cricklade Rd. BS7: B'stn 2A 58
Cripps Rd. BS3: Bedm 1E 77
Crispin Way BS15: Soun 4B 62
Crockerne Dr. BS20: Pill 3E 53
Crockerne Ho. *BS20: Pill 2E 53*
(off Underbanks)
Croft, The BS16: Mang 1B 62
BS30: Old C 1E 83
Croft Av. BS16: Stap 2E 59
Croft Cl. BS30: Bit 4F 83
Crofters Wlk. BS32: Brad S 5F 9
Crofton Av. BS7: Hor 5B 42
Crofton Flds. BS36: Wint 2A 28
Crofton M. BS15: K'wd 2A 72
Croft Rd. BA1: Bath 1D 105
CROFTS END 5A 60
Crofts End Ind. Est. BS5: S'wll 5A 60
Crofts End Rd. BS5: S'wll 5A 60
Croft Vw. BS9: Henle 5E 41
Crokeswood Wlk. BS11: Law W 2C 38
Crome Rd. BS7: L'lze 4D 43
Cromer Rd. BS5: E'tn 4E 59
Cromwell Ct. BS15: Han 4A 72
Cromwell Rd. BS5: St G 1C 70
BS6: Bris 4F 57
Cromwells Hide BS16: Stap 1A 60
Cromwell St. BS3: Bedm 1E 77
Croomes Hill BS16: Down 5F 45
Cropthorne Rd. BS7: Hor 2C 42
Cropthorne Rd. Sth. BS7: Hor 3C 42
Crosby Row BS8: Clif 3C 66
Cross Bath, The 4B 6
Crosscombe Dr. BS13: Hart 4D 85
Crosscombe Wlk. BS13: Hart 4D 85
Cross Elms La. BS9: Stok B 1A 56
Crossfield Rd. BS16: Soun 3A 62
Cross Lanes BS20: Pill 2D 53
(not continuous)
Crossleaze Rd. BS15: Han 1E 81
Crossley Cl. BS36: Wint 1B 28
Crossman Av. BS36: Wint 3A 28
Cross St. BS15: K'wd 5E 61
BS31: Key 5B 82
Cross Tree Gro. BS32: Brad S 5F 9
Cross Wlk. BS14: H'gro 1C 86
Crossways Rd. BS4: Know 3C 78
Crowe Hall 1E 111
Crow La. BS1: Bris 3C 4 (3F 67)
BS10: Hen 1B 40
Crowley Way BS11: A'mth 1D 37
Crowndale Rd. BS4: Know 1C 78
Crown Gdns. BS30: Warm 2D 73
Crown Hill BA1: W'ton 1E 103
BS5: S'wll 1B 70
Crown Hill Wlk. BS5: S'wll 5B 60
Crown Ind. Est. BS30: Warm 2E 73
Crown La. BS16: Soun 3F 61
Crownleaze BS16: Soun 3F 61
Crown Rd. BA1: W'ton 1D 103
BS15: K'wd 4F 61
BS30: Warm 3E 73
Crown Way BS30: Warm 2E 73
Crows Gro. BS32: Brad S 2F 9
Crowther Pk. BS7: L'lze 2C 58
Crowther Rd. BS7: L'lze 2C 58
Crowthers Av. BS37: Yate 2A 16
Crowther St. BS3: Bedm 1D 77
Croxham Orchard BA1: Bathe 3B 98
Croydon Ho. BS5: E'tn 1D 69
Croydon St. BS5: E'tn 1D 69
Crunnis, The BS32: Brad S 2A 26
Crusader Ho. BS1: Bris 2B 4
Crusty La. BS20: Pill 1E 53
Crystal Way BS32: Brad S 5A 10
Cube, The *1F 67*
(off Dove St. Sth.)
Cuckoo La. BS36: Wint D 5B 28
Cuffington Av. BS4: Brisl 5F 69
Culverhay Sports Cen. 3D 109
Culverhill Rd. BS37: Chip S 4C 16
Culvers Cl. BS31: Key 1A 90
Culvers Rd. BS31: Key 1A 90
Culver St. BS1: Bris 3A 4 (3E 67)
Culvert, The BS32: Brad S 5F 9
Culverwell Rd. BS13: Withy 3C 84
Cumberland Basin Rd. BS8: Clif 4B 66
Cumberland Cl. BS1: Bris 4C 66
Cumberland Ct. BS1: Bris 4D 67
Cumberland Gro. BS6: Bris 4B 58
Cumberland Ho. BA1: Bath 3A 6
Cumberland Pl. BS8: Clif 3B 66
Cumberland Rd. BS1: Bris 4B 66
Cumberland Row
BA1: Bath 3A 6 (4B 104)
Cumberland St. BS2: Bris 1A 68
Cunningham Gdns. BS16: Fish 1D 61
Cunnington Cl. BS30: Will 3C 82
Curland Gro. BS14: Whit 2D 87
Curlew Cl. BS16: B'hll 5B 44
Curtis La. BS34: Stok G 5C 26
Custom Cl. BS14: H'gro 5C 78
Custom Ho., The BS1: Bris 5C 4
Cutler Rd. BS13: Bis 1B 84
Cynder Way BS16: Emer G 2C 46
Cynthia Rd. BA2: Bath 5E 103
Cynthia Vs. BA2: Bath 5E 103
Cypress Ct. BS9: Stok B 3F 55
Cypress Gdns. BS8: L Wds 3A 66
Cypress Gro. BS9: Henle 5E 41
Cyrus Ct. BS16: Emer G 4D 47

D

Dafford's Bldgs. BA1: Bath 5E 97
Dafford's Pl. *BA1: Bath 5E 97*
(off Dafford St.)
Dafford St. BA1: Bath 5E 97
Dahlia Gdns. BA2: Bath 1F 7 (3D 105)
Daisey Bank BA2: Bath 1D 111
Daisy Rd. BS5: E'tn 4E 59
Dakin Cl. BS4: Know 3A 78
Dakota Dr. BS14: Whit 3C 86
Dalby Av. BS3: Bedm 5F 67
Dale St. BS2: Bris 1F 5 (1B 68)
BS5: St G 1B 70
Dalkeith Av. BS15: K'wd 5E 61
Dalrymple Rd. BS2: Bris 5A 58
Dalston Rd. BS3: Bris 5D 67
Dalton Sq. BS2: Bris 1A 68
Dampier Rd. BS3: Ash G 1C 76
Danbury Cres. BS10: S'mead 2E 41
Danbury Wlk. BS10: S'mead 2E 41
Danby Ho. BS7: L'lze 1C 58
Dancey Mead BS13: Bis 5B 76
Dandy's Mdw. BS20: P'head 1A 50
Dangerfield Av. BS13: Bis 1B 84
Daniel M. BA2: Bath 1E 7 (3D 105)
Daniel St. BA2: Bath 1E 7 (3D 105)
Dapp's Hill BS31: Key 2B 90
Dapwell La. BS31: Q Char 5C 88
Dark La. BA2: B'ptn 1B 106
BS9: W Trym 3C 40
Darley Cl. BS10: Hen 5F 21
Darlington M. BA2: Bath 2E 7 (3D 105)
Darlington Pl. BA2: Bath 4F 7 (4D 105)
Darlington Rd. BA2: Bath 1F 7 (3D 105)
Darlington St. BA2: Bath 2E 7 (3D 105)
Darlington Wharf
BA2: Bath 1F 7 (2D 105)
Darnley Av. BS7: Hor 5B 42
Dartmoor St. BS3: Bedm 5D 67
Dartmouth Av. BA2: Bath 5E 103
Dartmouth Wlk. BS31: Key 3F 89

Daubeny Cl. BS16: Fish 1D 61
Davenport Cl. BS30: L Grn 2C 82
Daventry Rd. BS4: Know 3A 78
Davey St. BS2: Bris 5B 58
David Lloyd Leisure 1A 76
David's Rd. BS14: H'gro 5E 79
David St. BS2: Bris 2F 5 (2B 68)
David Thomas Ho. BS6: Bris 4A 58
Davies Dr. BS4: St Ap 4B 70
Davin Cres. BS20: Pill 3E 53
Davis Cl. BS30: Bar C 4B 72
Davis St. BS11: A'mth 3D 37
Dawley Cl. BS36: Wint 1A 28
Dawlish Rd. BS3: Wind H 2F 77
Dawn Ri. BS15: K'wd 5B 62
Daws Cl. BS16: Fish 2D 61
Day Cres. BA2: Bath 4B 102
Day's Rd. BS2: Bris 3C 68
  BS5: Bar H 3C 68
Days Rd. Commercial Cen.
  BS2: Bris 3C 68
Deacon Cl. BS36: Wint 3A 28
Deadmill La. BA1: Swa 4E 97
Dean Cl. BS15: Han 4C 70
Dean Ct. BS37: Yate 2D 15
Dean Cres. BS3: Bedm 5E 67
                         (Dean La.)
  BS3: Bedm 5F 67
                         (St John's Rd.)
Deanery Cl. BS15: Warm 1D 73
                    (not continuous)
Deanery Rd. BS1: Bris 4A 4 (3E 67)
  BS15: Warm 1C 72
DEAN HILL 5B 94
Deanhill La. BA1: W'ton 5B 94
Dean La. BS3: Bedm 5E 67
Deanna Ct. BS16: Down 5A 46
Dean Rd. BS11: A'mth 3E 19
  BS37: Yate 2E 15
Deans, The BS20: P'head 2D 49
Dean's Ct. BS1: Bris 3A 4 (3E 67)
Deans Dr. BS5: S'wll 4C 60
Deans Mead BS11: Law W 3C 38
Dean St. BS2: Bris 1A 68
  BS3: Bedm 5E 67
Debeccas La. BS20: Eas 2D 53
De Clifford Rd. BS11: Law W 1E 39
Deep Coombe Rd. BS3: Bedm . . .2C 76
Deep Pit Rd. BS5: S'wll 5A 60
Deerhurst BS15: K'wd 4A 62
  BS37: Yate 5E 15
Deering Cl. BS11: Law W 2D 39
Deerswood BS15: Soun 4C 62
Delabere Av. BS16: Fram C 1D 61
De La Warre Ct. BS4: St Ap 3B 70
Delius Gro. BS4: Know 5F 77
Dell, The BS9: W Trym 1B 56
  BS30: Old C 4E 73
  BS32: Brad S 1A 26
Delvin Rd. BS10: W Trym 3E 41
De Montalt Pl. BA2: C Down 4D 111
Denbigh St. BS2: Bris 5B 58
Dene Cl. BS31: Key 4B 90
Dene Rd. BS14: Whit 3E 87
Denleigh Cl. BS14: Whit 3C 86
Denmark Av. BS1: Bris 3A 4 (3E 67)
Denmark Pl. BS7: B'stn 3A 58
Denmark Rd. BA2: Bath 4F 103
Denmark St. BS1: Bris 3A 4 (3E 67)
Dennor Pk. BS14: H'gro 5D 79
Denny Cl. BS20: P'head 1C 48
Denny Vw. BS20: P'head 1B 48
Dennyview Rd. BS8: Abb L 1B 64
Denston Dr. BS20: P'head 2A 50
Denston Wlk. BS13: Bis 5C 76
Denton Patch BS16: Emer G 4D 47
Dentwood Gro. BS9: C Din 4D 39
Derby Rd. BS7: B'stn 3A 58
Derby St. BS5: St G 1F 69
Derham Rd. BS13: Bis 2C 84
Dermot St. BS2: Bris 5B 58
Derricke Rd. BS14: Stoc 1B 88
Derrick Rd. BS15: K'wd 1F 71
Derry Rd. BS3: Bedm 2D 77
Derwent Cl. BS34: Pat 5D 9
Derwent Gro. BS31: Key 2C 90
Derwent Rd. BS5: S'wll 5B 60
Devaney Cl. BS4: St Ap 4B 70
Deveron Gro. BS31: Key 3C 90
Deverose Ct. BS15: Han 5A 72

Devon Gro. BS5: E'tn 1E 69
Devon Rd. BS5: E'tn 5E 59
Devonshire Bldgs. BA2: Bath . . .1B 110
                    (not continuous)
Devonshire Dr. BS20: P'head 1B 48
Devonshire M. BA2: Bath 2B 110
              (off Devonshire Bldgs.)
Devonshire Pl. BA2: Bath 1B 110
Devonshire Rd. BA2: B'ptn 1A 106
  BS6: Henle 2D 57
Devonshire Vs. BA2: Bath 2B 110
Dewfalls Dr. BS32: Brad S 4F 9
Dial La. BS16: Down 5F 45
Diamond Rd. BS5: St G 2B 70
Diamond St. BS3: Bedm 1E 77
Diana Gdns. BS32: Brad S 5A 10
Dibden Cl. BS16: Down 3C 46
Dibden La. BS16: Emer G 4C 46
Dibden Rd. BS16: Down 3C 46
Dickens Cl. BS7: Hor 3C 42
Didsbury Cl. BS10: Hen 2B 40
Dighton Ct. BS2: Bris 1F 67
              (off Princess Rd.)
Dighton Ga. BS34: Stok G 3A 26
Dighton St. BS2: Bris 1F 67
Dillon Ct. BS5: St G 2F 69
Dingle, The BS9: C Din 4F 39
  BS36: Wint D 4A 28
  BS37: Yate 1B 16
Dingle Cl. BS9: Sea M 5E 39
Dingle Rd. BS9: C Din 4F 39
Dingle Vw. BS9: Sea M 4E 39
Dinglewood Cl. BS9: C Din 4F 39
DINGS, THE 4C 68
Dings Wlk. BS2: Bris 3C 68
Dirac Rd. BS7: B'stn 2B 58
District Cen. Rdbt. BS32: Brad S . . .5F 9
Dixon Gdns. BA1: Bath 1B 104
Dixon Rd. BS4: Brisl 2B 80
Dock Ga. La. BS8: Clif 4C 66
Doctor White's Cl.
  BS1: Bris 5D 5 (4A 68)
Dodington La. BS37: Dod 2D 33
Dodington Rd. BS37: Chip S 1D 33
Dodisham Wlk. BS16: Fish 5D 45
Dodmore Crossing BS7: W'lgh . . .4D 31
Dolman Cl. BS10: Hen 5A 22
Dominion Rd. BA2: Bath 4C 102
  BS16: Fish 3B 60
Donald Rd. BS13: Bis 5B 76
Donal Early Way BS7: Hor 3A 42
Doncaster Rd. BS10: S'mead 2D 41
Donegal Rd. BS4: Know 3F 77
Dongola Av. BS7: B'stn 2A 58
Dongola Rd. BS7: B'stn 2A 58
Donnington Wlk. BS31: Key 3F 89
Doone Rd. BS7: Hor 3B 42
Dorcas Av. BS34: Stok G 3B 26
Dorchester Rd. BS7: Hor 4C 42
Dorchester St. BA1: Bath . .5C 6 (5C 104)
Dorester Cl. BS10: Bren 4E 23
Dorian Cl. BS7: Hor 4A 42
Dorian Rd. BS7: Hor 4A 42
Dorian Way BS7: Hor 3A 42
Dormer Cl. BS36: Coal H 2F 29
Dormer Rd. BS5: Eastv 3D 59
Dorset Cl. BA2: Bath 4F 103
Dorset Cotts. BA2: C Down 4E 111
Dorset Gro. BS2: Bris 4C 58
Dorset Rd. BA2: Bath 2F 109
Dorset Rd. BS9: W Trym 5D 41
  BS15: K'wd 5F 61
Dorset St. BA2: Bath 4F 103
  BS3: Bedm 1D 77
Dorset Way BS37: Yate 2C 16
Douglas Rd. BS7: Hor 4B 42
  BS15: K'wd 2F 71
Douglas Rd. Ind. Pk. BS15: K'wd . .2F 71
Doulton Way BS14: Whit 2D 87
Dovecote BS37: Yate 5A 16
Dove La. BS2: Bris 1B 68
  BS5: Redf 2E 69
Dovercourt Rd. BS7: Hor 1C 58
Dover Ho. BA1: Bath 2C 104
Dover Pl. BA1: Bath 1C 104
  BS8: Clif 2D 67
Dover Pl. Cotts. BS8: Clif 2D 67
Dovers La. BA1: Bathf 5E 99
Dovers Pk. BA1: Bathf 5E 99
Dove St. BS2: Bris 1F 67

Dove St. Sth. BS2: Bris 1F 67
Doveswell Gro. BS13: Withy 3C 84
Dovey Cl. BS30: Old C 4E 73
Dowdeswell Cl. BS10: Hen 5B 22
Dowding Cl. BS37: Chip S 3E 17
Dowding Rd. BA1: Bath 1D 105
Dowland Gro. BS4: Know 1F 85
Dowling Rd. BS13: Hart 4E 85
Down Av. BA2: C Down 4C 110
Down Cl. BS20: P'head 1B 48
DOWNEND 5A 46
Downend Pk. BS7: Hor 1B 58
Downend Pk. Rd. BS16: Down . . .1F 61
Downend Rd. BS7: Hor 1B 58
  BS15: K'wd 5F 61
  BS16: Down 1E 61
  BS16: Fish 1D 61
Downend Sports Cen. 4B 46
Down Farm Ho. BS36: Wint 2F 27
Downfield BS9: Sea M 4E 39
  BS31: Key 2F 89
Downfield Dr. BS36: Fram C 5D 13
Downfield Lodge BS8: Clif 5C 56
Downfield Rd. BS8: Clif 5C 56
Down La. BA2: B'ptn 1B 106
Downleaze BS9: Stok B 3B 56
  BS16: Down 3F 45
  BS20: P'head 1C 48
Downleaze Dr. BS37: Chip S 5C 16
Downman Rd. BS7: L'lze 1C 58
Down Rd. BS20: P'head 3A 48
  BS36: Wint D 4A 28
Downs, The BS20: P'head 2D 49
Downs Cote Av. BS9: W Trym 5B 40
Downs Cote Dr. BS9: W Trym 5B 40
Downs Cote Gdns. BS9: W Trym . .5C 40
Downs Cote Pk. BS9: W Trym 5C 40
Downs Cote Vw. BS9: W Trym 5C 40
Downside BS20: P'head 1E 49
Downside Cl. BA2: B'ptn 1B 106
  BS30: Bar C 4B 72
Downside Rd. BS8: Clif 5C 56
Downs Pk. E. BS6: Henle 1C 56
Downs Pk. W. BS6: Henle 1C 56
Downs Rd. BS9: W Trym 5C 40
                    (not continuous)
Downton Rd. BS4: Know 3F 77
Down Vw. BS7: B'stn 3B 58
Dowry Pl. BS8: Clif 4B 66
Dowry Rd. BS8: Clif 3C 66
Dowry Sq. BS8: Clif 3B 66
Dragon Ct. BS5: S'wll 5A 60
Dragon Rd. BS36: Wint 3F 27
Dragons Hill Cl. BS31: Key 2B 90
Dragons Hill Ct. BS31: Key 2B 90
Dragons Hill Gdns. BS31: Key 2B 90
Dragonswell Rd. BS10: Hen 1C 40
Dragon Wlk. BS5: St G 5B 60
Drake Av. BA2: C Down 3B 110
Drake Cl. BS31: Salt 5F 91
Drake Rd. BS3: Ash G 1C 76
Drakes Way BS20: P'head 1C 48
Dram La. BS5: St G 3C 70
Dramway Footpath, The
  BS36: Coal H 4F 29
Draycot Pl. BS1: Bris 5B 4 (4F 67)
Draycott Cl. BA2: Bath 1D 7 (3C 104)
Draycott Rd. BS7: Hor 1B 58
Draydon Rd. BS4: Know 4E 77
Drayon Cl. BS14: H'gro 4D 79
Drayton Rd. BS9: C Din 3E 39
Drill Hall, The BS2: Bris 2F 5
Drive, The BS9: Henle 5D 41
  BS14: H'gro 1E 87
Drove, The BS20: P'bry 1F 51
Druett's Cl. BS10: Hor 4A 42
Druid Cl. BS9: Stok B 1A 56
Druid Hill BS9: Stok B 1A 56
Druid Rd. BS9: Stok B 2F 55
Druid Stoke Av. BS9: Stok B 1E 55
Druid Woods BS9: Stok B 1E 55
Drummond Ct. BS30: L Grn 5B 72
Drummond Rd. BS2: Bris 5A 58
  BS16: Fish 3B 60
Drungway BA2: Mon C 4F 111
Dryham Cl. BS15: K'wd 1B 72
Dryleaze BS31: Key 5A 82
Dryleaze Rd. BS16: B'hll 5B 44
Dubber's La. BS5: Eastv 4A 60
Dublin Cres. BS9: Henle 5D 41

Duchess Rd. BS8: Clif 5C **56**
Duchess Way BS16: Stap 1F **59**
Ducie Rd. BS3: Bar H 2D **69**
  BS16: Stap H 1A **62**
Ducie Rd. Bus. Pk. BS5: Bar H 2D **69**
Duckmoor Rd. BS3: Ash G 5C **66**
Duckmoor Rd. Ind. Est.
  BS3: Ash G 5B **66**
Dudley Cl. BS31: Key 3A **90**
Dudley Ct. BS30: Bar C 5B **72**
Dudley Gro. BS7: Hor 3C **42**
Dugar Wlk. BS6: Redl 3E **57**
Duicie Ct. BS10: Stap H 2A **62**
Duke St. BA2: Bath 4D **7** (4C **104**)
Dulverton Rd. BS7: B'stn 2F **57**
Dumaine Av. BS34: Stok G 3A **26**
Duncan Gdns. BA1: W'ton 4C **94**
Duncombe La. BS15: K'wd 4C **60**
Duncombe Rd. BS15: K'wd 5D **61**
Dundas Cl. BS10: Hen 1A **40**
Dundonald Rd. BS6: Redl 3D **57**
Dundridge Gdns. BS5: St G 3C **70**
Dundridge La. BS5: St G 3C **70**
DUNDRY 5A **84**
Dundry Cl. BS15: K'wd 3F **71**
Dundry La. BS41: Dun 5A **84**
Dundry Vw. BS4: Know 3C **78**
Dunford Rd. BS3: Wind H 1F **77**
Dunkeld Av. BS34: Fil 1B **42**
Dunkerry Rd. BS3: Wind H 1F **77**
Dunkirk Rd. BS16: Fish 3B **60**
Dunmail Rd. BS10: S'mead 1E **41**
Dunmore St. BS4: Wind H 5B **68**
Dunsford Pl. BA2: Bath 3F **7** (4D **105**)
Dunster Gdns. BS30: Will 2D **83**
Dunster Ho. BA2: C Down 3C **110**
Dunster Rd. BS4: Know 4B **78**
  BS31: Key 3F **89**
Durban Rd. BS34: Pat 5B **8**
Durbin Wlk. BS5: E'tn 1C **68**
Durdham Ct. BS6: Redl 3C **56**
Durdham Hall BS9: Stok B 2B **56**
Durdham Pk. BS6: Redl 3C **56**
Durham Gro. BS31: Key 3F **89**
Durham Rd. BS2: Bris 4C **58**
Durleigh Cl. BS13: Bis 1C **84**
Durley Hill BS31: Key 4D **81**
Durley La. BS31: Key 5E **81**
Durley Pk. BA2: Bath 1A **110**
  BS31: Key 5E **81**
Durnford Av. BS3: Ash G 5C **66**
Durnford St. BS3: Ash G 5C **66**
Dursley Cl. BS37: Yate 4A **16**
Dursley Rd. BS11: Shire 1F **53**
Durville Rd. BS13: Bis 1D **85**
Durweston Wlk. BS14: Stoc 4E **79**
Dutton Cl. BS14: Stoc 1F **87**
Dutton Rd. BS14: Stoc 1F **87**
Dutton Wlk. BS14: Stoc 1F **87**
Dyers Cl. BS13: Hart 3F **85**
Dyer's La. BS37: Iron A 1C **14**
Dylan Thomas Ct. BS30: Bar C 4C **72**
Dyrham BS16: Fren 2E **45**
  (off Harford Dr.)
Dyrham Cl. BS9: Henle 5F **41**
Dyrham Pde. BS34: Pat 5E **9**
Dyrham Rd. BS15: K'wd 1B **72**

E

Eagle Cotts. BA1: Bathe 2B **98**
Eagle Dr. BS34: Pat 5A **8**
Eagle Pk. BA1: Bathe 2B **98**
Eagle Rd. BA1: Bathe 2B **98**
  BS4: Brisl 2F **79**
Eagles Wood Bus. Pk.
  BS32: Brad S 2E **9**
Earl Russell Way BS5: E'tn 2D **69**
Earls Mead BS16: Stap 2A **60**
Earlstone Cl. BS30: C Hth 5C **72**
Earlstone Cres. BS30: C Hth 5C **72**
Earl St. BS1: Bris 1C **4** (1F **67**)
Easedale Cl. BS10: S'mead 1F **41**
Eastbourne Av. BA1: Bath 1D **105**
Eastbourne Rd. BS5: E'tn 1D **69**
Eastbourne Vs. BA1: Bath 1D **105**
Eastbury Rd. BS16: Fish 2C **60**
Eastcliff BS20: P'head 4D **35**
East Cl. BA2: Bath 5C **102**

Eastcote Pk. BS14: Whit 2D **87**
East Ct. BS3: Ash V 1B **76**
East Cft. BS9: Henle 4E **41**
EAST DUNDRY 5C **84**
E. Dundry La. BS41: Dun 5B **84**
E. Dundry Rd. BS14: Whit 5B **86**
East St. BS37: Yate 4C **14**
EASTFIELD .4E **41**
Eastfield BS9: W Trym 4D **41**
Eastfield Av. BA1: W'ton 4D **95**
  BS37: Yate 1A **16**
Eastfield Rd. BS6: Cot 4F **57**
  BS9: W Trym 4C **40**
Eastfield Ter. BS9: Henle 5D **41**
Eastgate Cen. BS5: Eastv 3D **59**
Eastgate Office Cen. BS5: Eastv . . .3D **59**
Eastgate Rd. BS5: Eastv 3D **59**
East Gro. BS6: Bris 5B **58**
Eastlake Cl. BS7: L'lze 4D **43**
E. Lea Rd. BA1: Bath 2C **102**
Eastleigh Cl. BS16: Soun 2A **62**
Eastleigh Rd. BS10: S'mead 2F **41**
  BS16: Soun 3A **62**
Eastlyn Rd. BS13: Bis 4D **77**
Eastmead Ct. BS9: Stok B 2A **56**
Eastmead La. BS9: Stok B 2A **56**
Eastnor Rd. BS14: Whit 4C **86**
Easton Bus. Cen. BS5: E'tn 1D **69**
Easton Leisure Cen. 1C **68**
Easton Rd. BS5: E'tn 2C **68**
  BS20: Pill 2E **53**
Easton Way BS5: E'tn 5C **58**
Eastover Cl. BS9: W Trym 3C **40**
Eastover Gro. BA2: Odd D 4E **109**
East Pde. BS9: Sea M 5E **39**
East Pk. BS5: Eastv 4E **59**
East Pk. Dr. BS5: Eastv 4E **59**
East Pk. Trad. Est.
  BS5: E'tn, W'hall 5F **59**
E. Priory Cl. BS9: W Trym 4C **40**
Eastridge Dr. BS13: Bis 2B **84**
E. Shrubbery BS6: Redl 4D **57**
East St. BS2: Bris 1F **5** (1B **68**)
  BS3: Bedm 1E **77**
  BS11: A'mth 2C **36**
EAST TWERTON 4F **103**
East Vw. BS16: Mang 5B **46**
EASTVILLE .3E **59**
Eastville BA1: Bath 1D **105**
East Wlk. BS37: Yate 4A **16**
East Way BA2: Bath 5C **102**
Eastwood BA2: B'ptn 4A **106**
Eastwood Cres. BS4: Brisl 5B **70**
E. Wood Pl. BS20: P'head 4C **34**
Eastwood Rd. BS4: Brisl 5B **70**
Eastwoods BA1: Bathf 4D **99**
Eaton Cl. BS14: Stoc 2A **88**
  BS16: Fish 2D **61**
Eaton Cres. BS8: Clif 1C **66**
Eaton St. BS3: Bedm 1E **77**
Ebenezer La. BS9: Stok B 5F **39**
  (not continuous)
Ebenezer St. BS5: St G 2F **69**
Ebenezer Ter. BA2: Bath 5E **7**
Eccleston Ho. BS5: Bar H 3D **69**
Eclipse Office Pk. BS16: Stap H 2E **61**
Eden Gro. BS7: Hor 2B **42**
Eden Pk. Cl BA1: Bathe 3C **98**
Eden Pk. Dr. BA1: Bathe 3C **98**
Eden Ter. BA1: Bath 5D **97**
Eden Vs. BA1: Bath 5E **97**
  (off Dafford's Bldgs.)
Edgar Bldgs. BA1: Bath 2B **6**
Edgecombe Rd. BS15: K'wd 5B **62**
Edgecumbe Rd. BS6: Redl 4F **57**
Edgefield Cl. BS14: Whit 4B **86**
Edgefield Rd. BS14: Whit 4B **86**
Edgeware Rd. BS3: Bris 5E **67**
  BS16: Stap H 2F **61**
Edgewood Cl.
  BS14: H'gro 4D **79**
  BS30: L Grn 1C **82**
Edgeworth BS37: Yate 2E **31**
Edgeworth Rd. BA2: Bath 3E **109**
Edinburgh Rd. BS31: Key 3A **90**
Edington Gro. BS10: Hen 1C **40**
Edmund Cl. BS16: Down 5F **45**
Edna Av. BS4: Brisl 1A **80**
Edward Bird Ho. BS7: L'lze 4D **43**

Edward Rd. BS4: Bris 5D **69**
  BS15: K'wd 1A **72**
Edward St. BA1: Bath 3E **103**
  BA2: Bath 2E **7** (3D **105**)
  BS5: Eastv 4F **59**
  BS5: Redf 1E **69**
Edwin Short Cl. BS30: Bit 4F **83**
Effingham Rd. BS6: Bris 4A **58**
Egerton Brow BS7: B'stn 2F **57**
Egerton La. BS7: B'stn 2F **57**
Egerton Rd. BA2: Bath 1A **110**
  BS7: B'stn 2F **57**
Eggshill La. BS37: Yate 4F **15**
Egg Theatre, The 3B **6**
  (off St John's Pl.)
Eglin Cft. BS13: Withy 3D **85**
Eighth Av. BS7: Hor 3D **43**
  BS14: H'gro 5C **78**
Eirene Ter. BS20: Pill 2F **53**
Elberton BS15: K'wd 1C **72**
Elberton Rd. BS9: Sea M 4D **39**
Elbridge Ho. BS2: Bris 1F **5**
Elbury Av. BS15: K'wd 4E **61**
Elderberry Wlk. BS10: S'mead 1E **41**
Elderwood Dr. BS30: L Grn 1C **82**
Elderwood Rd. BS14: H'gro 5D **79**
Eldon Pl. BA1: Bath 5D **97**
Eldon Ter. BS3: Wind H 1F **77**
Eldonwall Trad. Est. BS4: Brisl 4E **69**
Eldon Way BS4: Brisl 4E **69**
Eldred Cl. BS9: Stok B 1F **55**
Eleanor Cl. BA2: Bath 5B **102**
Eleventh Av. BS7: Hor 2D **43**
Elfin Rd. BS16: Fish 1C **60**
Elgar Cl. BS4: Know 1F **85**
Elgin Av. BS7: Fil 2B **42**
Elgin Pk. BS6: Redl 4D **57**
Elgin Rd. BS16: Fish 4D **61**
Eliot Cl. BS7: Hor 2C **42**
Elizabeth Cres. BS34: Stok G 4A **26**
Elizabeth's M. BS4: St Ap 3B **70**
Elizabeth Way BS16: Mang 3D **63**
Elkstone Wlk. BS30: Bit 2E **83**
Ellacombe Rd. BS30: L Grn 2A **82**
Ellan Hay Rd. BS32: Brad S 2C **26**
Ellbridge Cl. BS9: Stok B 1F **55**
Ellenborough Ho. BS8: Clif 3C **66**
  (off Argyle Pl.)
Ellen Ho. BA2: Bath 5C **102**
Ellesmere Rd. BS4: Brisl 4F **79**
  BS15: K'wd 1F **71**
Ellfield Cl. BS13: Bis 1B **84**
Ellicks Cl. BS32: Brad S 3A **10**
Ellicott Rd. BS7: Hor 5B **42**
Ellinghurst Cl. BS10: Bren 1C **40**
Elliott Av. BS16: Fren 2E **45**
Ellis Av. BS13: Bis 4C **76**
Elliston Dr. BA2: Bath 1D **109**
Elliston La. BS6: Redl 4E **57**
Elliston Rd. BS6: Redl 4E **57**
Ellsbridge Cl. BS31: Key 2D **91**
Ellsworth Rd. BS10: Hen 1B **40**
Elm Cl. BS11: Law W 2B **38**
  BS34: Lit S 1F **25**
  BS37: Chip S 4C **16**
Elm Ct. BS6: Redl 4D **57**
  BS14: Whit 1C **86**
  BS31: Key 3E **89**
Elmcroft Bath BA1: Bath 5E **97**
Elmcroft Cres. BS7: L'lze 2C **58**
Elmdale Gdns. BS16: Fish 2C **60**
Elmdale Rd. BS3: Bedm 2D **77**
  BS8: Clif 3A **66**
Elmfield BS15: K'wd 3A **72**
Elmfield Cl. BS15: K'wd 3A **72**
Elmfield Rd. BS9: S'mead 3C **40**
Elm Gro. BA1: Swa 5E **97**
  BA2: Bath 1E **109**
Elmgrove Av. BS5: E'tn 1D **69**
Elmgrove Dr. BS37: Yate 3B **16**
Elmgrove Pk. BS6: Cot 5F **57**
Elmgrove Rd. BS6: Cot 5F **57**
  BS16: Fish 3B **60**
Elm Hayes BS13: Bis 1B **84**
Elmhirst Gdns. BS37: Yate 3C **16**
Elmhurst Av. BS5: Eastv 3F **59**
Elmhurst Est. BA1: Bathe 3C **98**
Elmhurst Gdns. BS41: L Ash 3B **74**
Elming Down Cl. BS32: Brad S 2F **25**
Elm La. BS6: Redl 4D **57**

Elmlea Av. BS9: W Trym 1B 56
Elmleigh Av. BS16: Mang 1D 63
Elmleigh Cl. BS16: Mang 1D 63
Elmleigh Rd. BS16: Mang 1C 62
Elmore BS15: Soun 4B 62
BS37: Yate 5F 15
Elmore Rd. BS7: Hor 5C 42
BS34: Pat 4B 8
Elm Pk. BS34: Fil 1C 42
Elm Pl. BA2: Bath 1B 110
Elm Rd. BS7: Hor 1A 58
BS15: K'wd 3A 72
Elms, The BA1: Bath 5E 97
BS16: Fren 2E 45
Elms Gro. BS34: Pat 4D 9
Elm Tree Av. BS16: Mang 4C 46
Elmtree Cl. BS15: K'wd 5F 61
Elmtree Dr. BS13: Withy 3B 84
Elm Tree Pk. BS20: P'bry 2F 51
Elmtree Way BS15: K'wd 5F 61
Elm Wlk. BS20: P'head 2E 49
Elmwood BS37: Yate 5A 16
Elsbert Dr. BS13: Bis 1A 84
Elstree Rd. BS5: W'hall 5A 60
Elton Ho. BS2: Bris 1F 5
Elton La. BS7: B'stn 4F 57
Elton Mans. BS7: B'stn 3F 57
Elton Rd. BS7: B'stn 3F 57
BS8: Clif 2D 67
BS15: K'wd 5D 61
Elton St. BS2: Bris 1B 68
Elvard Cl. BS13: Withy 3C 84
Elvard Rd. BS13: Withy 2C 84
Elvaston Rd. BS3: Wind H 1A 78
Ely Gro. BS9: Sea M 4D 39
Embassy Rd. BS5: W'hall 5A 60
Embassy Wlk. BS5: W'hall 5A 60
Embleton Rd. BS10: S'mead 1D 41
EMERSON'S GREEN 5D 47
Emersons Grn. La. BS16: Emer G . . .5C 46
(Blackhorse Rd.)
BS16: Emer G 5E 47
(Johnson Rd.)
Emerson Sq. BS7: Hor 3C 42
Emerson Way BS16: Emer G 3D 47
Emery Rd. BS4: Brisl 2B 80
Emet Gro. BS16: Emer G 5D 47
Emet La. BS16: Emer G 5D 47
Emlyn Rd. BS5: E'tn 4E 59
Emma Chris Way BS34: Fil 1E 43
Emmanuel Ct. BS8: Clif 1C 66
Emmett Wood BS14: Whit 4D 87
Empire Cres. BS30: Han 5A 72
Empress Menen Gdns.
BA1: Bath 2C 102
Emra Cl. BS5: St G 5B 60
Enfield Rd. BS16: Fish 3C 60
Engine Comn. La. BS37: Yate 1E 15
Enginehouse La. BS31: Q Char 3C 88
England's Cres. BS36: Wint 1A 28
ENGLISHCOMBE 3B 108
Englishcombe La. BA2: Bath 2D 109
Englishcombe Ri. BA2: Bath 2C 108
Englishcombe Rd. BA2: Eng 3B 108
BS13: Hart 4E 85
Englishcombe Way BA2: Bath 2A 110
Ennerdale Rd. BS10: S'mead 1F 41
Enterprise Trade Cen. BS4: Know . . .5A 78
Entry Hill BA2: Bath, C Down 2B 110
Entry Hill Dr. BA2: Bath 2B 110
Entry Hill Gdns. BA2: Bath 2B 110
Entry Hill Pk. BA2: C Down 3B 110
Entry Ri. BA2: C Down 4B 110
Epney Cl. BS34: Pat 4B 8
Epsom Cl. BS16: Down 2B 46
Epworth Rd. BS10: Bren 5C 22
Equinox BS32: Brad S 2E 9
Erin Wlk. BS4: Know 4F 77
Ermine Way BS11: Shire 4E 37
Ermleet Rd. BS6: Redl 4A 58
Ernest Barker Cl. BS5: Bar H 2D 69
Ernestville Rd. BS16: Fish 3B 60
Ervine Ter. BS2: Bris 1B 68
Esplanade Rd. BS20: P'head 5B 34
Esporta Health & Fitness Club 4B 26
Essery Rd. BS5: E'tn 4E 59
Esson Rd. BS15: K'wd 5D 61
Estcourt Gdns. BS16: Stap 1F 59
Estcourt La. BS16: Stap 1F 59
Estelle Pk. BS5: Eastv 4E 59

Estoril BS37: Yate 4B 16
Estune Wlk. BS41: L Ash 2C 74
Etloe Rd. BS6: Henle 2C 56
Eton Rd. BS4: Brisl 1F 79
Ettricke Dr. BS16: Fish 5D 45
Eugene Flats BS2: Bris 1F 67
(off Eugene St.)
Eugene St. BS2: Bris 1F 67
BS5: E'tn 1B 68
Evans Cl. BS4: St Ap 4B 70
Evans Rd. BS6: Redl 4D 57
Eveleigh Av. BA1: Swa 5F 97
Eveleigh Ho. BA2: Bath 2C 6
(off Grove St.)
Evelyn La. BS11: A'mth 2D 37
Evelyn Rd. BA1: Bath 2D 103
BS10: W Trym 3E 41
Evelyn Ter. BA1: Bath 1C 104
Evenlode Gdns. BS11: Shire 1B 54
Evenlode Way BS31: Key 4C 90
Evercreech Rd. BS14: Whit 3C 86
Everest Av. BS16: Fish 2A 60
Everest Rd. BS16: Fish 2A 60
Eve Rd. BS5: E'tn 5D 59
Ewell Rd. BS14: H'gro 1D 87
Excelsior St. BA2: Bath 5D 7 (5C 104)
Exchange Av. BS1: Bris 3C 4 (3F 67)
Exeter Bldgs. BS6: Redl 5D 67
Exeter Rd. BS3: Bris 5D 67
BS20: P'head 2A 50
Exley Cl. BS30: Old C 4E 73
Exmoor Rd. BA2: C Down 3B 110
Exmoor St. BS3: Bedm 5D 67
Exmouth Rd. BS4: Know 3B 78
Explore-at-Bristol 4A 4 (3E 67)
Exton Cl. BS14: Whit 3C 86
Eyer's La. BS2: Bris 1F 5 (2B 68)

F

Faber Gro. BS13: Hart 3E 85
Fabian Dr. BS34: Stok G 3A 26
Factory Rd. BS36: Wint 1B 28
Failand Cres. BS9: Sea M 1E 55
Failand La. BS20: Fail, P'bry 4A 52
Failand Wlk. BS9: Sea M 5E 39
Fairacre Cl. BS7: L'lze 1D 59
Fairacres Cl. BS31: Key 2A 90
Fairfax St. BS1: Bris 2C 4 (2F 67)
Fairfield Av. BA1: Bath 5C 96
FAIRFIELD PARK 5C 96
Fairfield Pk. Rd. BA1: Bath 5B 96
Fairfield Pl. BS3: Bedm 5D 67
Fairfield Rd. BA1: Bath 1C 104
BS3: Bedm 5E 67
BS6: Bris 4B 58
Fairfield Ter. BA1: Bath 5C 96
Fairfield Vw. BA1: Bath 5C 96
Fairfoot Rd. BS4: Wind H 1C 78
Fairford Cl. BS15: Soun 4B 62
Fairford Cres. BS34: Pat 5E 9
Fairford Rd. BS11: Shire 4F 37
Fair Furlong BS13: Withy 3C 84
Fairhaven BS37: Yate 4B 16
Fairhaven Cotts. BA1: Bathe 1C 98
Fairhaven Rd. BS6: B'stn 2E 57
Fair Lawn BS30: Old C 5C 72
Fairlawn BS16: Stap H 2F 61
Fairlawn Av. BS34: Fil 5C 24
Fairlawn Rd. BS6: Bris 4B 58
Fairlea Rd. BS15: Soun 3B 62
Fairoaks BS30: L Grn 1C 82
Fairview Ct. BS15: K'wd 3F 71
Fair Vw. Dr. BS6: Redl 4E 57
Fairview Rd. BS15: K'wd 1B 72
Fairway BS4: Brisl 3F 79
Fairway Cl. BS30: Old C 5D 73
Fairway Ind. Cen. BS34: Fil 5B 24
Fairways BS31: Salt 5A 92
Falcon Cl. BS9: W Trym 3B 40
BS20: P'head 2F 49
BS34: Pat 5A 8
Falcon Ct. BS9: W Trym 5C 40
Falcondale Rd. BS9: W Trym 4B 40
Falcondale Wlk. BS9: W Trym 3C 40
Falcon Dr. BS34: Pat 5A 8
Falconer Rd. BA1: W'ton 4C 94
Falcon Wlk. BS34: Pat 4A 8
Falfield Rd. BS4: Brisl 1E 79

Falfield Wlk. BS10: S'mead 3E 41
Falkland Rd. BS6: Bris 4B 58
Fallodon Ct. BS9: Henle 1D 57
Fallodon Way BS9: Henle 1D 57
Fallowfield BS30: Old C 4F 73
Falmouth Rd. BS7: B'stn 2F 57
Fane Cl. BS10: Bren 1C 40
Fanshawe Rd. BS14: H'gro 5C 78
Faraday Rd. BS8: Clif 4B 66
Farendell Rd. BS16: Emer G 2D 47
Far Handstones BS30: C Hth 5C 72
Farington Rd. BS10: W Trym 4F 41
Farleigh Ri. BA1: Bathf 1F 107
BA15: Mon F 1F 107
Farleigh Rd. BS31: Key 3F 89
Farleigh Vw. BA1: Bath 1C 104
(off Beacon Rd.)
Farleigh Wlk. BS13: Bis 4C 76
Farley Cl. BS34: Lit S 5E 9
Farm Cl. BS16: Emer G 5D 47
Farm Ct. BS16: Down 4A 46
Farmer Rd. BS13: Withy 3A 84
Farm Rd. BS16: Down 4A 46
Farmwell Cl. BS13: Hart 2D 85
Farnaby Cl. BS4: Know 5E 77
Farndale Rd. BS5: St G 3C 70
Farne Cl. BS9: Henle 1D 57
Farrant Cl. BS4: Know 1F 85
Farringford Ho. BS5: Eastv 4F 59
Farrs La. BA2: C Down 3D 111
Barley Cl. BS13: Bis 4B 4 (3F 67)
Farr St. BS11: A'mth 3D 37
Fashion Research Cen. 1A 6 (3B 104)
Faulkland Rd. BA2: Bath 5F 103
Fawkes Cl. BS15: Warm 1D 73
Featherstone Rd. BS16: Fish 2B 60
Feeder Rd. BS2: Bris 4B 68
Felix Rd. BS5: E'tn 1D 69
Felstead Rd. BS10: S'mead 2A 42
Feltham Ct. BS34: Fil 1B 42
Felton Gro. BS13: Bis 4B 76
Fenbrook Cl. BS16: Ham 2D 45
Fennel Dr. BS32: Brad S 1C 26
Fennell Gro. BS10: Hen 1C 40
Fenns La. BS41: L Ash 3A 74
Fenshurst Gdns. BS41: L Ash 4B 74
Fenswood Cl. BS41: L Ash 3A 74
Fenswood Ct. BS41: L Ash 3A 74
Fenswood Mead BS41: L Ash 3A 74
Fenswood Rd. BS41: L Ash 3A 74
Fenton Cl. BS31: Salt 4F 91
Fenton Rd. BS7: B'stn 2F 57
Fermaine Av. BS4: Brisl 1B 80
Fernbank Rd. BS6: Redl 4E 57
Ferncliffe BS8: L Wds 2A 66
Fern Cl. BS10: Bren 5D 23
Ferndale Av. BS30: L Grn 1B 82
Ferndale Grange BS9: Henle 5D 41
Ferndale Rd. BA1: Swa 4E 97
BS7: Hor 1C 42
BS20: P'head 5C 34
Ferndene BS32: Brad S 3E 9
Ferndown BS37: Yate 4A 16
Ferndown Cl. BS11: Law W 4C 38
Fern Gro. BS32: Brad S 5F 9
Fernhill La. BS11: Law W 2D 39
Fernhurst Rd. BS5: S'will 5B 60
Fernleaze BS36: Coal H 2E 29
Fernleigh Ct. BS6: Redl 3D 57
Fern Rd. BS16: Down 1F 61
Fernsteed Rd. BS13: Bis 1B 84
Fern St. BS2: Bris 5B 58
Ferry La. BA2: Bath 4D 7 (4C 104)
Ferryman's Ct. BS2: Bris 2E 5
Ferry Rd. BS15: Han 3F 81
Ferry Steps Ind. Est. BS2: Bris 5C 68
Ferry St. BS1: Bris 4D 5 (3A 68)
Fersfield BA2: Bath 2D 111
Fiddes Rd. BS6: Redl 2E 57
Field Farm Cl. BS34: Stok G 4B 26
Fieldgrove La. BS30: Bit 4E 83
Fieldings Rd. BA2: Bath 4E 103
Field La. BS30: L Grn 1A 82
Field Marshal Slim Ct.
BS2: Bris 1F 5 (2B 68)
Field Rd. BS15: K'wd 5E 61
Field Vw. BS5: E'tn 1C 68
Field Vw. Dr. BS16: Fish 5E 45
Fiennes Cl. BS16: Stap H 2A 62

Fifth Av. BS7: Hor 2C 42
Fifth Av. BS14: H'gro 5D 79
Fifth Way BS11: A'mth 1A 38
Filby Dr. BS34: Lit S 5E 9
FILTON 5C 24
Filton Abbey Wood Station (Rail) . .2D 43
FILTON AIRFIELD 3A 24
Filton Av. BS7: Hor 5A 42
    BS34: Fil 4C 24
Filton Gro. BS7: Hor 5B 42
Filton Hill BS34: Fil 4C 24
Filton La. BS34: Stok G 1F 43
Filton Recreation Cen. 1C 42
Filton Rd. BS7: Hor 4B 42
    BS16: Fren 2D 45
    BS16: Ham 1A 44
    BS34: Stok G 1F 43
Filwood B'way. BS4: Know 4A 78
Filwood Cl. BS16: Fish 3D 61
Filwood Dr. BS15: K'wd 1B 72
Filwood Ho. BS16: Fish 3D 61
FILWOOD PARK 3A 78
Filwood Pk. BS4: Know 4A 78
Filwood Pool 4A 78
Filwood Rd. BS16: Fish 2C 60
Finch Rd. BS37: Chip S 5B 16
Finisterre Pde. BS20: P'head 5E 35
Fircliff Pk. BS20: P'head 4C 34
Fireclay Rd. BS5: St G 3F 69
Fire Engine La. BS36: Coal H 1F 29
Firework Cl. BS15: Warm 1D 73
Firfield St. BS4: Wind H 5C 68
Firgrove Cres. BS37: Yate 3B 16
Firs, The BA2: C Down 4D 111
    BS16: Down 5A 46
Firs Ct. BS31: Key 3E 89
First Av. BA2: Bath 1F 109
    BS4: St Ap 4A 70
    BS14: H'gro 5C 78
    BS20: P'bry 5A 36
First Way BS11: A'mth 2E 37
Fir Tree Cl. BS34: Pat 1A 24
Firtree La. BS3: St G 3C 70
Fisher Av. BS15: K'wd 5C 62
Fisher Rd. BS15: K'wd 5C 62
Fishers Mead BS41: L Ash 3A 74
FISHPONDS 2C 60
Fishponds Rd. BS5: Eastv 4E 59
    BS16: Fish 3A 60
Fishponds Trad. Est. BS5: S'wll . .4A 60
                   (Chapel La.)
    BS5: S'wll 4B 60
                (Foundry La.)
Fishpool Hill BS10: Bren 4D 23
Fitchett Wlk. BS10: Hen 5B 22
Fitness First 2E 23
Fitzgerald Rd. BS3: Wind H 1B 78
Fitzharding Rd. BS20: Pill 3A 54
Fitzroy Circus BS20: P'head 5E 35
Fitzroy Rd. BS16: Fish 4D 61
Fitzroy St. BS4: Wind H 5C 68
Fitzroy Ter. BS6: Redl 4D 57
Five Acre Dr. BS16: B'hll 4B 44
Flaxman Cl. BS7: L'lze 5D 43
FLAXPITS 3A 28
Flaxpits La. BS36: Wint 2F 27
Florence Pk. BS6: Henle 2D 57
    BS32: Alm 1E 9
Florence Rd. BS16: Soun 3A 62
Flowers Hill BS4: Brisl 4A 80
Flowers Hill Cl. BS4: Brisl 3A 80
Flowers Ind. Est. BS4: Brisl 3B 80
Flowerwell Rd. BS13: Hart 2D 85
Folleigh Cl. BS41: L Ash 2D 75
Folleigh Dr. BS41: L Ash 2D 75
Folleigh La. BS41: L Ash 2D 75
Folliot Cl. BS16: B'hll 4C 44
Folly, The BS16: Down 4B 46
    BS31: Salt 5B 92
Folly Bri. Cl. BS37: Yate 3F 15
Folly Brook Rd. BS16: Emer G . . .1C 46
Folly La. BS20: Pill 2C 68
Folly Rd. BS37: Iron A 1B 12
Fontana Cl. BS30: L Grn 1D 83
Fonthill Rd. BA1: L'dwn 5A 96
    BS10: S'mead 1F 41
Fonthill Way BS30: Bit 2D 83
Fontmell Cl. BS14: Stoc 5F 79
Fontwell Dr. BS16: Down 2B 46
Footes La. BS36: Fram C 1D 29

Footshill Cl. BS15: K'wd 3E 71
Footshill Rd. BS15: K'wd 2E 71
Footshill Gdns. BS15: K'wd 3E 71
Footshill Rd. BS15: K'wd 3E 71
Forde Cl. BS30: Bar C 4B 72
Fordell Pl. BS4: Wind H 1C 78
Ford La. BS16: Emer G 5D 47
Ford St. BS5: Bar H 3E 69
Forefield Pl. BA2: Bath 5C 104
Forefield Ri. BA2: Bath 1C 110
Forefield Ter. BA2: Bath 5C 104
Forest Dr. BS10: Bren 5E 23
Forest Edge BS15: Han 5E 71
Forester Av. BA2: Bath 1E 7 (2C 104)
Forester Ct. BA2: Bath 2C 104
Forester La. BA2: Bath 1F 7 (2D 105)
Forester Rd. BA2: Bath 1E 7 (3D 105)
                         2F 49
Forest Rd. BS15: K'wd 2F 71
    BS16: Fish 3D 61
Forest Wlk. BS15: K'wd 2E 71
    BS16: Fish 3D 61
Forge End BS20: P'bry 3A 52
Fortfield Rd. BS14: H'gro, Whit . . .3C 86
Forum Bldgs. BA1: Bath 5C 6
           (off St James's Pde.)
Fossedale Av. BS14: H'gro 1E 87
Fosse Gdns. BA2: Odd D 5F 109
Fosse La. BA1: Bathe 4C 98
Fosseway, The BS8: Clif 2C 66
Fosseway Ct. BS8: Clif 2C 66
Fosse Way Est. BA2: Odd D 4E 109
Foster's Almshouses
    BS1: Bris 2B 4 (2F 67)
Foster St. BS5: E'tn 4D 59
Foundry La. BS5: S'wll 6B 60
Fountain Bldgs. BA1: Bath. . .2C 6 (3C 104)
Fountain Ct. BS32: Brad S 2E 9
    BS37: Yate 1F 31
                (off Abbotswood)
Fountaine Ct. BS5: Eastv 4E 59
Fountain Hill BS9: Stok B 1B 66
Fountains Dr. BS30: Bar C 3B 72
Four Acre Av. BS16: Down 3A 46
Four Acres BS13: Withy 3A 84
Four Acres Cl. BS13: Withy 3B 84
Fourth Av. BS7: Hor 1C 42
    BS14: H'gro 5D 79
Fourth Way BS11: A'mth 2F 37
Fox & Hounds La. BS31: Key 2B 90
Fox Av. BS37: Yate 3F 15
Foxborough Gdns. BS32: Brad S . .3F 9
Fox Cl. BS4: St Ap 4B 70
Foxcombe Rd. BA1: Bath 3D 103
    BS14: Whit 3D 87
Foxcote BS15: K'wd 2B 72
Foxcote Rd. BS3: Bedm 1C 76
Fox Ct. BS30: L Grn 1B 82
Foxcroft Cl. BS32: Brad S 1B 26
Foxcroft Rd. BS5: St G 1F 69
Fox Den Rd. BS34: Stok G 1F 43
Foxe Rd. BS36: Fram C 5C 12
Foxfield Av. BS32: Brad S 3F 9
Foxglove Cl. BS16: Stap 2A 60
FOX HILL 3D 111
Fox Hill BA2: C Down 4C 110
Fox Ho. BS4: Brisl 1A 80
Fox Rd. BS5: E'tn 5D 59
Fraley Rd. BS9: W Trym 4C 40
FRAMPTON COTTERELL 5C 12
Frampton Cl. BS30: L Grn 5B 72
Frampton Cres. BS16: Fish 2E 61
FRAMPTON END 5E 13
Frampton End Rd. BS36: Fram C . .5E 13
    BS37: Iron A 3F 13
Frances Greeves Ct. BS10: Hen . . .2C 40
Francis Ho. BS2: Bris 1F 67
Francis Pl. BS30: L Grn 5B 72
Francis Rd. BS3: Bedm 2E 77
    BS10: W Trym 3E 41
Francis Way BS30: B'yte 2F 73
Francombe Gro. BS10: Hor 5A 42
Francombe Ho. BS1: Bris 4F 67
            (off Commercial Rd.)
Frankcom Ho. BA2: Bath 1E 7
Frankland Cl. BA1: Bath 1C 102
Frankley Bldgs. BA1: Bath 1D 105

Frankley Ter. BA1: Bath 1D 105
                 (off Snow Hill)
Franklin Ct. BS1: Bris 5E 5 (4A 68)
Franklyn La. BS2: Bris 5B 58
Franklyn St. BS2: Bris 5B 58
Fraser St. BS3: Wind H 1F 77
Frayne Rd. BS3: Ash G 5C 66
Frederick Pl. BS8: Clif 2D 67
Frederick St. BS4: Wind H 1B 78
Freeland Bldgs. BS5: Eastv 4E 59
Freeland Pl. BS8: Clif 3B 66
Freeling Ho. BS1: Bris 5D 5 (4A 68)
Freemantle Gdns. BS5: Eastv 3E 59
Freemantle Rd. BS5: Eastv 3E 59
Freestone Rd. BS2: Bris 3C 68
Free Tank BS2: Bris 4F 5 (3B 68)
Freeview Rd. BA2: Bath 4C 102
Fremantle Ho. BS2: Bris 1F 67
Fremantle La. BS6: Cot 5F 57
Fremantle Rd. BS6: Bris, Cot 5F 57
Fremantle Sq. BS6: Bris 5F 57
FRENCHAY 4D 45
Frenchay Cl. BS16: Fish 4D 45
Frenchay Comn. BS16: Fren 4D 45
Frenchay Pk. Rd. BS16: Fren 4E 45
Frenchay Pk. Rd. BS16: B'hll 5A 44
Frenchay Rd. BS16: Fish 4E 45
Frenchay Village Mus. 3C 44
Freshford Ho. BS1: Bris 5D 5 (4A 68)
Freshland Way BS15: K'wd 1D 71
Friars Ho. BS37: Yate 1F 31
Friary BS1: Bris 5F 5 (4B 68)
Friary Grange Pk. BS36: Wint 2A 28
Friary Rd. BS7: B'stn 2F 57
    BS20: P'head 1D 49
Friendly Row BS20: Pill 1E 53
Friendship Rd. BS4: Know 2B 78
Friezewood Rd. BS3: Ash G 5C 66
Fripp Cl. BS5: Bar H 3D 69
Frobisher Av. BS20: P'head 1C 48
Frobisher Cl. BS20: P'head 1C 48
Frobisher Rd. BS3: Ash G 1C 76
FROGLAND CROSS 1E 11
Frog La. BS1: Bris 3A 4
    BS36: Coal H 1E 11
Frogmore St. BS1: Bris 3A 4 (3E 67)
Frome Bank Gdns. BS36: Wint D . .5A 28
Frome Glen BS36: Wint D 4A 28
Frome Pl. BS16: Stap 5A 44
Frome Rd. BA2: Odd D 3E 109
    BS37: Chip S 4E 17
Fromeside Pk. BS16: Fish 4D 45
Frome St. BS2: Bris 1F 5 (1B 68)
Frome Ter. BS16: Stap 1A 60
Frome Valley Nature Trail 1A 60
Frome Valley Rd. BS16: B'hll 5B 44
Frome Valley Walkway
    BS37: Chip S 4C 16
                (off Brook St.)
Frome Vw. BS36: Fram C 1D 29
Frome Vs. BS16: Fren 4E 45
Frome Way BS36: Wint 3A 28
Froomshaw Rd. BS16: B'hll 4C 44
Fry Ct. BS3: Bris 5E 67
Fry's Cl. BS16: Stap 2F 59
Fry's Hill BS4: Brisl 1D 79
    BS15: Soun 5A 62
              (not continuous)
Frys Leaze BA1: Bath 5D 97
Fulford Rd. BS13: Hart 2D 85
Fulford Wlk. BS13: Hart 2D 85
Fuller Rd. BA1: Bath 5E 97
Fullers Way BA2: Odd D 5F 109
Funchal Vs. BS8: Clif 2C 66
Furber Ct. BS5: St G 3D 71
Furber Ridge BS5: St G 3D 71
Furber Rd. BS5: St G 3D 71
Furber Va. BS5: St G 3D 71
Furlong, The BS6: Henle 1E 57
Furnwood BS5: St G 3C 70
Furze Rd. BS16: Fish 3E 61
Furzewood Rd. BS15: K'wd 1B 72
Fussell Ct. BS15: K'wd 1B 72
Fylton Cft. BS14: Whit 4D 87

G

Gable Rd. BS5: E'tn 5C 58
Gadshill Dr. BS34: Stok G 3A 26

Gadshill Rd. BS5: Eastv 3E 59
Gages Cl. BS15: K'wd 2B 72
Gages Rd. BS15: K'wd 2A 72
Gainsborough Gdns. BA1: Bath . . .2E 103
Gainsborough M. BS10: Bren 1D 41
Gainsborough Rd. BS31: Key 2B 90
Gainsborough Sq. BS7: L'lze 4D 43
Galingale Way BS20: P'head 1B 50
Galleries, The BS1: Bris . . .2D 5 (2A 68)
Gallivan Cl. BS34: Lit S 5D 9
Galway Rd. BS4: Know 3A 78
Gander Cl. BS13: Hart 2D 85
Garamond Ct. BS1: Bris . . .5E 5 (4A 68)
Garden Cl. BS9: Sea M 1E 55
Garden Ct. BS8: Clif 1C 66
Gardeners Wlk. BS41: L Ash 3D 75
Gardens, The BS16: Fren 2A 44
    BS16: Stap H 3A 62
Gardner Av. BS13: Bis 5B 76
Gardner Rd. BS20: P'head 5C 34
Garfield Rd. BS5: St G 1C 70
Garfield Ter. BA1: Bath 5E 97
Garnet St. BS3: Bedm 1D 77
Garnett Pl. BS16: Down 4B 46
Garonor Way BS20: P'bry 1B 52
Garre Ho. BA2: Bath 5B 102
Garrett Dr. BS32: Brad S 1F 25
Garrick Rd. BA2: Bath 5B 102
Garstons BA1: Bathf 5F 99
Garstons, The BS20: P'head 2E 49
Garth Rd. BS13: Bis 4C 76
Gasferry Rd. BS1: Bris 4D 67
    (not continuous)
Gaskins, The BS7: L'lze 1C 58
Gas La. BS2: Bris 3C 68
Gaston Av. BS31: Key 1B 90
Gastons, The BS11: Law W 3C 38
Gatcombe Dr. BS34: Stok G 4A 26
Gatcombe Rd. BS13: Hart 2D 85
Gatehouse Av. BS13: Withy 2C 84
Gatehouse Cen. BS13: Withy 2D 85
Gatehouse Cl. BS13: Withy 2C 84
Gatehouse Ct. BS13: Withy 2C 84
Gatehouse Way BS13: Withy 2C 84
Gatesby Mead BS34: Stok G 3A 26
Gathorne Cres. BS37: Yate 3F 15
Gathorne Rd. BS3: Bris 5D 67
Gatton Rd. BS2: Bris 5C 58
Gaunts Cl. BS20: P'head 2B 48
GAUNT'S EARTHCOTT 1D 11
Gaunt's Earthcott La. BS32: Gau E . .1D 11
Gaunts La. BS1: Bris 3A 4 (3E 67)
Gaunts Rd. BS37: Chip S 5D 17
Gay Cl. BA1: Bathe 4A 98
Gay Elms Rd. BS13: Withy 3C 84
Gayner Rd. BS7: Fil 2C 42
Gay's Hill BA1: Bath 2C 104
Gay's Rd. BS15: Han 5D 71
Gay St. BA1: Bath 2B 6 (3B 104)
Gaywood Ho. BS3: Bedm 1D 77
Gazzard Cl. BS36: Wint 1A 28
Gazzard Rd. BS36: Wint 1A 28
Gee Moors BS15: K'wd 2B 72
Gefle Cl. BS1: Bris 4D 67
Geoffrey Cl. BS13: Bis 1A 84
George & Dragon La. BS5: St G . . .2F 69
    (off Claremont Ter.)
George Jones Rd. BS2: Bris 2C 68
George's Bldgs. BA1: Bath. . .1C 6 (2C 104)
George's Pl. BA2: Bath 3E 7
    (off Bathwick Hill)
George's Rd. BA1: Bath 1C 104
Georges Sq. BS1: Bris 3D 5 (3A 68)
George St. BA1: Bath 2B 6 (3B 104)
    BA2: Bath 3F 7
    BS5: Redf 1E 69
    BS20: P'head 4E 49
George Whitefield Ct. BS1: Bris . .1E 5
Georgian Garden 2A 6 (3B 104)
Georgian House 3A 4 (3E 67)
Georgian Vw. BA2: Bath 2E 109
Gerald Rd. BS3: Ash G 1C 76
Gerrard Bldgs. BA2: Bath . .2E 7 (3C 104)
Gerrard Cl. BS4: Know 5F 77
Gerrish Av. BS5: Redf 1E 69
    BS16: Mang 1B 62
Gibbsfold Rd. BS13: Hart 4E 85
Gibson Rd. BS6: Cot 5F 57
Giffard Ho. BS34: Lit S 2F 25
Gifford Ho. BS34: Stok G 1F 43

Gifford Cres. BS34: Lit S 2E 25
Gifford Rd. BS10: Hen 4B 22
Giffords Pl. BS13: Bis 5C 76
Gilbert Rd. BS5: Redf 1E 69
    BS15: K'wd 5F 61
Gilda Cl. BS14: H'gro 2E 87
Gilda Cres. BS14: H'gro 1D 87
Gilda Pde. BS14: H'gro 2E 87
Gilda Sq. W. BS14: H'gro 2D 87
    (not continuous)
Gillard Cl. BS15: K'wd 1D 71
Gillard Rd. BS15: K'wd 1D 71
Gill Av. BS16: Fish 1D 61
Gillebank Cl. BS14: Stoc 2F 87
Gillingham Hill BS5: St G 4D 71
Gillingham Ter. BA1: Bath 1D 105
Gilpin Cl. BS15: K'wd 5B 62
Gilray Cl. BS7: L'lze 5D 43
Gilroy Cl. BS30: L Grn 1D 83
Gilslake Av. BS10: Bren 5D 23
Gilton Ho. BS4: Brisl 2A 80
Gingell's Grn. BS5: St G 1C 70
Gipsy Patch La. BS34: Lit S 2D 25
Glades, The BS5: Eastv 4A 60
Gladstone Dr. BS16: Soun 3F 61
Gladstone La. BS36: Fram C 1E 29
Gladstone Pl. BA2: C Down 4E 111
Gladstone Rd. BA2: C Down 3E 111
    BS14: H'gro 1D 87
    BS15: K'wd 5F 61
Gladstone St. BS3: Bedm 1D 77
    BS5: Redf 2F 69
    BS16: Soun 3F 61
Glaisdale Rd. BS16: Fish 1C 60
Glanville Gdns. BS15: K'wd 2A 72
Glass Ho. La. BS2: Bris 4D 69
Glastonbury Cl. BS30: Bar C 4B 72
Glebe Av. BS20: P'head 2A 50
Glebe Cl. BS41: L Ash 2D 75
Glebe Fld. BS32: Alm 1C 8
Glebelands Rd. BS34: Fil 5C 24
Glebe Rd. BA2: Bath 1D 109
    BS5: St G 1A 70
    BS20: P'head 1A 50
    BS41: L Ash 3E 75
Glebe Wlk. BS31: Key 3E 89
Gledemoor Dr. BS36: Coal H 1F 29
Gleeson Ho. BS16: Fish 5D 45
Glen, The BS6: Redl 3D 57
    BS15: Han 5D 71
    BS31: Salt 1B 100
    BS37: Yate 3A 16
Glena Av. BS4: Know 2D 79
Glenarm Rd. BS4: Brisl 2A 80
Glenarm Wlk. BS4: Brisl 2A 80
Glen Av. BS8: Abb L 1B 64
Glenavon Cl. BS9: Stok B 2E 55
Glenavon Pk. BS9: Stok B 2E 55
Glenburn Rd. BS15: K'wd 5D 61
Glencairn Ct. BA2: Bath . . .3E 7 (4D 105)
Glencoyne Sq. BS10: S'mead 1E 41
Glendale BS8: Clif 3B 66
    BS16: Down 3A 46
    BS16: Fish 3E 61
Glendare St. BS5: Bar H 3E 69
Glendevon Rd. BS14: Whit 4C 86
Glen Dr. BS9: Stok B 2F 55
Gleneagles BS37: Yate 4A 16
Gleneagles Dr. BS10: Hen 5F 21
Gleneagles Rd. BS30: Warm 3D 73
Glenfall BS37: Yate 1F 31
Glenfrome Ho. BS5: Eastv 4D 59
Glenfrome Rd. BS2: Bris 4C 58
    BS5: Eastv 3D 59
Glen La. BS4: Brisl 2F 79
Glen Pk. BS5: Eastv 4E 59
    BS5: St G 1C 70
Glen Pk. Gdns. BS5: St G 1C 70
Glenroy Av. BS15: K'wd 5D 61
Glenside Cl. BS16: Fish 4E 45
Glenside Hospital Mus. 1A 60
Glenside Pk. BS16: Stap 1A 60
Glentworth Rd. BS6: Redl 4E 57
    BS8: Clif 3D 67
Glenview Rd. BS4: Brisl 3E 61
Glenwood BS16: Fish 3E 61
Glenwood Dr. BS30: Old C 5D 73
Glenwood Ri. BS20: P'head 1B 48
Glenwood Rd. BS10: W Trym 4E 41
Glevum Cl. BS16: Emer G 4E 47

Gloster Av. BS5: Eastv 3F 59
Gloster Vs. BA1: Bath 2C 104
Gloucester Cl. BS34: Stok G 3F 25
Gloucester Ho. BS2: Bris 2B 68
    (off Lawfords Ga.)
Gloucester La. BS2: Bris 1F 5 (2B 68)
Gloucester Mans. BS7: B'stn 4F 57
Gloucester Pl. BS2: Bris 1B 4
    (off Horfield Rd.)
Gloucester Rd. BA1: Bath, Swa 2E 97
    BA1: Up Swa 1D 97
    BS7: B'stn, Hor 4F 57
    BS11: A'mth 2C 36
    BS16: Soun 3A 62
    BS32: Alm, Brad S 1D 9
    BS34: Pat 1C 24
Gloucester Rd. Nth. BS7: Fil 2B 42
    BS34: Fil 5C 24
Gloucester Row BS8: Clif 2B 66
Gloucestershire County Cricket Club
    . . . . .2A 58
Gloucester St. BA1: Bath . . .1A 6 (3B 104)
    BS1: Bris 1E 5 (1A 68)
    BS2: Bris 1E 5 (1A 68)
    BS5: Eastv 3F 59
    BS8: Clif 2B 66
Glyn Va. BS3: Know 3F 77
Goddard Way BS10: W Trym 2C 40
Godfrey Ct. BS30: L Grn 5B 72
Goffenton Dr. BS16: Fish 5D 45
Goldcrest Rd. BS37: Chip S 1B 32
GOLDEN HILL 1E 57
Golden Hill BS6: B'stn 1F 57
Golden Lion Ct. BS1: Bris 4D 5
Golden Valley La. BS30: Bit 4F 83
Goldney Av. BS8: Clif 3C 66
    BS30: Warm 2E 73
Goldney Ho. BS8: Clif 3C 66
Goldney La. BS8: Clif 3C 66
Goldney Rd. BS8: Clif 3C 66
Goldsbury Wlk. BS11: Law W 2C 38
Goldsmiths Ho. BS2: Bris . . .3F 5 (3B 68)
Golf Club La. BS31: Salt 5A 92
Golf Course La. BS34: Fil 5A 24
Golf Course Rd. BA2: Bath 4E 105
Gooch Ct. BS30: Old C 1E 83
Goodeve Pk. BS9: Stok B 3F 55
    (not continuous)
Goodeve Rd. BS9: Stok B 3F 55
Goodhind St. BS5: E'tn 1C 68
Goodneston Rd. BS16: Fish 3C 60
Goodrich Cl. BS37: Yate 4C 14
Gooding Hill BS11: Law W 2C 38
Good Shepherd Cl. BS7: B'stn 2C 57
Goodwin Dr. BS14: Whit 3B 86
Goodwood Gdns. BS16: Down 2B 46
Goold Cl. BA2: Cor 2C 100
Goosard Rd. BS4: Wind H 1C 78
Goose Acre BS32: Brad S 2B 26
Gooseberry La. BS31: Key 2B 90
GOOSE GREEN
    Chipping Sodbury 1A 16
    Warmley 5E 63
Goose Grn. BS30: Sis 5E 63
    BS36: Fram C 5E 13
    BS37: Yate 1A 16
Goose Grn. Way BS37: Yate 1E 15
Gordano Gdns. BS20: Eas 2D 53
Gordano Rd. BS20: P'bry 4A 36
Gordano Sports Cen. 3E 49
Gordano Vw. BS20: P'head 1E 49
Gordano Way BS20: P'bry 1B 52
Gordon Av. BS5: W'hall 5F 59
Gordon Cl. BS5: W'hall 5A 60
Gordon Rd. BA2: Bath 5D 105
    BS2: Bris 5B 58
    BS5: W'hall 5F 59
    BS8: Clif 2D 67
Gore Rd. BS3: Bedm 1C 76
Gore's Marsh Rd. BS3: Bedm 2C 76
Gorham Cl. BS11: Law W 1E 39
Gorlands Rd. BS37: Chip S 4E 17
Gorlangton Cl. BS14: H'gro 5C 78
Gorse Hill BS16: Fish, Stap H 3D 61
Gorse La. BS8: Clif 3D 67
Gosforth Cl. BS10: S'mead 2D 41
Gosforth Rd. BS10: S'mead 1D 41
Goslet Rd. BS14: Stoc 2A 88
Gotley Rd. BS4: Brisl 2F 79

Gott Dr. BS4: St Ap 4F 69
Goulston Rd. BS13: Bis 2C 84
Goulston Wlk. BS13: Bis 1C 84
Goulter St. BS5: Bar H 3D 69
Gourney Cl. BS11: Law W 1D 39
Governors Ho. BA2: Bath 4F 103
Gover Rd. BS15: Han 1E 81
Grace Cl. BS37: Chip S 4E 17
Grace Ct. BS15: Down 5F 45
Grace Dr. BS15: K'wd 5B 62
Grace Pk. Rd. BS4: Brisl 3F 79
Grace Rd. BS16: Down 1E 61
Graeme Cl. BS16: Fish 2C 60
Graham Rd. BS3: Bedm 1E 77
　BS5: E'tn 5D 59
　BS16: Down 5B 46
Grainger Ct. BS11: Shire 4A 38
Grampian Cl. BS30: Old C 5E 73
Granby Ct. BS8: Clif 3B 66
Granby Hill BS8: Clif 3B 66
Grand Pde. BA2: Bath 3C 6 (4C 104)
Grange, The BS9: C Din 4F 39
Grange Av. BS15: Han 4E 71
　BS34: Lit S 2E 25
Grange Cl. BS32: Brad S 3E 9
　BS34: Stok G 4C 26
Grange Cl. Nth. BS9: W Trym 5D 41
Grange Ct. BS9: Henle 5D 41
　BS15: Han 4F 71
Grange Ct. Rd. BS9: Henle 5C 40
Grange Dr. BS16: Fish 5E 45
Grange La. BS13: Withy 3B 84
Grange Pk. BS9: W Trym 5D 41
　BS16: Fren 3E 45
Grange Rd. BS8: Clif 2C 66
　BS13: Bis 2C 84
　BS31: Salt 5E 91
Grangeville Cl. BS30: L Grn 1D 83
Grangewood Cl. BS16: Fish 5E 45
Granny's La. BS15: Han 3A 72
Grantham La. BS15: K'wd 1E 71
Grantham Rd. BS15: K'wd 1E 71
Grantson Cl. BS4: Brisl 2A 80
Granville Cl. BS15: Han 1D 81
Granville Rd. BA1: L'dwn 4A 96
Granville St. BS5: Bar H 3B 68
Grasmere Cl. BS10: Sway 3C 40
Grasmere Gdns. BS30: Old C 3F 73
Grassington Dr. BS37: Chip S 5C 16
Grass Meers Dr. BS14: Whit 3C 86
Gratitude Rd. BS5: E'tn 5E 59
Gravel Hill Rd. BS37: Yate 2A 16
　　　　　　　　　　　　　　(Church Rd.)
　BS37: Yate 1B 16
　　　　　　　　　　　　　　　(Peg Hill, not continuous)
Gravel Wlk. BA1: Bath 1A 6 (3A 104)
Graveney Cl. BS4: Brisl 3F 79
Gray Cl. BS10: Hen 1A 40
Grayle Rd. BS10: Hen 1C 40
Gt. Ann St. BS2: Bris 1F 5 (2B 68)
Gt. Bedford St. BA1: Bath 2B 104
Great Brockeridge BS9: W Trym 5B 40
Great Dowles BS30: C Hth 5C 72
Gt. George St. BS1: Bris . . .3A 4 (3E 67)
　BS2: Bris 1F 5 (2B 68)
Gt. Hayles Rd. BS14: H'gro 5B 78
Great Leaze BS30: C Hth 5C 72
Gt. Meadow Rd. BS32: Brad S 1B 26
Gt. Park Rd. BS32: Brad S 2E 9
Gt. Pulteney St. BA2: Bath . .2D 7 (3C 104)
Gt. Stanhope St.
　BA1: Bath 3A 6 (4A 104)
GREAT STOKE 3B 26
Gt. Stoke Way BS34: Stok G 3C 26
　　　　　　　　　　　　　　　(Great Stoke)
　BS34: Stok G 1D 26
　　　　　　　　　　　　　　　(Harry Stoke)
Gt. Western Bus. Pk. BS37: Yate . .2D 15
　　　　　　　　　　　　　　(not continuous)
Gt. Western Ct. BS34: Stok G 4B 26
Gt. Western La. BS5: Bar H 3E 69
Great Wood Cl. BS13: Hart 3E 85
Green, The BA2: Odd D 4F 109
　BS11: Shire 5A 38
　BS15: Soun 4A 62
　BS20: Pill .2F 53
　BS34: Stok G 4A 26
Greenacre Rd. BS14: Whit 4C 86
Greenacres BA1: W'ton 4D 95
　BS9: W Trym 4A 40

Greenacres Pk. Homes
　BS36: Coal H 3F 29
Greenbank Av. E. BS5: E'tn 5E 59
Greenbank Av. W. BS5: E'tn 5D 59
Greenbank Gdns.
　BA1: W'ton 1D 103
Greenbank Rd. BS3: Bris 4C 66
　BS5: E'tn 5E 59
　BS15: Han 5F 71
Greenbank Vw. BS5: Eastv 4E 59
Green Cl. BS7: Hor 3C 42
Green Cotts. BA2: C Down 4E 111
Grn Cft. BS5: S'wll 5C 60
Greendale Rd. BS3: Wind H 1A 78
　BS6: Redl 2D 57
Green Dell Cl. BS10: Hen 5F 21
Greenditch Cl. BS13: Hart 2C 84
Greendown BS5: St G 2C 70
Green Down Pl. BA2: C Down 4C 110
Grn. Dragon Rd. BS36: Wint 3F 27
Greenfield Av. BS10: S'mead 3F 41
Greenfield Pk. BS20: P'head 3E 49
Greenfield Rd. BS10: S'mead 2F 41
Greenfinch Lodge BS16: B'hll 5B 44
Green Hayes BS37: Chip S 5E 17
Greenhill Gro. BS3: Bedm 2C 76
Greenhill La. BS11: Law W 2E 39
Greenlands Rd. BS10: Hen 4A 22
Greenlands Way BS10: Hen 5A 22
Green La. BS11: A'mth 3D 37
　BS36: Wint 2E 27
Greenleaze BS4: Know 3D 79
Greenleaze Av. BS16: Down 2F 45
Greenleaze Cl. BS16: Down 2F 45
Greenmore Rd. BS4: Know 2D 79
Greenore BS15: K'wd 2E 71
Green Pk. BA1: Bath 4A 6
Green Pk. Ho. BA1: Bath 4A 6
Green Pk. M. BA1: Bath 4A 6 (4A 104)
Green Pk. Rd. BA1: Bath . . .3A 6 (4B 104)
Greenpark Rd. BS10: S'mead 2A 42
Green Pk. Sta. BA1: Bath . . .3A 6 (4A 104)
Greenridge Cl. BS13: Withy 3A 84
Greens Hill BS16: Fish 3A 60
Green Side BS16: Mang 5C 46
Greenside Cl. BS10: Hen 5F 21
Greensplott Rd. BS11: Chit 1A 20
Green St. BA1: Bath 3B 6 (4B 104)
　BS3: Wind H 5B 68
Greenview BS10: L Grn 2C 82
Green Wlk. BS4: Know 3C 78
Greenway, The BS16: Fish 3E 61
Greenway Bush La. BS3: Bris 5C 66
Greenway Ct. BA2: Bath 1B 110
Greenway Dr. BS10: S'mead 2F 41
Greenway La. BA2: Bath 2B 110
Greenway Pk. BS10: S'mead 3F 41
Greenway Rd. BS6: Redl 4D 57
Greenways BS15: K'wd 5C 62
Greenways Rd. BS37: Yate 2F 15
Greenwood Cl. BS7: Hor 4A 42
Greenwood Rd. BS4: Know 2C 78
Gregory Cl. BS30: C Hth 3C 72
Gregorys Gro. BA2: Odd D 5F 109
Grenville Cl. BS5: St G 1B 70
Grenville Rd. BS6: Bris 3A 58
Greve Cl. BS30: Bar C 5B 72
Greville Rd. BS3: Bris 5D 67
Greville St. BS3: Bedm 5E 67
Greyfriars BS1: Bris 1B 4 (2F 67)
Greyhound Wlk. BS1: Bris 2D 5
　　　　　　　　　　　　　(off The Galleries)
Greylands Rd. BS13: Bis 5B 76
Greystoke BS10: W Trym 2C 40
Greystoke Av. BS10: S'mead 3C 40
Greystoke Gdns. BS10: S'mead 3D 41
Greystones BS16: Down 2A 46
Griffin Ct. BA1: Bath 4A 6
Griggfield Wlk. BS14: H'gro 5B 78
Grimsbury Rd. BS15: K'wd 1C 72
Grindell Rd. BS5: St G 2F 69
Grinfield Av. BS13: Hart 3E 85
Grinfield Ct. BS13: Hart 3E 85
Grittleton Rd. BS7: Hor 3A 42
Grosvenor Bri. Rd. BA1: Bath 1E 105
Grosvenor Pk. BA1: Bath 1E 105
Grosvenor Pl. BA1: Bath 1E 105
Grosvenor Rd. BS2: Bris 5B 58
Grosvenor Ter. BA1: Bath 5E 97
Grosvenor Vs. BA1: Bath 1D 105

Grove, The BA1: W'ton 1E 103
　BS1: Bris 5B 4 (4F 67)
　BS30: C Hth 5C 72
　BS34: Pat .5D 9
Grove Av. BS1: Bris 5C 4 (4F 67)
　BS9: C Din 4E 39
　BS16: Fish 2B 60
Grove Bank BS16: Fren 2E 45
Grove Leaze BS11: Shire 5E 37
Grove Pk. BS4: Brisl 2F 79
　BS6: Redl 4C 56
Grove Pk. Av. BS4: Brisl 2F 79
Grove Pk. Rd. BS4: Brisl 2F 79
Grove Pk. Ter. BS16: Fish 2B 60
Grove Rd. BS6: Redl 4C 56
　BS9: C Din 3E 39
　BS16: Fish 2B 60
Groves, The BS13: Hart 3F 85
Grove St. BA2: Bath 2C 6 (3C 104)
Grove Vw. BS16: Ham 5E 27
　BS16: Stap 5A 44
Guernsey Av. BS4: Brisl 5B 70
Guest Av. BS16: Emer G 4D 47
Guild Ct. BS1: Bris 5D 5 (3A 68)
Guildford Rd. BS4: St Ap 4A 70
Guinea La. BA1: Bath 1B 6 (3B 104)
　BS16: Fish 1C 60
　　　　　　　　　　　　　　　(not continuous)
Guinea St. BS1: Bris 5C 4 (4F 67)
Gullimore Gdns. BS13: Hart 3D 85
Gullivers Pl. BS37: Chip S 5C 16
Gullons Cl. BS13: Bis 1C 84
Gullon Wlk. BS13: Withy 2B 84
Gully, The BS36: Wint 1B 28
Gullybrook La. BS5: Bar H 3D 69
Gunnings Cl. BS15: K'wd 3F 71
Gunter's Hill BS5: St G 3C 70
Guthrie Rd. BS8: Clif 1B 66
Gwilliam St. BS3: Wind H 1F 77
Gwyn St. BS2: Bris 5A 58
Gypsy La. BS16: Puck 2F 47
　BS36: H'fld 5A 30

H

Haberfield Hill BS8: Abb L 4A 54
Haberfield Ho. BS8: Clif 3B 66
Hadley Ct. BS30: C Hth 3D 73
Hadley Rd. BA2: C Down 3D 111
Hadrian Cl. BS9: Stok B 2E 55
Hadrians Wlk. BS16: Emer G 5E 47
Haig St. BS9: Sea M 4D 39
Halbrow Cres. BS16: Fish 1E 61
Haldon Cl. BS3: Wind H 3F 77
Hale Cl. BS15: Han 5F 71
Hales Horn Cl. BS32: Brad S 2F 25
Halfacre Cl. BS14: Whit 4C 86
Halfacre La. BS14: Whit 4D 87
Halifax Rd. BS37: Yate 1F 15
Hallards Cl. BS11: Law W 3B 38
HALLEN 4E 21
Hallen Cl. BS10: Hen 5F 21
　BS16: Emer G 5E 47
Hallen Dr. BS9: Sea M 4E 39
Hallen Ind. Est. BS10: H'len 1C 20
Hallen Rd. BS10: H'len, Hen 4E 21
Hallets Way BS20: P'head 1F 49
Halliwell Rd. BS20: P'head 2A 48
Halls Gdns. BS34: Stok G 4C 26
Halls Rd. BS15: K'wd 1F 71
Hall St. BS3: Bedm 2D 77
Halsbury Rd. BS6: Henle, Redl 2D 57
Halstock Av. BS16: Fish 3B 60
Halston Dr. BS2: Bris 1B 68
Halswell Gdns. BS13: Hart 3D 85
Halt End BS14: Whit 4E 87
Halwyn Cl. BS9: Stok B 1F 55
HAMBROOK 1E 45
Hambrook La. BS16: Ham 5B 26
　BS34: Stok G 5B 26
Ham Farm La.
　BS16: Emer G 5D 47
Ham Gdns. BA1: Bath 4C 6 (4C 104)
HAM GREEN 2F 53
Ham Grn. BS20: Pill 2F 53
Hamilton Ho. BA1: L'dwn 4F 95
Hamilton Rd. BA1: Bath 5A 96
　BS3: Bris .5D 67
　BS5: E'tn .1D 69

Hamiltons, The BS1: Bris 1F 67
    (off Montague St.)
Ham La. BS16: B'hll 5A 44
    (not continuous)
  BS41: Dun 4A 84
Hamlet's Yd. BS31: Key 1F 99
Hammersmith Rd. BS5: St G 1F 69
Hammond CI. BS4: Brisl 3F 79
Hammond Gdns. BS9: W Trym 4A 40
Hampden CI. BS37: Yate 1F 15
Hampden Rd. BS4: Know 1D 79
Hampshire Way BS37: Yate 1B 16
Hampstead Rd. BS4: Brisl 2E 79
Hampton CI. BS30: C Hth 4C 72
Hampton Cnr. BS11: Shire 5A 38
Hampton Ho. BA1: Bath 1E 105
Hampton La. BS6: Cot 5D 57
Hampton Pk. BS6: Redl 5D 57
Hampton Rd. BS6: Cot, Redl 4D 57
Hampton Row BA2: Bath 2D 105
Hampton St. BS15: K'wd 5F 61
Hampton Vw. BA1: Bath 1D 105
Hanbury CI. BS15: Han 4F 71
Hanbury Rd. BS8: Clif 1C 66
Handel Av. BS5: St G 2F 69
Handel Rd. BS31: Key 2F 89
Handford Way BS30: L Grn 1D 83
Hanford Ct. BS14: Stoc 5F 79
HANHAM 4E 71
Hanham Bus. Pk. BS15: Han 5D 71
HANHAM GREEN 1D 81
Hanham Mt. BS15: K'wd 3F 71
Hanham Rd. BS15: K'wd 3F 71
Hanna CI. BA2: Bath 4C 102
Hanover Ct. BA1: Bath 1D 105
  BS1: Bris 1E 5
  BS34: Fil 5C 24
Hanover Ho. BS2: Bris 2C 68
Hanover PI. BA1: Bath 2D 105
    (off London Rd.)
  BS1: Bris 4D 67
Hanover St. BA1: Bath 1D 105
  BS1: Bris 3B 4
  BS5: Redf 2E 69
Hanover Ter. BA1: Bath 1D 105
    (off Gillingham Ter.)
Hansford CI. BA2: C Down 4A 110
Hansford M. BA2: C Down 4B 110
Hansford Sq. BA2: C Down 4A 110
Hantone Hill BA2: B'ptn 2B 106
Happerton La. BS20: Eas 4E 53
Happy La. BS7: B'stn 3B 58
Harbour Cres. BS20: P'head 1A 50
Harbour Rd. BS20: P'head 5C 34
Harbour Rd. Trad. Est.
  BS20: P'head 5D 35
Harbour Wall BS9: Sea M 2E 55
Harbour Way BS1: Bris 5A 4 (4E 67)
Harbury Rd. BS9: Henle 4E 41
Harbutts BA2: B'ptn 3A 106
Harcombe Hill BS36: Wint D 4A 28
Harcombe Rd. BS36: Wint 3F 27
Harcourt Av. BS5: St G 3C 70
Harcourt CI. BS31: Salt 5A 92
Harcourt Gdns. BA1: W'ton 5D 95
Harcourt Hill BS6: Redl 3E 57
Harcourt Rd. BS6: Redl 2D 57
Hardenhuish Rd. BS4: Brisl 4F 69
Harden Rd. BS14: Stoc 2A 88
Harding PI. BS31: Key 2D 91
Hardings Ter. BS5: St G 1B 70
    (off Clovelly Rd.)
Hardington Dr. BS31: Key 5C 90
Hardwick BS37: Yate 1E 31
Hardwick CI. BS4: Brisl 1A 80
  BS30: Old C 4F 73
Hardwick Rd. BS20: P'head 1E 53
Hardy Av. BS3: Ash G 5C 66
Hardy Ct. BS30: Bar C 4B 72
Hardy Rd. BS3: Bedm 2D 77
Hareclive Rd. BS13: Hart 2D 85
Harefield CI. BS15: Han 2E 81
Harescombe BS37: Yate 1A 32
Harewood Rd. BS5: S'wll 5C 60
Harford CI. BS9: C Din 4E 39
Harford Dr. BS16: Fren 2E 45
Harington Ct. BA2: New L 5D 101
Harington PI. BA1: Bath 3B 6 (4B 104)
Harlech Way BS30: Will 2D 83
Harleston St. BS5: E'tn 1C 68

Harley Ct. BS8: Clif 2B 66
Harley M. BS8: Clif 2B 66
Harley PI. BS8: Clif 2B 66
Harley St. BA1: Bath 1A 6 (2B 104)
Harmer CI. BS10: Hen 5B 22
Harmony Dr. BS20: P'head 2B 48
Harnhill CI. BS13: Hart 3D 85
Harolds Way BS15: K'wd 3E 71
Harptree CI. BS48: Nail 5C 72
Harptree Gro. BS3: Bedm 2D 77
Harratz PI. BS1: Bris 4F 5 (3B 68)
Harriet Brook BS10: Bren 1D 41
Harrington Av. BS14: Stoc 1A 88
Harrington CI. BS30: Bit 4F 83
Harrington Gro. BS14: Stoc 1A 88
Harrington Rd. BS14: Stoc 2F 87
Harrington Wlk. BS14: Stoc 1A 88
Harris Barton BS36: Fram C 1D 29
Harris La. BS8: Abb L 1B 64
Harrison CI. BS16: Emer G 5D 47
Harrowdene Rd. BS4: Know 1D 79
Harrow Rd. BS4: Brisl 1F 79
HARRY STOKE 1A 44
Harry Stoke Rd. BS34: Stok G 1A 44
HARTCLIFFE 3E 85
Hartcliffe Rd. BS4: Know 4A 78
Hartcliffe Wlk. BS4: Know 4B 78
Hartcliffe Way BS3: Bedm 3E 77
  BS13: Bis 3E 77
  BS13: Hart 2F 85
Hart CI. BS20: Pill 2A 54
Hartfield Av. BS6: Cot 5E 57
Hartgill CI. BS13: Hart 4D 85
Hartington Pk. BS6: Redl 4D 57
Hartland Ho. BS5: Bar H 3E 69
Hartrea Rd. BS37: Chip S 4E 17
Harts Cft. BS37: Yate 1B 16
Harvest CI. BS32: Brad S 4F 9
Harvey's La. BS5: St G 1B 70
Harveys Wine Mus. 3A 4 (3E 67)
Harwood Ho. BS5: Bar H 2D 69
Harwood Sq. BS7: Hor 1A 58
Haselbury Gro. BS31: Salt 5A 92
Haskins Ct. BS30: Bar C 5C 72
Haslemere Ind. Est. BS11: A'mth . . .1E 37
Hassell Dr. BS2: Bris 2C 68
Hastings CI. BS3: Bedm 3E 77
Hastings Rd. BS3: Bedm 3E 77
Hatchet La. BS34: Stok G 4A 26
Hatchet Rd. BS34: Stok G 3F 25
Hatfield Bldgs. BA7: Bath 5E 7 (5D 105)
Hatfield Rd. BA2: Bath 2A 110
Hathaway Ho. BS2: Bris 1F 67
    (off Dove St. Sth.)
Hatherley BS37: Yate 1A 32
Hatherley Rd. BS7: B'stn 2A 58
Hathway Wlk. BS5: E'tn 1C 68
Hatters La. BS37: Chip S 4D 17
Haven, The BS15: K'wd 5A 62
Haverstock Rd. BS4: Wind H 1C 78
Haviland Gro. BA1: W'ton 4C 94
Haviland Ho. BS2: Bris 1F 5
Haviland Pk. BA1: W'ton 5D 95
Havory BA1: Bath 1E 105
Hawarden Ter. BA1: Bath 1D 105
Hawburn CI. BS4: Brisl 2F 79
Haweswater BS10: S'mead 1D 41
Haweswater CI. BS30: Old C 3F 73
Hawkesbury Rd. BS16: Fish 3A 60
Hawkesley Dr. BS34: Lit S 2F 25
    (not continuous)
Hawkesworth Rd. BS37: Yate 2E 15
Hawkfield Bus. Pk. BS14: Hart 2F 85
Hawkfield CI. BS14: Hart 2F 85
Hawkfield Rd. BS13: Hart 2E 85
Hawkfield Way BS14: Hart 2F 85
Hawkins CI. BS30: Old C 5E 73
Hawkins Cres. BS32: Brad S 5F 9
Hawkins St. BS2: Bris 2F 5 (2B 68)
Hawkley Dr. BS32: Brad S 2F 9
Hawksmoor CI. BS14: H'gro 1C 86
Hawksmoor La. BS16: Stap 3A 44
Hawksworth Dr. BS15: Han 4D 71
Hawthorn Av. BS15: Han 4D 71
Hawthorn CI. BS20: P'head 1B 48
  BS34: Pat 5A 8
Hawthorne Gdns. BS16: Stap H 2B 62
Hawthornes, The BS16: Stap H 2B 62
Hawthorns, The BS4: Wind H 1C 78

Hawthorn Gro. BA2: C Down 4B 110
Hawthorns BS31: Key 2A 90
Hawthorns La. BS31: Key 2A 90
Hawthorn Way BS34: Stok G 3A 26
Haycombe BS14: H'gro 1B 86
Haycombe Crematorium
  BA2: Bath 1B 108
Haycombe Dr. BA2: Bath 1C 108
Haycombe La. BA2: Eng 2B 108
Haycroft Rd. BS34: Fil 5B 24
Hayden CI. BA2: Bath 5A 6 (5A 104)
Haydock CI. BS16: Down 2B 46
Haydon Gdns. BS7: L'lze 1D 59
Hayeley Dr. BS32: Brad S 2A 26
Hayes CI. BS2: Bris 2C 68
Hayes St. BS34: Pat 1D 25
Hayesfield Pk. BA2: Bath 5A 6 (5B 104)
Hayes PI. BA2: Bath 5B 104
Haygarth Ct. BA1: Bath 2B 104
    (off Lansdown Gro.)
Hay Hill BA1: Bath 1B 6 (3B 104)
Hay Leaze BS37: Yate 1F 15
Hayleigh Ho. BS3: Bedm 5D 67
  BS13: Hart 3E 85
Haymarket, The BS1: Bris . . .1C 4 (2F 67)
Haymarket Wlk. BS1: Bris 1C 4
Haynes La. BS16: Stap H 1F 61
Haythorne Ct. BS16: Stap H 1B 62
Haytor Pk. BS9: Stok B 5F 39
Hayward Ind. Est. BS16: Soun 3F 61
Hayward Rd. BS5: Redf 2E 69
  BS16: Stap H 2F 61
Hazel Av. BS6: Redl 4D 57
Hazelbury Dr. BS30: Old C 4E 73
Hazelbury Rd. BS14: H'gro 4E 79
Hazel Cote Rd. BS14: Whit 3D 87
Hazeldene Rd. BS34: Pat 1C 24
Hazel Gro. BA2: Bath 1F 109
  BS7: Hor 3C 42
Hazelgrove BS36: Wint 3F 27
Hazelton Rd. BS7: B'stn 3F 57
Hazel Way BA2: Odd D 5F 109
Hazelwood Ct. BS9: Stok B 3F 55
Hazelwood Rd. BS9: Stok B 3F 55
Headford Av. BS5: St G 2D 71
Headford Rd. BS4: Know 3F 77
Headington CI. BS15: Han 5F 71
Headley CI. BS13: Bis 1D 85
Headley La. BS13: Bis 1C 84
HEADLEY PARK 5D 77
Headley Pk. Av. BS13: Bis 1D 85
Headley Pk. Rd. BS13: Bis 5C 76
Headley Rd. BS13: Bis 1C 84
Headley Wlk. BS13: Bis 5D 77
Heart Meers BS14: H'gro 2D 87
Heath CI. BS36: Wint 2A 28
Heathcote Rd. BS36: Coal H 1F 29
Heathcote La. BS36: Coal H 1F 29
    (off Boundary Rd.)
Heathcote Rd. BS16: Fish 4D 61
  BS16: Stap H 1A 62
Heathcote Wlk. BS16: Fish 4E 61
Heath Ct. BS16: Down 4F 45
Heather Av. BS36: Fram C 2D 29
Heather CI. BS15: K'wd 1D 71
Heatherdene BS14: H'gro 5B 78
Heather Dr. BA2: Odd D 5F 109
Heathfield CI. BA1: W'ton 4C 94
  BS31: Key 2E 89
Heathfield Cres. BS14: Whit 3C 86
Heathfields BS16: Down 3F 45
Heath Gdns. BS16: Down 3F 45
  BS36: Coal H 2E 29
Heath Ho. La. BS16: Stap 2D 59
Heath Ridge BS41: L Ash 2C 74
Heath Ri. BS30: C Hth 4D 73
Heath Rd. BS5: Eastv 3D 59
  BS15: Han 5D 71
  BS16: Down 4F 45
Heath St. BS5: Eastv 3E 59
Heath Wlk. BS16: Down 4F 45
Heber St. BS5: Redf 2E 69
Hebron Rd. BS3: Bedm 1E 77
Hedgemead CI. BS16: Stap 1F 59
Hedgemead Ct. BA1: Bath 2C 104
    (off Margaret's Hill)
Hedgemead Vw. BS16: Stap 1F 59
Hedgerows, The BS32: Brad S 4F 9
Hedges CI. BS3: Bedm 2C 76
Hedwick Av. BS5: St G 2A 70

Hedwick St. BS5: St G 2A 70
Heggard Cl. BS13: Bis 2C 84
Hellier Wlk. BS13: Hart 4E 85
Hemmings Pde. BS5: Bar H 2D 69
Hemplow Cl. BS14: Stoc 5F 79
Hempton La. BS32: Alm 3C 8
Henacre Rd. BS11: Law W 3B 38
HENBURY 1A 40
Henbury Ct. BS10: Hen 5A 22
Henbury Gdns. BS10: Hen 1A 40
Henbury Hill BS9: W Trym 3B 40
Henbury Leisure Cen. 5A 22
Henbury Rd. BS9: W Trym 3B 40
          BS10: Hen 1A 40
          BS15: Han 4D 71
Henbury Swimming Pool 5B 22
Hencliffe Rd. BS14: Stoc 5F 79
Hencliffe Way BS15: Han 1D 81
Henderson Rd. BS15: Han 4D 71
Hendre Rd. BS3: Bedm 2C 76
HENFIELD 5F 29
Henfield Bus. Pk. BS36: H'fld 1F 47
Henfield Cres. BS30: Old C 5D 73
Henfield Rd. BS36: Coal H 4E 29
          BS36: H'fld 4E 29
Hengaston St. BS3: Bedm 2D 77
HENGROVE 1D 87
Hengrove Av. BS14: H'gro 4D 79
Hengrove La. BS14: H'gro 4C 78
Hengrove Leisure Pk. BS14: H'gro . .1A 86
Hengrove Rd. BS4: Know 2C 78
Hengrove Way BS13: Bis 1D 85
          BS14: H'gro 1F 85
HENLEAZE 5D 41
Henleaze Av. BS9: Henle 1C 56
Henleaze Gdns. BS9: Henle 1C 56
Henleaze Pk. BS9: Henle 1E 57
Henleaze Pk. Dr. BS9: Henle 5D 41
Henleaze Rd. BS9: Henle 1C 56
Henleaze Ter. BS9: Henle 4D 41
Henley Gro. BS9: Henle 1D 57
Hennesy Cl. BS14: Whit 4B 86
Henrietta Gdns.
          BA2: Bath 1D 7 (2C 104)
Henrietta Gdns.
Henrietta M. BA2: Bath 1D 7 (3C 104)
Henrietta Pl. BA2: Bath 2C 6 (3C 104)
Henrietta St. BA2: Bath 1D 7 (3C 104)
          BS2: Bris 1E 67
          BS5: E'tn 5D 59
Henrietta Vs. BA2: Bath 1D 7 (3C 104)
Henry St. BA1: Bath 4C 6 (4C 104)
          BS3: Wind H 5B 68
Henry Williamson Ct.
          BS30: Bar C 4B 72
Henshaw Cl. BS15: K'wd 4E 61
Henshaw Rd. BS15: K'wd 4E 61
Henshaw Wlk. BS15: K'wd 4E 61
Hensley Gdns. BA2: Bath 1A 110
Hensley Rd. BA2: Bath 1A 110
Hensman's Hill BS8: Clif 3C 66
Hepburn Rd. BS2: Bris 1A 68
Herald Cl. BS9: Stok B 1F 55
Herapath St. BS5: Eastv 3F 59
Herbert Cres. BS5: Eastv 3F 59
Herbert Rd. BA2: Bath 5F 103
Herbert St. BS3: Bedm 5E 67
          BS5: W'hall 1E 69
                              (not continuous)
Hercules Cl. BS34: Lit S 2F 25
Hereford Rd. BS2: Bris 4C 58
Hereford St. BS3: Bedm 1F 77
Herkomer Cl. BS7: L'lze 4D 43
Hermes Cl. BS31: Salt 5F 91
Hermitage Cl. BS11: Shire 4A 38
Hermitage Rd. BA1: Bath 1A 104
          BS16: Stap H 1F 61
Heron Gdns. BS20: P'head 2A 50
Heron Rd. BS5: E'tn 5D 59
Heron Way BS37: Chip S 1B 32
Herridge Cl. BS13: Hart 3D 85
Herridge Rd. BS13: Hart 3D 85
Hersey Gdns. BS13: Withy 4A 84
Hesding Cl. BS15: Han 1E 81
Hestercombe Rd. BS13: Bis 1D 85
Hester Wood BS37: Yate 1A 16
Hetling Ct. BA1: Bath 4B 6 (4B 104)
Hewlands Ct. BS11: Law W 1E 39
Heyford Av. BS5: Eastv 2D 59

Heyron Wlk. BS13: Hart 3D 85
Heywood Rd. BS20: Pill 2E 53
Heywood Ter. BS20: Pill 2E 53
Hiatt Baker Hall BS9: Stok B 2B 56
Hicking Cl. BS15: K'wd 5F 61
Hicks Av. BS16: Emer G 3D 47
Hick's Barton BS5: St G 1B 70
HICKS COMMON 2B 28
Hicks Comn. Rd. BS36: Wint 4A 28
Hicks Ct. BS30: L Grn 5B 72
HICKS GATE .4D 81
Hicks Ga. Ho. BS31: Key 4D 81
Hide Mkt. BS2: Bris 2B 68
Higham St. BS4: Wind H 5B 68
High Bannerdown BA1: Bathe 3D 99
Highbury Pl. BA1: Bath 1C 104
Highbury Rd. BS3: Bedm 3E 77
          BS7: Hor 4B 42
Highbury Ter. BA1: Bath 1C 104
Highbury Vs. BA1: Bath 1C 104
                              (off Highbury Pl.)
          BS2: Bris 1E 67
High Cnr. BS10: Hen 2B 40
Highcroft BS30: Old C 3E 73
Highdale Cl. BS14: Whit 3D 87
High Elm BS15: K'wd 3A 72
Highett Dr. BS5: E'tn 5C 58
Highfield Av. BS15: Han 4F 71
Highfield Cl. BA2: Bath 5D 103
Highfield Dr. BS20: P'head 3A 48
Highfield Gdns. BS30: Bit 2E 83
Highfield Gro. BS7: Hor 1F 57
Highfield Rd. BS31: Key 5B 90
          BS37: Chip S 4C 16
Highfields Cl. BS34: Stok G 5B 26
High Gro. BS9: Sea M 5D 39
Highgrove St. BS4: Wind H 5C 68
High Kingsdown BS2: Bris 1E 67
Highland Cres. BS8: Clif 4C 56
Highland Pl. BS8: Clif 4C 56
Highland Rd. BA2: Bath 5D 103
Highland Sq. BS8: Clif 4C 56
Highlands BS20: P'head 1D 49
          BS41: L Ash 2C 74
Highland Ter. BA2: Bath 4F 103
High La. BS36: Wint 5F 11
Highleaze Rd. BS30: Old C 5E 73
Highmead Gdns. BS13: Withy 3A 84
Highmore Cl. BS7: L'lze 4D 43
Highmore Gdns. BS7: L'lze 4E 43
Highnam Cl. BS34: Pat 4D 9
High Pk. BS14: H'gro 3D 79
HIGHRIDGE
          Bishopsworth 1C 84
          Dundry 3A 84
Highridge Cres. BS13: Bis 2B 84
Highridge Grn. BS13: Bis 5A 76
Highridge Pk. BS13: Bis 1B 84
Highridge Rd. BS3: Bedm 2D 77
          BS13: Bis, Withy 3A 84
Highridge Wlk. BS13: Bis 5A 76
High St. BA1: Bath 3C 6 (4C 104)
          BA1: Bathe 4B 98
          BA1: Bath 5E 99
          BA1: W'ly 1B 96
          BA1: W'ton 5C 94
          BA2: Bath 4C 102
          BA2: B'ptn 1B 106
          BS1: Bris 2C 4 (2F 67)
          BS5: E'tn 5D 59
          BS8: Clif 4C 56
          BS9: W Trym 4C 40
          BS11: Shire 4F 37
          BS15: Han 4E 71
          BS15: K'wd 1A 72
          BS15: Warm 1D 73
          BS16: Stap H 2E 61
          BS20: P'bry 3F 51
          BS20: P'head 2F 49
          BS30: Bit 4F 83
          BS30: Old C 1E 83
          BS31: Key 1A 90
          BS31: Salt 4A 92
          BS36: Wint 2F 27
          BS37: Chip S 4D 17
          BS37: Iron A 1F 13
High Vw. BA2: Bath 5A 104
          BS20: P'head 2C 48
Highview Rd. BS15: Soun 4A 62
Highwall La. BS31: Q Char 5B 88

Highway BS37: Yate 3B 16
Highwood La. BS34: Pat 1D 23
Highwood Pk. BS34: Pat 2A 24
Highwood Rd. BS34: Pat 2A 24
Highworth Cres. BS37: Yate 5F 15
Highworth Rd. BS5: St Ap 4F 69
Hill, The BS32: Alm 1D 9
Hill Av. BA2: C Down 4B 110
          BS3: Wind H 1A 78
Hill Burn BS9: Henle 5E 41
Hillburn Rd. BS5: St G 2C 70
Hill Cl. BS16: Emer G 3D 47
Hill Crest BS4: Know 3D 79
Hillcrest Dr. BA2: Bath 1D 109
Hillcrest Rd. BS20: P'head 2A 48
Hillcroft Cl. BS30: Han 5A 72
Hill End Dr. BS10: Hen 5F 21
HILLFIELDS 3D 61
Hillfields Av. BS16: Fish 4E 61
Hill Gay Cl. BS20: P'head 2B 48
Hill Gro. BS9: Henle 5E 41
Hillgrove St. BS2: Bris 1A 68
Hillgrove St. Nth. BS2: Bris 1F 67
Hillhouse BS9: Sea M 5E 39
          BS16: Stap H 2B 62
Hill La. BS20: Wes 5B 48
Hill Lawn BS4: Brisl 1F 79
Hill Rd. BS41: Dun 5A 84
Hills Barton BS13: Bis 3C 76
Hillsborough BS8: Clif 3C 66
Hillsborough Flats BS8: Clif 3C 66
Hillsborough Rd. BS4: Brisl 5E 69
Hills Cl. BS31: Key 2C 90
Hillsdon Rd. BS9: W Trym 3B 40
Hillside BS6: Cot 1E 67
          BS8: Clif 3D 67
          BS16: Mang 1B 62
          BS37: P'bry 3F 51
Hillside Av. BS15: K'wd 1E 71
Hillside Cl. BS36: Fram C 1E 29
Hillside La. BS36: Fram C 1E 29
Hillside Rd. BA2: Bath 1F 109
          BS5: St G 2C 70
          BS20: P'head 3A 48
          BS41: L Ash 2D 75
Hillside St. BS4: Wind H 5C 68
Hill St. BS1: Bris 2A 4 (2E 67)
          BS3: Wind H 5B 68
          BS5: St G 1B 70
          BS15: K'wd 1B 72
Hilltop BS20: P'head 2C 48
Hilltop Gdns. BS5: St G 2C 70
          BS16: Soun 4F 61
                              (not continuous)
Hilltop Rd. BS16: Soun 4F 61
Hilltop Vw. BS8: Clif 3D 67
          BS9: Henle 5E 41
          BS16: Soun 4F 61
          BS34: Fil 5C 24
Hill Vw. BS30: Old C 5E 73
Hill Vw. Rd. BA1: Bath 5D 97
          BS13: Bis 4C 76
Hillyfield Rd. BS13: Bis 1C 84
Hilton Ct. BS5: E'tn 1D 69
Hinton Cl. BA2: Bath 4B 102
          BS31: Salt 4A 92
Hinton Dr. BS30: Old C 3E 73
Hinton La. BS8: Clif 3B 66
Hinton Rd. BS5: E'tn 5E 59
          BS16: Fish 2C 60
Hiscocks Ct. BA2: New L 4D 101
Hiscocks Dr. BA2: Bath 1A 110
Hither Bath Bri. BS4: Brisl 3E 79
          BS4: Brisl 4E 79
Hither Mead BS36: Fram C 2D 29
Hi-Ways Cvn. Pk. BS10: H'len 4D 21
Hobbs La. BS1: Bris 3A 4 (3E 67)
          BS3: Sis 5D 63
Hobhouse Cl. BS9: Henle 4E 41
Hobwell La. BS41: L Ash 2E 75
Hockey's La. BS16: Fish 2C 60
Hockley Ct. BA1: W'ton 1F 103
Hogarth Wlk. BS7: L'lze 3D 43
Hogues Wlk. BS13: Hart 3D 85
Holbeach Way BS14: Whit 4C 86
Holbrook Cres. BS13: Hart 3D 85
Holburne Mus. Of Art 1E 7 (3D 105)
Holcombe BS14: H'gro 2C 86
Holcombe Cl. BA2: B'ptn 1B 106

Holcombe Grn. BA1: W'ton 5D 95
    (not continuous)
Holcombe Gro. BS31: Key 2F 89
Holcombe La. BA2: B'ptn 1B 106
Holcombe Va. BA2: B'ptn 1B 106
Holdenhurst Rd. BS15: K'wd 5E 61
Holders Wlk. BS41: L Ash 4B 74
Holford Ct. BS14: Whit 2D 87
Holland Rd. BA1: Bath 1D 105
Hollidge Gdns. BS3: Bedm 5F 67
Hollies, The BS15: K'wd 3A 72
Hollies La. BA1: Bathe 1B 98
Hollis Av. BS20: P'head 3E 49
Hollis Cl. BS41: L Ash 3C 74
Hollis Cres. BS20: P'head 3E 49
Hollow, The BA2: Bath 1C 108
Holloway BA2: Bath 5B 6 (5B 104)
Hollow Rd. BS15: K'wd 1A 72
    BS32: Alm 1C 8
Hollows, The BS36: H'fld 1E 47
Hollway Cl. BS14: Stoc 2A 88
Hollway Rd. BS14: Stoc 2A 88
Hollybush La. BS9: Stok B 1A 56
    (not continuous)
Holly Cl. BS5: S'wll 4C 60
Holly Cl. BS2: Bris 1E 67
Holly Cres. BS15: K'wd 5A 62
Holly Dr. BA2: Odd D 5F 109
Holly Grn. BS15: K'wd 5C 62
Holly Gro. BS16: Fish 3E 61
Hollyguest Rd. BS15: Han 3F 71
Holly Hill BS37: Iron A 2A 14
Holly Hill Rd. BS15: K'wd 1A 72
Hollyleigh Av. BS34: Fil 1B 42
Holly Lodge Cl. BS5: S'wll 4B 60
Holly Lodge Rd. BS5: S'wll 4B 60
Hollymead La. BS9: Stok B 2A 56
Holly Ridge BS20: P'head 1C 48
Hollyridge BS14: H'gro 1E 87
Holly Wlk. BS31: Key 4E 69
Hollywood Bowl
Hollywood La.
    BS35: E Comp, Pat 1C 22
Hollywood Rd. BS4: Brisl 1F 79
Holmdale Rd. BS34: Fil 1D 25
Holmesdale Rd. BS3: Wind H 1A 78
Holmes Gro. BS9: Henle 1D 57
Holmes Hill Rd. BS5: St G 1B 70
Holmes Place Health Club 5B 64
Holmes St. BS5: Bar H 3D 69
Holmlea BS20: P'head 1B 50
Holm-Mead La. BS30: Bit 5E 83
Holmoak Rd. BS31: Key 3E 89
Holmwood BS15: Han 4E 71
Holmwood Cl. BS36: Wint 2F 27
Holmwood Gdns. BS9: W Trym 3C 40
Holroyd Ho. BS3: Wind H 1F 77
Holsom Cl. BS14: Stoc 1A 88
Holsom Rd. BS14: Stoc 1B 88
Holst Gdns. BS4: Know 5F 77
Holton Rd. BS7: Hor 5C 42
Holyrood Cl. BS34: Stok G 4F 25
Holy Well Cl. BS4: St Ap 3A 70
Homeavon Ho. BS31: Key 2B 90
Home Cl. BS10: S'mead 1A 42
Home Farm Rd. BS8: Abb L 1D 65
Homefield BS37: Yate 2A 16
Homefield Cl. BS16: Emer G 5D 47
    BS31: Salt 4A 92
Homefield Dr. BS16: Fish 1C 60
Homefield Rd. BS31: Salt 4B 92
Home Gdns. BS8: Clif 4C 56
Home Ground BS9: W Trym 4D 41
    BS11: Shire 4F 37
Homeground BS16: Emer G 5D 47
Homelands BA1: Bathe 3B 98
Homelea Pk. E. BA1: Bath 3C 102
Homelea Pk. W. BA1: Bath 3C 102
Homeleaze BA2: New L 4E 101
Homeleaze Rd. BS10: S'mead 5F 23
Home Mead BS4: Know 5A 78
    BS30: C Hth 5C 72
Homemead BA2: Cor 2C 100
Homemead Dr. BS4: Brisl 3F 79
Home Orchard BS37: Yate 3F 15
Homestead BS20: P'head 3A 48
Homestead, The BS31: Key 5B 90
Homestead Cl. BS36: Fram C 1F 29
Homestead Gdns. BS16: Fren 3D 45

Homestead Rd. BS34: Fil 5B 24
Honey Garston Cl. BS13: Hart 3D 85
Honey Garston Rd. BS13: Hart 3D 85
Honey Hill Rd. BS15: K'wd 1B 72
Honeylands BS20: P'head 3E 49
Honeymead Ho. BS14: H'gro 1E 87
Honeysuckle Cl. BS32: Brad S 3A 10
Honeysuckle La. BS16: Stap 2A 60
Honey Way BS15: K'wd 1B 72
Honeywick Cl. BS3: Bedm 2E 77
Honiton Rd. BS16: Fish 3C 60
Hooper Rd. BS14: Stoc 2F 87
Hopechapel Hill BS8: Clif 3B 66
Hope Ct. BS1: Bris 4D 67
Hope Ho. BS20: Pill 1F 53
    (off Underbanks)
Hope Rd. BS3: Bedm 1E 77
    BS37: Yate 3C 14
Hope Sq. BS8: Clif 3B 66
Hopetoun Rd. BS2: Bris 3B 58
Hopewell Gdns. BS11: Law W 4B 38
Hopland Cl. BS30: L Grn 1D 83
Hopp's Rd. BS15: K'wd 1E 71
Horesham Gro. BS13: Hart 2E 85
HORFIELD 4B 42
Horfield Leisure Cen. 4B 42
Horfield Rd. BS2: Bris 1B 4 (2F 67)
Horley Rd. BS2: Bris 4C 58
Hornbeam Ho. BS16: Fish 3D 61
Hornbeams, The BS16: Fren 2D 45
Hornbeam Wlk. BS31: Key 4E 89
Hornhill Cl. BS13: Hart 3D 85
Horsecombe Brow BA2: C Down 4C 110
Horsecombe Gro. BA2: C Down 4C 110
Horsecombe Va. BA2: C Down 4C 110
Horsecroft Gdns. BS30: Bar C 3C 72
Horsefair, The BS1: Bris 1C 4 (2A 68)
Horsepool Rd. BS13: Withy 3A 84
Horse Shoe Dr. BS9: Stok B 2E 55
Horseshoe La. BS37: Chip S 4D 17
Horseshoe Rd. BA2: Bath . . .5F 7 (5E 105)
Horseshoe Wlk.
    BA2: Bath 5F 7 (5D 105)
Horse St. BS37: Chip S 4D 17
    (not continuous)
Horse World 4F 87
Horstmann Cl. BA1: Bath 3D 103
Horton Ho. BA2: Bath 2C 104
Horton Rd. BS37: Chip S, Hort 3E 17
    (not continuous)
Horton St. BS2: Bris 2F 5 (2B 68)
Horwood Ct. BS30: Bar C 5C 72
Hosey Wlk. BS13: Withy 2C 84
Host St. BS1: Bris 2B 4 (2F 67)
Hot Bath, The 4B 6
Hot Bath St. BA1: Bath 4B 6 (4B 104)
Hottom Gdns. BS7: Hor 4C 42
Hot Water La. BS15: Soun 4B 62
Hotwell Rd. BS8: Clif 2A 66
HOTWELLS 4A 66
Houlton St. BS2: Bris 1F 5 (1B 68)
Hounds Cl. BS37: Chip S 4D 17
Hounds Rd. BS37: Chip S 4D 17
Hover's La. BS36: Fram C 2E 13
    BS37: Iron A 2E 13
Howard Av. BS5: W'hall 1A 70
Howard Cl. BS31: Salt 4F 91
Howard Rd. BS3: Bris 5D 67
    BS6: Henle 2D 57
    BS8: Stap H 2F 61
Howard St. BS5: W'hall 5A 60
Howecroft Ct. BS9: Stok B 2A 56
Howecroft Gdns. BS9: Stok B 2A 56
Howells Mead BS16: Emer G 4D 47
Howes Cl. BS30: Bar C 3C 72
Howett Rd. BS5: Redf 2E 69
How Hill BA2: Bath 4C 102
Howsmoor La. BS16: Emer G 3D 47
    (not continuous)
Hoylake BS37: Yate 5A 16
Hoylake Dr. BS30: Warm 3D 73
Huckford La. BS36: Wint 4C 28
Huckford Quarry Local Nature Reserve
    . . . . .4B 28
Huckford Rd. BS36: Wint 3A 28
Huckley Way BS32: Brad S 2B 26
Hudd's Hill Gdns. BS5: St G 1B 70
Hudd's Hill Rd. BS5: St G 1B 70
Hudd's Va. Rd. BS5: St G 1A 70
    (not continuous)

Hudson Cl. BS37: Yate 5B 16
Hughenden Rd. BS7: Hor 1A 58
    BS8: Clif 4C 56
Hughes Gdns. BS7: Hor 3C 42
Hulbert Cl. BS4: Brisl 2C 80
Hulse Rd. BS4: Brisl 3F 79
Humberstan Wlk. BS11: Law W 3A 38
Humber Way BS11: A'mth 2D 37
Humphrey Davy Way BS8: Clif 4B 66
Humphrys Barton BS4: St Ap 4B 70
Hungerford Cl. BS4: Brisl 4A 80
Hungerford Ct. BA2: New L 5D 101
Hungerford Cres. BS4: Brisl 3A 80
Hungerford Gdns. BS4: Brisl 4A 80
Hungerford Rd. BA1: Bath 3E 103
    BS4: Brisl 3A 80
Hungerford Wlk. BS4: Brisl 3A 80
Hung Rd. BS11: Shire 5A 38
Hunters Cl. BS15: Han 4E 71
Hunters Dr. BS15: K'wd 5B 62
Hunter's Rd. BS15: Han 4E 71
Hunters Way BS34: Fil 5D 25
Huntingham Rd. BS13: Withy 3A 84
Hunts Ground Rd. BS34: Stok G 4B 26
Hunts La. BS7: Hor 5A 42
Hurle Cres. BS8: Clif 5C 56
Hurle Rd. BS8: Clif 5D 57
Hurlingham Rd. BS7: Bris 4B 58
Hurn La. BS31: Key 3B 90
Hurston Rd. BS4: Know 4F 77
Hurst Rd. BS4: Know 4F 78
Hurst Wlk. BS4: Know 4B 78
Hurstwood Rd. BS16: Down 1F 61
Hutton Cl. BS9: W Trym 4F 39
    BS31: Key 5C 90
Huyton Rd. BS5: Eastv 3A 60
Hyland Gro. BS9: W Trym 3B 40

I

Ida Rd. BS5: W'hall 1E 69
Iddesleigh Rd. BS6: Redl 3D 57
Idstone Rd. BS16: Fish 2D 61
Iford Cl. BS31: Salt 4A 92
Ilchester Cres. BS13: Bis 3D 77
Ilchester Rd. BS13: Bis 3C 76
Iles Cl. BS15: Han 5F 71
Ilex Cl. BS13: Bis 1B 84
Ilminster Av. BS4: Know 3A 78
Ilsyn Gro. BS14: Stoc 5F 87
Imax Cinema at-Bristol 4A 4 (3E 67)
Imber Ct. Cl. BS14: H'gro 4D 79
Imperial Pk. BS13: Bis 1E 85
Imperial Rd. BS6: Redl 5D 57
    BS14: H'gro 4E 79
Imperial Wlk. BS14: H'gro 3D 79
Ingleside Rd. BS15: K'wd 5D 61
Ingmire Rd. BS5: Eastv 3D 59
Inkerman Cl. BS7: Hor 4A 42
Inman Ho. BA1: Bath 1C 104
Innox Gdns. BS13: Withy 2C 84
Innox Gro. BA2: Eng 3B 108
Innox La. BA1: Up Swa 2D 97
Innox Rd. BA1: Swa, Up Swa 2D 97
    BA2: Bath 5D 103
INN'S COURT 5F 77
Inns Ct. Av. BS4: Know 5F 77
Inns Ct. Dr. BS4: Know 5F 77
Inn's Ct. Grn. BS4: Know 5F 77
    (not continuous)
Instow Rd. BS4: Know 4A 78
Instow Wlk. BS4: Know 4A 78
Inter City Ho. BS1: Bris 4E 5 (3A 68)
International Trad. Est.
    BS11: A'mth 1D 37
Interplex BS32: Brad S 2E 9
Inverness Rd. BA2: Bath 4E 103
IO Cen. BS11: A'mth 3B 20
Ipswich Dr. BS4: St Ap 3A 70
Irby Rd. BS3: Bedm 1C 76
Irena Rd. BS16: Fish 2D 61
Ireton Rd. BS3: Bedm 1D 77
IRON ACTON 1F 13
Iron Acton Way BS37: Yate 2C 14
Ironchurch Rd.
    BS11: A'mth 4D 19
Ironmould La. BS4: Brisl 2C 80
Irving Cl. BS16: Stap H 2A 62
Irving Ho. BS1: Bris 2A 4

Isabella Cotts.—Kings Bus. Pk.

Isabella Cotts. *BA2: C Down* 4D **111**
(off Rock La.)
Isabella M. BA2: C Down 4D **111**
Island Gdns. BS16: Stap 2E **59**
Island Trade Pk. BS11: A'mth 2E **37**
Isleys Ct. BS30: L Grn 1B **82**
Islington Rd. BS3: Bris 5D **67**
Ison Hill BS10: Hen 5F **21**
Ison Hill Rd. BS10: Hen 5F **21**
Ivo Peters Rd. BA2: Bath 4A **104**
Ivor Rd. BS5: W'hall 1E **69**
IVORY HILL 4C **28**
Ivy Av. BA2: Bath 1E **109**
Ivy Bank Pk. BA2: C Down 3B **110**
Ivy Ct. BS20: P'head 1B **48**
Ivy Gro. BA2: Bath 1E **109**
Ivy La. BS16: Fish 3C **60**
Ivy Pl. BA2: Bath 1E **109**
Ivy Ter. BS37: W'lgh 4D **31**
Ivy Vs. BA2: Bath 1E **109**
Ivywell Rd. BS9: Stok B 3A **56**

J

Jack Knight Ho. BS7: Hor 1B **58**
Jacob Ct. BS2: Bris 2F **5** (2B **68**)
Jacobs Ct. *BS1: Bris* *3E 67*
(off Queen's Pde.)
Jacob's Mdw. BS20: P'head 2B **50**
Jacob St. BS2: Bris 2F **5** (2B **68**)
(David St.)
BS2: Bris 2E **5** (2A **68**)
(Tower Hill)
Jacob's Wells Rd. BS8: Clif 3D **67**
Jamaica St. BS2: Bris 1A **68**
James Cl. BS16: Soun 2A **62**
James Rd. BS16: Soun 3A **62**
James St. BS2: Bris 4C **58**
BS5: E'tn 1B **68**
James St. W. BA1: Bath 3A **6** (4B **104**)
Jane Austen Cen. 2B **6**
Jane St. BS5: E'tn 2D **69**
Jarvis St. BS5: Bar H 3D **69**
Jasmine Gro. BS11: Law W 1E **39**
Jasper St. BS3: Bedm 1D **77**
Jean Rd. BS4: Brisl 2A **80**
Jeffery Ct. BS30: C Hth 3D **73**
JEFFRIES HILL 4D **71**
Jeffries Hill Bottom BS15: St G 4D **71**
Jekyll Cl. BS16: Stap 3A **44**
Jellicoe Av. BS16: Stap 3A **44**
Jena Ct. BS31: Salt 4F **91**
Jenner Cl. BS37: Chip S 5F **17**
Jennings Ct. *BS3: Bris* *5C 66*
(off Lwr. Sidney St.)
Jersey Av. BS4: Brisl 5B **70**
Jesse Hughes Ct. BA1: Bath 5E **97**
Jessop Ct. BS1: Bris 4D **5** (3A **68**)
Jessop Cres. BS10: W Trym 2C **40**
Jessop Underpass BS3: Ash G 5B **66**
Jew's La. BA2: Bath 4E **103**
Jim O'Neil Ho. BS11: Shire 4F **37**
Jobbins Cl. BS37: Chip S 5C **16**
Jocelyn Rd. BS7: Hor 4B **42**
Jockey La. BS5: St G 2C **70**
John Cabot Ct. BS1: Bris 4C **66**
John Carr's Ter. BS8: Clif 3D **67**
John Cozens Ho. BS2: Bris 1F **5**
John James Ct. BS7: L'lze 4D **43**
Johnny Ball La. BS2: Bris 1B **4** (2F **67**)
John Repton Gdns. BS10: Bren 1D **41**
John Slessor Ct. BA1: Bath 2B **104**
Johnson Dr. BS30: Bar C 4B **72**
Johnson Rd. BS16: Emer G 5E **47**
Johnsons La. BS5: W'hall 5F **59**
Johnsons Rd. BS5: W'hall 5E **59**
Johnstone St. BA2: Bath . . .3D **7** (4C **104**)
John St. BA1: Bath 2B **6** (3B **104**)
BS1: Bris 2C **4** (2F **67**)
BS2: Bris 4C **58**
BS15: K'wd 1E **71**
John Wesley Rd. BS5: St G 3D **71**
BS15: St G 4D **71**
John Wesley's Chapel 1D **5** (2A **68**)
John Wood Bldg. BA1: Bath 4B **6**
Jordan Wlk. BS32: Brad S 5F **9**
Jorrocks Ind. Est. BS37: W'lgh 4E **31**
Joyce Cl. BS7: Hor 3C **42**
Joy Hill BS8: Clif 3B **66**

Jubilee Cotts. BS13: Bis 4B **76**
Jubilee Cres. BS16: Mang 4C **46**
Jubilee Gdns. BS37: Yate 3C **16**
Jubilee Ho. BS34: Lit S 5E **9**
Jubilee Pl. BS1: Bris 5C **4** (4F **67**)
BS15: K'wd 2C **72**
Jubilee Rd. BS2: Bris 5C **58**
BS4: Know 2E **79**
BS5: St G 2B **70**
BS15: Soun 3A **62**
Jubilee Row *BS2: Bris* *5C 58*
(off Ashley St.)
Jubilee St. BS2: Bris 3F **5** (3B **68**)
Jubilee Swimming Pool 2D **79**
Jubilee Way BS11: A'mth 1D **37**
Julian Cl. BS9: Stok B 3A **56**
Julian Ct. BS9: Stok B 3A **56**
Julian Rd. BA1: Bath 1A **6** (2B **104**)
BS9: Stok B 3A **56**
Julier Ho. *BA1: Bath* *2C 104*
(off Pera Rd.)
Julius Cl. BS16: Emer G 5E **47**
Julius Rd. BS7: B'stn 3F **57**
Junction Av. BA2: Bath 5A **104**
Junction Rd. BA2: Bath 5A **104**
Juniper Ct. BS5: Eastv 4E **59**
Juniper Way BS32: Brad S 1B **26**
Jupiter Rd. BS34: Pat 1F **23**
Justice Av. BS31: Salt 4A **92**
Justice Rd. BS16: Fish 3B **60**
Jutland Rd. BS11: A'mth 2D **37**

K

Kathdene Gdns. BS7: Bris 3B **58**
Kaynton Mead BA1: Bath 4D **103**
Keble Av. BS13: Withy 3B **84**
Keed's La. BS41: L Ash 2A **74**
Keedwell Hill BS41: L Ash 3B **74**
Keel Cl. BS5: St G 3B **70**
Keep, The BS30: Old C 4F **73**
Keepers La. BS7: Bris 3B **58**
Keg Store, The BS1: Bris 3D **5** (3A **68**)
Keinton Wlk. BS10: Hen 1C **40**
Kelaway Av. BS7: Hor 5A **42**
Kelbra Cres. BS36: Fram C 2D **29**
Kellaway Av. BS6: B'stn, Hor 1E **57**
Kellaway Cres. BS9: Henle 5F **41**
Kelso Pl. BA1: Bath 3F **103**
KELSTON .4E **93**
Kelston Cl. BS31: Salt 4F **91**
BS37: Yate 1F **31**
Kelston Gdns. BS10: W Trym 3F **41**
Kelston Gro. BS15: Han 3A **72**
Kelston Rd. BA1: Bath 1A **102**
BS10: W Trym 3F **41**
BS31: Key 2F **89**
Kelston Vw. BA2: Bath 5B **102**
BS31: Salt 4F **91**
Kelston Wlk. BS16: Fish 2E **61**
Kemble Cl. BS15: K'wd 3A **72**
Kemble Gdns. BS11: Shire 1A **54**
Kemperleye Way BS32: Brad S 1F **25**
Kempes Cl. BS41: L Ash 2C **74**
Kempton Cl. BS16: Down 2B **46**
Kencot Wlk. BS13: Withy 4D **85**
Kendall Gdns. BS16: Stap H 2F **61**
Kendall Rd. BS16: Stap H 2F **61**
Kendal Rd. BS7: Hor 4C **42**
KENDLESHIRE 5C **28**
Kendon Dr. BS10: Hor 4F **41**
Kendon Way BS10: S'mead 3F **41**
Kenilworth BS37: Yate 5B **16**
Kenilworth Cl. BS31: Key 3F **89**
Kenilworth Ct. *BA1: Bath* *2D 105*
(off Longacre Ho.)
Kenilworth Dr. BS30: Will 2D **83**
Kenilworth Rd. BS6: Cot 5E **57**
Kenmare Rd. BS4: Know 3A **78**
Kenmore Cres. BS7: Hor 2A **42**
Kenmore Dr. BS7: Hor 2A **42**
Kenmore Gro. BS7: Hor 2A **42**
Kennard Cl. BS15: K'wd 2E **71**
Kennard Ri. BS15: K'wd 1E **71**
Kennard Rd. BS15: K'wd 1E **71**
Kenn Ct. BS4: Know 5A **78**
Kennedy Ho. BS37: Yate 4B **16**
Kennedy Way BS37: Chip S, Yate . . .4A **16**
Kennel Lodge Rd. BS3: Bwr A 5A **66**

Kenneth Rd. BS4: Brisl 2F **79**
Kennet Pk. BA2: B'ptn 1A **106**
Kennet Rd. BS31: Key 3C **90**
Kennington Av. BS7: B'stn 2A **58**
BS15: K'wd 5F **61**
Kennington Rd. BA1: Bath 3D **103**
Kennion Rd. BS5: St G 2C **70**
Kennmoor Cl. BS30: C Hth 3C **72**
Kenn Rd. BS5: St G 2C **70**
Kensal Av. BS3: Wind H 1A **78**
Kensal Rd. BS3: Wind H 1A **78**
Kensington Ct. BA1: Bath 1D **105**
BS8: Clif .2C **66**
Kensington Gdns. BA1: Bath 1D **105**
KENSINGTON HILL 2F **79**
KENSINGTON PARK 1E **79**
Kensington Pk. BS5: E'tn 5C **58**
Kensington Pk. Rd. BS4: Brisl 2E **79**
Kensington Pl. BA1: Bath 2D **105**
BS8: Clif .2C **66**
Kensington Rd. BS5: St G 1C **70**
BS6: Redl 5E **57**
BS16: Stap H 2F **61**
Kent Av. BS37: Yate 2B **16**
Kent Cl. BS34: Stok G 4F **25**
Kent La. BA1: Up Swa 1D **97**
Kent M. BS16: Stap 4A **44**
Kenton M. BS9: Henle 1E **57**
Kent Rd. BS7: B'stn 3A **58**
Kents Grn. BS15: K'wd 4A **62**
Kent St. BS3: Bedm 1E **77**
Kenwood Cl. BS15: K'wd 5B **62**
Keppel Cl. BS31: Salt 5F **91**
Kerry Rd. BS4: Know 3A **78**
Kersteman Rd. BS6: Redl 4E **57**
Kestrel Cl. BS34: Pat 5A **8**
BS37: Chip S 5B **16**
Keswick Wlk. BS10: S'mead 1E **41**
Ketch Rd. BS3: Wind H 1B **78**
Kewstoke Rd. BA2: C Down 3C **110**
BS9: Stok B 2A **56**
Kew Wlk. BS4: Brisl 4E **79**
KEYNSHAM 1A **90**
Keynsham By-Pass BS31: Key 4E **81**
Keynsham Leisure Cen. 2B **90**
Keynsham Rd. BS30: Will 1B **90**
BS31: Key 1B **90**
Keynsham Station (Rail) 1B **90**
Key Point BS32: Brad S 1F **9**
Keys Av. BS7: Hor 4B **42**
Kilbirnie Rd. BS14: Whit 4C **86**
Kilburn St. BS5: E'tn 1D **69**
Kildare Rd. BS4: Know 3F **77**
Kilkenny La. BA2: Eng, Ing 5A **108**
Kilkenny Pl. BS20: P'head 5B **34**
Kilkenny St. BS2: Bris 3F **5** (3B **68**)
Kilmersdon Rd. BS13: Hart 3D **85**
Kilminster Cl. BS34: Lit S 2F **25**
Kilminster Rd. BS11: Shire 4F **37**
Kiln Cl. BS15: K'wd 4D **61**
Kilnhurst Cl. BS30: L Grn 2B **82**
Kilvert Cl. BS4: Brisl 4F **69**
Kimberley Av. BS16: Fish 1E **61**
Kimberley Cl. BS16: Down 4B **46**
Kimberley Cres. BS16: Fish 1E **61**
Kimberley Rd. BS15: K'wd 5F **61**
BS16: Fish 1E **61**
(not continuous)
Kinber Cl. BA1: W'ton 4C **94**
Kinema House *BS4: Brisl* *5E 69*
(off Belmont Rd.)
King Dick's La. BS5: St G 1B **70**
King Edward Cl. BS14: H'gro 1C **86**
(not continuous)
King Edward Rd. BA2: Bath 5F **103**
Kingfisher Cl. BS32: Brad S 3A **10**
Kingfisher Dr. BS16: B'hll 5A **44**
Kingfisher Rd. BS37: Chip S 5C **16**
King George V Pl.
BS1: Bris 4B **4** (3F **67**)
King Georges Rd. BA2: Bath 5E **103**
BS13: Bis 2B **84**
King John's Rd. BS15: K'wd 4D **61**
King Rd. BS4: Know 3E **79**
King Rd. Av. BS11: A'mth 1C **36**
Kingrove Cres. BS37: Chip S 5E **17**
Kingrove Rd. BS37: Chip S 1E **33**
Kings Av. BS7: B'stn 2E **57**
BS15: Han 5D **71**
Kings Bus. Pk. BS2: Bris 3E **69**

King's Chase Shop. Cen.
BS15: K'wd 1F **71**
Kingscote BS37: Yate 2F **31**
Kingscote Pk. BS5: St G 3D **71**
Kings Ct. BS34: Lit S 2E **25**
Kings Cft. BS41: L Ash 3A **74**
KINGSDOWN 1A **4** (1E **67**)
Kingsdown Pde. BS6: Bris 1F **67**
Kingsdown Sports Cen. 1E **67**
Kingsdown Vw. BA1: Bath 1C **104**
Kings Dr. BS7: B'stn 1E **57**
BS15: Han 5D **71**
BS34: Stok G 4C **26**
Kingsfield BA2: Bath 2E **109**
Kingsfield La. BS15: Han 4A **72**
(not continuous)
BS30: L Grn 5A **72**
Kings Head La. BS13: Bis 5A **76**
Kingshill Rd. BS4: Know 3D **79**
Kingsholme Rd. BS15: K'wd 5F **61**
Kingsholm Rd. BS10: S'mead 3F **41**
Kingsland Cl. BS2: Bris 3C **68**
Kingsland Rd. BS2: Bris 3C **68**
Kingsland Rd. Bri. BS2: Bris 3C **68**
Kingsland Trad. Est. BS2: Bris 2B **68**
Kingsleigh Cl. BS15: K'wd 2B **72**
Kingsleigh Gdns. BS15: K'wd 2B **72**
Kingsleigh Pk. BS15: K'wd 2B **72**
Kingsley Ho. BS2: Bris 3F **5** (3B **68**)
Kingsley Rd. BS5: E'tn 5E **59**
BS6: Cot 4F **57**
Kingsmarsh Ho. BS5: E'tn 2D **69**
Kingsmead Ct. BA1: Bath 4A **6**
Kingsmead E. BA1: Bath . . .4A **6** (4B **104**)
Kingsmead Ho. BA1: Bath 3A **6**
Kingsmead Nth.
BA1: Bath 4A **6** (4B **104**)
Kingsmead Rd. BS5: S'will 5C **60**
Kingsmead Sq.
BA1: Bath 4B **6** (4B **104**)
Kingsmead St. BA1: Bath . . .3B **6** (4B **104**)
Kingsmead Ter. BA1: Bath 4B **6**
Kingsmead Wlk. BS5: S'will 5C **60**
Kingsmead W. BA1: Bath . . .4A **6** (4B **104**)
Kings M. BS6: Bris 1F **67**
Kingsmill BS9: Stok B 1F **55**
Kings Pde. Av. BS8: Clif 5D **57**
Kings Pde. M. BS8: Clif 5C **56**
Kings Pk. Av. BS2: Bris 3E **69**
King Sq. BS2: Bris 1F **67**
(not continuous)
King Sq. Av. BS2: Bris 1F **67**
King's Rd. BS4: Brisl 1E **79**
BS8: Clif 2C **66**
BS20: P'head 2B **48**
Kings Sq. BS30: Bit 4F **83**
Kingston Av. BS31: Salt 5E **91**
Kingston Bldgs. BA1: Bath 4C **6**
(off York St.)
Kingston Cl. BS16: Mang 4C **46**
Kingston Dr. BS16: Mang 4C **46**
Kingston Pde. BA1: Bath 4C **6**
(off York St.)
Kingston Rd. BA1: Bath . . .4C **6** (4C **104**)
BS3: Bedm 5F **67**
Kingstree St. BS4: Wind H 5C **68**
King St. BS1: Bris 4B **4** (3F **67**)
BS5: E'tn 5E **59**
BS11: A'mth 2C **36**
BS15: K'wd 1D **71**
King's Wlk. BS13: Bis 5A **76**
Kingsway BA2: Bath 2E **109**
BS5: St G 2D **71**
BS15: K'wd 2D **71**
BS20: P'head 2B **48**
BS34: Lit S 2E **25**
Kingsway Av. BS5: St G 1D **71**
BS15: K'wd 1D **71**
Kingsway Cvn. Pk. BS20: P'head 5C **34**
Kingsway Cres. BS15: K'wd 1E **71**
Kingsway Shop. Pct. BS5: St G 3D **71**
Kingsway Trailer Pk.
BS30: Warm 3D **73**
Kingswear Rd. BS3: Know 3F **77**
Kings Weston Av. BS11: Shire 4F **37**
Kings Weston Down Nature Reserve
. . . . .2E **39**
Kings Weston La.
BS11: A'mth, Law W 4E **19**

Kings Weston Rd. BS10: Hen 2E **39**
BS11: Law W 4C **38**
KINGSWOOD 1F **71**
Kingswood Douglas Est.
BS15: K'wd 2F **71**
Kingswood Fountain Est.
BS15: K'wd 1E **71**
Kingswood Hgts. BS15: K'wd 5F **61**
Kingswood Heritage Mus. 3D **73**
Kingswood Leisure Cen. 3F **61**
Kingswood Theatre 5A **96**
Kingswood Trad. Est. BS15: K'wd . . .5F **61**
King William Av.
BS1: Bris 4C **4** (3F **67**)
King William St. BS3: Bedm 5D **67**
Kinsale Rd. BS14: H'gro 5E **79**
Kinsale Wlk. BS4: Know 3A **78**
Kinvara Rd. BS4: Know 4A **78**
Kipling Av. BA2: Bath 1B **110**
Kipling Rd. BS7: Hor 2D **43**
Kirkby Rd. BS11: Law W 2C **38**
Kirkstone Gdns. BS10: S'mead 1E **41**
Kirtlington Rd. BS5: Eastv 1D **69**
Kite Hay Cl. BS16: Stap 1A **60**
Kites Cl. BS32: Brad S 3E **9**
Knapp, The BS37: Yate 1B **16**
Knapps La. BS5: S'will 4A **60**
Kneller Cl. BS11: Law W 3C **38**
Knightcott Rd. BS8: Abb L 1B **64**
Knighton Rd. BS10: S'mead 2A **42**
Knightsbridge Pk. BS13: Hart 3A **86**
Knights Cl. BS9: Henle 5D **41**
Knightstone Ho. BS2: Bris 1F **67**
(off Portland St.)
Knightstone Mt. BS5: St G 3C **70**
(off Nicholas La.)
Knightstone Pl. BA1: W'ton 1D **103**
BS15: Han 1D **81**
Knightstone Sq. BS14: H'gro 1E **87**
Knightwood Rd. BS34: Stok G 3B **26**
Knole Cl. BS32: Alm 1B **8**
Knole La. BS10: Bren 5C **22**
Knole Pk. BS32: Alm 2A **8**
Knoll, The BS20: P'head 4C **34**
Knoll Ct. BS9: Stok B 3F **55**
Knoll Hill BS9: Stok B 3F **55**
Knovill Cl. BS11: Law W 1D **39**
KNOWLE 2D **79**
KNOWLE PARK 3D **79**
Knowle Rd. BS4: Wind H 1B **78**
Knowsley Rd. BS16: Fish 3A **60**
Kyght Cl. BS15: Warm 1C **72**
Kylross Av. BS14: H'gro 2D **87**
Kynges Mill Cl. BS16: B'hll 4C **44**
Kyrle Gdns. BA1: Bathe 4B **98**

L

Labbott, The BS31: Key 2A **90**
Laburnam Ter. BA1: Bathe 4B **98**
Laburnum Gro. BS16: Fish 2D **61**
Laburnum Rd. BS15: Han 4E **71**
Laburnum Wlk. BS31: Key 4E **89**
Lacey Rd. BS14: Stoc 1A **88**
Lacock Dr. BS30: Bar C 4B **72**
Ladd Cl. BS15: K'wd 2B **72**
Ladies Mile BS9: Stok B 5B **56**
Ladman Gro. BS14: Stoc 1A **88**
Ladman Rd. BS14: Stoc 1A **88**
Ladymead BS20: P'head 1B **50**
Ladysmith Rd. BS6: Henle 2D **57**
Laggan Gdns. BA1: Bath 1A **104**
Lake Mead Gdns. BS13: Withy 3B **84**
Lakemead Gro. BS13: Bis 1B **84**
Lake Rd. BS10: W Trym 4E **41**
BS20: P'head 5B **34**
Lakeside BS16: Fish 3A **60**
Lake Vw. BS16: Fish 3B **60**
Lake Vw. Rd. BS5: St G 1F **69**
Lakewood Cres. BS10: W Trym 3D **41**
Lakewood Rd. BS10: W Trym 3D **41**
Lambert Pl. BS4: Know 1F **85**
Lamb Hill BS5: St G 2B **70**
Lambley Rd. BS5: St G 1A **70**
Lambourn Cl. BS3: Wind H 1F **77**
Lambourne Way BS20: P'head 2B **50**
Lambourn Rd. BS31: Key 3C **90**
LAMBRIDGE 1E **105**
Lambridge Bldgs. BA1: Bath 5D **97**

Lambridge Bldgs. M. BA1: Bath 1E **105**
(off St Saviours Rd.)
Lambridge Grange BA1: Bath 5E **97**
Lambridge M. BA1: Bath 1E **105**
Lambridge Pl. BA1: Bath 1E **105**
Lambridge St. BA1: Bis 1E **105**
Lambrook Rd. BS16: Fish 2C **60**
Lamb St. BS2: Bris 1F **5** (2B **68**)
Lamington Cl. BS13: Bis 1B **84**
Lamord Ga. BS34: Stok G 3A **26**
Lampards Bldgs.
BA1: Bath 1B **6** (2B **104**)
Lampeter Rd. BS9: W Trym 4B **40**
Lampton Av. BS13: Hart 4A **86**
Lampton Gro. BS13: Hart 4A **86**
Lampton Rd. BS41: L Ash 3B **74**
Lanaway Rd. BS16: Fish 5D **45**
Lancashire Rd. BS7: B'stn 3A **58**
Lancaster Cl. BS34: Stok G 4F **25**
Lancaster Rd. BS2: Bris 4C **58**
BS37: Yate 2A **16**
Lancaster St. BS5: Redf 2E **69**
Lancelot Rd. BS16: Stap 3A **44**
Land, The BS36: Coal H 1E **29**
Landmark Ct. BS1: Bris 5A **4**
Landrail Wlk. BS16: B'hll 5B **44**
Landseer Av. BS7: L'lze 5D **43**
Landseer Rd. BA2: Bath 4D **103**
Lanercost Rd. BS10: S'mead 1E **41**
Lanesborough Ri. BS14: Stoc 5F **79**
Lanes End BS4: Brisl 3E **79**
Langale Ct. BS34: Pat 5C **8**
Langdale Rd. BS16: Fish 2B **60**
Langdon Rd. BA2: Bath 1D **109**
Langdown Ct. BS14: Stoc 2A **88**
Langfield Cl. BS10: Hen 5A **22**
Langford Rd. BS13: Bis 4B **76**
Langford Way BS15: K'wd 2A **72**
Langham Rd. BS4: Know 2E **79**
Langhill Av. BS4: Know 5E **77**
Langley Cres. BS3: Ash V 3A **76**
Langley Mow BS16: Emer G 4D **47**
Langridge La. BA1: L'rdge, L'dwn . . .1D **95**
Langthorn Cl. BS36: Fram C 1E **29**
Langton Ct. BA2: New L 5D **101**
Langton Ct. Rd. BS4: St Ap 4F **69**
Langton Ho. BS2: Bris 1F **5**
Langton Pk. BS3: Bedm 5E **67**
Langton Rd. BS4: St Ap 4F **69**
Langton Way BS4: St Ap 3B **70**
LANSDOWN 1D **95**
Lansdown BS37: Yate 5A **16**
Lansdown Cl. BA1: Bath 1A **104**
BS15: K'wd 4F **61**
Lansdown Cres. BA1: Bath 1B **104**
Lansdowne BS16: Fren 2E **45**
(off Avon Ring Rd.)
Lansdowne Ct. BS5: E'tn 1C **68**
Lansdown Gro.
BA1: Bath 1B **6** (2B **104**)
Lansdown Hgts. BA1: Bath 5B **96**
Lansdown Ho. BS16: Soun 4F **61**
Lansdown La. BA1: L'dwn, W'ton . . .5D **95**
Lansdown M. BA1: Bath 2B **6** (3B **104**)
Lansdown Pk. BA1: L'dwn 4A **96**
Lansdown Pl. BS8: Clif 2C **66**
BS16: Emer G 4D **47**
Lansdown Pl. E. BA1: Bath 2B **104**
Lansdown Pl. W. BA1: Bath 1B **104**
Lansdown Rd. BA1: Bath 2B **104**
BA1: L'dwn 1D **95**
BS5: E'tn 5C **58**
BS6: Redl 5E **57**
BS8: Clif 2C **66**
BS15: K'wd 4F **61**
BS31: Salt 4A **92**
Lansdown Ter. BA1: Bath 2B **104**
(off Lansdown Rd.)
BA1: W'ton 1E **103**
BS6: Henle 1F **57**
Lansdown Vw. BA2: Bath 4E **103**
BS15: K'wd 1A **72**
Laphams Ct. BS30: L Grn 5B **72**
Lapwing Cl. BS32: Brad S 3F **9**
Lapwing Gdns.
BS16: B'hll 5B **44**
Larch Cl. BS16: Soun 3A **62**
Larch Way BS34: Pat 1A **24**
Larkfield BS36: Coal H 1F **29**
LARKHALL 5D **97**

Larkhall Bldgs. *BA1: Bath* 5E **97**
(off Larkhall Ter.)
Larkhall Pl. BA1: Bath 5E **97**
Larkhall Ter. BA1: Bath 5E **97**
Lark Pl. *BA1: Bath* 3F **103**
(off Up. Bristol Rd.)
Lark Ri. BS37: Yate 1A **16**
Larks Fld. BS16: Stap 1A **60**
Larksleaze Rd. BS30: L Grn 2A **82**
Lasbury Gro. BS13: Hart 2E **85**
Latchmoor Ho. BS13: Bis 4C **76**
Latimer Cl. BS4: Brisl 5A **70**
Latteridge Rd. BS37: Iron A 1F **13**
Latton Rd. BS7: Hor 3B **42**
Launceston Av. BS15: Han 4D **71**
Launceston Rd. BS15: K'wd 5D **61**
Laura Pl. *BA2: Bath* 2D **7** (3C **104**)
Laurels, The BS10: Hen 2C **22**
BS16: Mang 5C **46**
Laurel St. BS15: K'wd 1F **71**
Laurie Cres. BS9: Henle 5F **41**
Laurie Lee Ct. BS30: Bar C 4C **72**
Lavender Ct. BS5: S'wll 5B **60**
Lavender Way BS32: Brad S 1B **26**
Lavenham Rd. BS37: Yate 3D **15**
Lavers Cl. BS15: K'wd 3A **72**
Lavington Rd. BS5: St G 3D **71**
Lawford Av. BS34: Lit S 2E **25**
Lawfords Ga. BS5: E'tn 2B **68**
Lawfords Ga. Ho. *BS2: Bris* 2F **5**
(off Lawford St.)
Lawford St. BS2: Bris 1F **5** (2B **68**)
Lawn Av. BS16: Fish 1D **61**
Lawn Rd. BS16: Fish 1D **61**
Lawns, The BS11: Shire 4A **38**
Lawns Rd. BS37: Yate 3A **16**
Lawnwood Rd. BS5: E'tn 1D **69**
Lawnwood Rd. Ind. Est.
BS5: E'tn 1D **69**
Lawrence Av. BS5: E'tn 5D **59**
Lawrence Cl. BS15: Soun 4C **62**
Lawrence Dr. BS37: Yate 3D **15**
Lawrence Gro. BS9: Henle 1D **57**
Lawrence Hill BS2: Bris 2C **68**
BS5: E'tn 2D **69**
Lawrence Hill Ind. Pk. BS5: E'tn . . .1D **69**
Lawrence Hill Rdbt. BS5: E'tn 2C **68**
Lawrence Hill Station (Rail) 2D **69**
LAWRENCE WESTON 2C **38**
Lawrence Weston Meadows
Nature Reserve 5D **21**
Lawrence Weston Rd.
BS11: A'mth, Law W 3A **20**
(not continuous)
BS11: Law W 1D **39**
Lawson Cl. BS31: Salt 5E **91**
Laxey Rd. BS7: Hor 4B **42**
Lays Dr. BS31: Key 3E **89**
Lea Cft. BS13: Withy 2C **84**
Leaholme Gdns. BS14: Whit 4C **86**
Leaman Cl. BS37: Chip S 4C **16**
Leap Va. BS16: Down 3C **46**
Leap Valley Cres. BS16: Down 3B **46**
Lear Cl. BS30: C Hth 4D **73**
Leaze, The BS37: Yate 3F **15**
Leda Av. BS14: H'gro 5C **78**
Ledbury Rd. BS16: Fish 2E **61**
Leechpool Way BS37: Yate 1A **16**
Lee Cl. BS34: Pat 5B **8**
Leeming Way BS11: Shire 3E **37**
Lees Hill BS15: Soun 5A **62**
Leeside BS20: P'head 1E **49**
Lees La. BS30: Old C 4F **73**
Leicester Sq. BS16: Soun 3F **61**
Leicester St. BS3: Bedm 5F **67**
Leicester Wlk. BS4: St Ap 4B **70**
Leigh Cl. BA1: Bath 5C **96**
Leigh Ct. Bus. Cen. BS8: Abb L 4C **54**
Leigh Rd. BS8: Clif 1D **67**
Leigh St. BS3: Bris 5C **66**
Leighton Rd. BA1: W'ton 4C **94**
BS3: Bris 5D **67**
BS4: Know 2D **79**
Leigh Vw. Rd. BS20: P'head 4C **34**
LEIGH WOODS 3F **65**
Leigh Woods Forest Walks 5F **55**
Leinster Av. BS4: Know 5F **77**
Leisure Rd. BS15: K'wd 4A **72**
Lemon La. BS2: Bris 1B **68**
Lena Av. BS5: E'tn 5E **59**

Lena St. BS5: E'tn 5D **59**
Lenover Gdns. BS13: Hart 3D **85**
Leonard La. BS1: Bris 2B **4** (2F **67**)
Leonard Rd. BS5: Redf 2E **69**
Leonard's Av. BS5: E'tn 5E **59**
Leopold Rd. BS6: Bris 4A **58**
Lescren Way BS11: A'mth 2F **37**
Lewington Rd. BS16: Fish 2F **61**
Lewins Mead BS1: Bris 2B **4** (2F **67**)
Lewin St. BS5: St G 2F **69**
Lewis Cl. BS16: Emer G 1E **63**
BS30: Old C 4F **73**
Lewis Rd. BS13: Bis 4C **76**
Lewis St. BS2: Bris 4D **69**
Lewton La. BS36: Wint 1A **28**
Leyland Wlk. BS13: Withy 3B **84**
Leyton Vs. BS6: Redl 4D **57**
Liberty Gdns. BS1: Bris 4E **67**
Liberty Ind. Pk. BS3: Ash V 3C **76**
Lichfield Rd. BS4: St Ap 3A **70**
Lilac Cl. BS10: S'mead 2A **40**
Lilac Ct. BS31: Key 4E **89**
Lillian St. BS5: Redf 1E **69**
LILLIPUT .5C **16**
Lilliput Av. BS37: Chip S 5C **16**
Lilliput Ct. BS37: Chip S 5C **16**
Lilstock Av. BS7: B'stn 2B **58**
Lilton Wlk. BS13: Bis 3C **76**
Lilymead Av. BS4: Wind H 1B **78**
Lime Cl. BS10: Bren 5D **23**
Lime Ct. BS31: Key 3E **89**
Lime Cft. BS37: Yate 1C **16**
Lime Gro. *BA2: Bath* 4E **7** (4D **105**)
Lime Gro. Gdns.
BA2: Bath 4E **7** (4D **105**)
Lime Kiln Cl. BS34: Stok G 1F **43**
Lime Kiln Gdns. BS32: Brad S 2F **9**
Limekiln La. *BA2: Clav D* 5B **106**
Lime Kiln Rd. *BS1: Bris* 3D **67**
(off Anchor Rd.)
Lime Kilns Cl. BS31: Key 2B **90**
Limerick Rd. BS6: Redl 4E **57**
Lime Rd. BS3: Bris 5D **67**
BS15: Han 4C **70**
Limes, The *BS16: Fren* 2D **45**
(off Wellington Pl.)
Lime Tree Gro. BS20: Pill 3F **53**
Lime Trees Rd. BS6: Henle 5F **41**
Lincoln Cl. BS31: Key 3E **89**
Lincoln St. BS5: Bar H 2D **69**
Lincombe Av. BS16: Down 5F **45**
Lincombe Rd. BS16: Down 1E **61**
Linden Cl. BS14: Stoc 1A **88**
BS16: Fish 4C **60**
BS36: Wint 2A **28**
Linden Ct. BS15: K'wd 5D **61**
Linden Dr. BS32: Brad S 5A **10**
Linden Gdns. BA1: W'ton 2F **103**
Linden Grange BS6: Redl 3E **57**
Linden Ho. BS16: Stap 1E **59**
Linden Rd. BS6: Henle, Redl 2D **57**
Lindon Ho. BS4: Brisl 1A **80**
Lindrea St. BS3: Bedm 1D **77**
Lindsay Rd. BS7: L'lze 2C **58**
Lindsey Cl. BS20: P'head 2B **48**
Lines Way BS14: Whit 4E **87**
Lingfield Pk. BS16: Down 2B **46**
Link Rd. BS20: P'head 1E **49**
BS34: Fil 5B **24**
BS37: Yate 4B **16**
Link Rd. W. BS10: Pat 2D **23**
Linley Cl. BA2: Bath 5C **102**
Linleys, The BA1: Bath 3E **103**
Linne Ho. BA2: Bath 5C **102**
Linnell Ct. BS7: L'lze 5D **43**
Linnet Cl. BS34: Pat 5A **8**
Linnet Way BS14: Stoc 5F **79**
Lintern Cres. BS30: C Hth 3D **73**
Lintham Dr. BS15: K'wd 3B **72**
Linton's Wlk. BS14: H'gro 5C **78**
Lipgate Pl. BS20: P'head 3F **49**
Lisburn Rd. BS4: Know 3A **78**
Litfield Pl. BS8: Clif 2B **66**
Litfield Rd. BS8: Clif 1B **66**
Lit. Ann St. BS2: Bris 1F **5** (2B **68**)
Lit. Birch Cft. BS14: Whit 4C **86**
Lit. Bishop St. BS2: Bris 1A **68**
Lit. Caroline Pl. BS8: Clif 4B **66**
Littlecross Ho. BS3: Bris 5D **67**
Littledean BS37: Yate 1A **32**

Little Dowles BS30: C Hth 5C **72**
Lit. George St. BS2: Bris 1F **5** (1B **68**)
Little Halt BS20: P'head 2A **48**
Little Hayes BS16: Fish 5D **45**
Lit. Headley Cl. BS13: Bis 5D **77**
Little Hill BA2: Bath 4C **102**
Lit. John St. BS1: Bris 2C **4** (2F **67**)
Lit. King St. BS1: Bris 4C **4** (3F **67**)
Little Mead BS11: Law W 2D **39**
Little Mdw. BS32: Brad S 2C **26**
Little Paradise BS3: Bedm 5F **67**
Lit. Parr Cl. BS16: Stap 1E **59**
Lit. Paul St. BS2: Bris 1E **67**
LITTLE SOLSBURY 3A **98**
Little Solsbury Hill Fort 3F **97**
Lit. Stanhope St.
BA1: Bath 3A **6** (4A **104**)
LITTLE STOKE 2F **25**
Lit. Stoke La. BS34: Lit S 5E **9**
Lit. Stoke Rd. BS9: Stok B 2A **56**
Little Theatre Cinema 4B **6**
Littleton Cl. BS34: Pat 4A **8**
Littleton Rd. BS3: Wind H 2F **77**
Littleton St. BS5: E'tn 5E **59**
Lit. Withey Mead BS9: W Trym 5A **40**
Littlewood Cl. BS14: Whit 4D **87**
Livingstone Rd. BA2: Bath 5F **103**
Livingstone Ter. *BA2: Bath* 5A **104**
(off Junction Rd.)
Livingston M. BS3: Bedm 1E **77**
Livingwell Bristol Premier 4F **57**
Llewellyn Ct. BS9: W Trym 3C **40**
Lockemor Rd. BS13: Hart 3B **86**
Lock Gdns. BS13: Bis 5A **76**
Lockingwell Rd. BS31: Key 2E **89**
LOCKLEAZE 4D **43**
Lockleaze Rd. BS7: Hor 5C **42**
Locksbrook Ct. BA1: Bath 4D **103**
Locksbrook Rd. BA1: Bath 4D **103**
Locksbrook Rd. Trad. Est.
BA1: Bath 4D **103**
Lockside BS20: P'head 4D **35**
Lockside Sq. *BS20: P'head* 4D **35**
(off Lockside)
Lock's La. BS37: Iron A 1A **12**
Locks Yd. Cvn. Site BS3: Bedm 3D **77**
Lodge C'way. BS16: Fish 3B **60**
Lodge C'way. Trad. Cen.
BS16: Fish 3B **60**
Lodge Ct. BS9: Stok B 2A **56**
Lodge Dr. BS30: Old C 2E **83**
BS41: L Ash 2D **75**
Lodge Gdns. BA2: Odd D 4F **109**
Lodge Hill BS15: K'wd 4E **61**
Lodge Pl. BS1: Bris 2A **4** (2F **67**)
Lodge Rd. BS15: K'wd 4E **61**
BS37: Yate 2D **15**
(North Rd.)
BS37: Yate 2C **14**
(Yate Rd.)
Lodgeside Av. BS15: K'wd 5E **61**
Lodgeside Gdns. BS15: K'wd 5E **61**
Lodge St. BS1: Bris 2A **4** (2E **67**)
Lodge Wlk. BS16: Down 5F **45**
Lodore Rd. BS16: Fish 3B **60**
LODWAY 1E **53**
Lodway BS20: Eas, Pill 2D **53**
Lodway Cl. BS20: Pill 1E **53**
Lodway Gdns. BS20: Pill 2E **53**
Lodway Rd. BS4: Brisl 2E **79**
Logan Rd. BS7: B'stn 3F **57**
Logus Ct. BS30: L Grn 5B **72**
Lombard St. BS3: Bedm 5F **67**
Lomond Rd. BS7: Fil 2B **42**
London Rd. BA1: Bath 2C **104**
BS2: Bris 5B **58**
BS30: B'yte, Warm 2E **73**
London Rd. E. BA1: Bathe, Bathf . . .4B **98**
London Rd. W.
BA1: Bath, Bathe 1E **105**
London Sq. BS20: P'head 4D **35**
London St. BA1: Bath 1C **6** (2C **104**)
BS15: K'wd 1F **71**
Long Acre BA1: Bath 2C **104**
Longacre Ho. BA1: Bath 2C **104**
Longacre Rd. BS14: Whit 4C **86**
Long Acres Cl. BS9: C Din 4F **39**
LONG ASHTON 3B **74**
Long Ashton Bus. Pk.
BS41: L Ash 3D **75**

Long Ashton By-Pass
BS41: L Ash 5A **74**
BS48: Flax B, L Ash 5A **74**
Long Ashton Research Station 4A **74**
Long Ashton Rd. BS41: L Ash 3C **74**
Long Beach Rd. BS30: L Grn 1C **82**
Longbrook Trad. Est. BS3: Ash V . . .1A **76**
Long Cl. BS16: Fish 5E **45**
BS32: Brad S 2A **26**
Long Cft. BS37: Yate 1F **15**
Long Cross BS11: Law W 5B **46**
Longden Rd. BS16: Down 4D **79**
Long Eaton Dr. BS14: H'gro 4D **79**
Longfellow Av. BA2: Bath 1B **110**
Longfield Rd. BS7: B'stn 3A **58**
Longford BS37: Yate 5E **15**
Longford Av. BS10: S'mead 3F **41**
Long Fow Mnr. BS4: Brisl 3C **80**
Long Handstones BS30: C Hth 5C **72**
Long Hay Cl. BA2: Bath 5D **103**
Longhills Hostel BS5: S'wll 4C **60**
Longlands Ho. BS5: Bar H 2E **69**
Longleat Cl. BS9: Henle 1E **57**
Long Mead BS37: Yate 1A **16**
Longmead Av. BS7: Hor 1F **57**
Longmead Cft. BS13: Withy 3B **84**
Long Mdw. BS7: Hor 1F **59**
Longmeadow Rd. BS31: Key 3E **89**
Longmead Rd. BS16: Emer G 2D **47**
Longmoor Ct. BS3: Bedm 2C **76**
Longmoor Rd. BS3: Bedm 2C **76**
Longney Pl. BS34: Pat 4B **8**
Longreach Gro. BS14: Stoc 5F **79**
Long Rd. BS16: Mang 1C **62**
Long Row BS1: Bris 3D **5** (3A **68**)
Longs Dr. BS37: Yate 3E **15**
Longthorne Pl. BA2: C Down 3B **110**
Long Valley Rd. BA2: Bath 5B **102**
Longway Av. BS14: Whit 3B **86**
LONGWELL GREEN 1B **82**
Longwell Ho. BS30: L Grn 1B **82**
Longwood BS4: Brisl 2C **80**
Longwood La. BS8: Fail 5B **64**
Lonsdale Bus. Cen. BS15: K'wd 4E **61**
Loop Rd. BA1: Bath 2C **6** (3C **104**)
Lorain Wlk. BS10: Hen 1B **40**
Lorne Rd. BA2: Bath 4F **103**
Lorton Cl. BS10: S'mead 2D **41**
Lorton Rd. BS10: S'mead 2D **41**
Loughman Cl. BS15: K'wd 1A **72**
Louisa St. BS2: Bris 3B **68**
Louise Av. BS16: Mang 1C **62**
Love La. BS37: Chip S 5C **16**
BS37: Yate 1C **16**
Lovelinch Gdns. BS41: L Ash 3B **74**
Lovell Av. BS30: Old C 5F **73**
Lovells, The BS20: Eas 2D **53**
Lovells Hill BS15: Han 4D **71**
Loveridge Ct. BS36: Fram C 1D **29**
Loveringe Cl. BS10: Hen 4B **22**
Lovers' Wlk. BS6: Cot, Redl 4E **57**
Lowbourne BS14: H'gro 1B **86**
LOWER ALMONDSBURY 1C **8**
Lwr. Ashley Rd. BS2: Bris 5B **58**
BS5: E'tn 5C **58**
Lwr. Borough Walls
BA1: Bath 4B **6** (4B **104**)
Lwr. Bristol Rd.
BA2: Bath 4A **6** (2B **102**)
Lwr. Burlington Rd.
BS20: P'head 5D **35**
Lwr. Camden Pl. BA1: Bath 2C **104**
Lwr. Castle St. BS1: Bris . . .1E **5** (2A **68**)
Lwr. Chapel La. BS36: Fram C 2E **29**
Lwr. Chapel Rd. BS15: Han 4E **71**
Lwr. Cheltenham Pl. BS6: Bris 5B **58**
Lwr. Church La. BS2: Bris . . .2A **4** (2F **67**)
Lwr. Clifton Hill BS8: Clif 3C **66**
Lwr. Cock Rd. BS15: K'wd 2B **72**
Lwr. College St. BS1: Bris 3E **67**
Lwr. Down Rd. BS20: P'head 1E **49**
Lwr. E. Hayes BA1: Bath 2D **105**
LOWER EASTON 5D **59**
Lwr. Fallow Cl. BS14: Whit 3B **86**
Lwr. Farm La. BA2: Cor 3D **101**
Lwr. Gay St. BS2: Bris 1F **67**
Lower Gro. Rd. BS16: Fish 2A **60**
Lwr. Guinea St. BS1: Bris 5C **4** (4F **67**)
Lwr. Hanham Rd. BS15: Han 4E **71**
Lwr. Hedgemead Rd. BA1: Bath . . .2C **104**

Lwr. High St. BS11: Shire 3F **37**
Lwr. House Cres. BS34: Fil 4D **25**
Lwr. Knole La. BS10: Bren 5C **22**
LOWER KNOWLE 2A **78**
Lwr. Lamb St. BS1: Bris 4A **4** (3E **67**)
Lwr. Maudlin St. BS1: Bris . . .1C **4** (2F **67**)
Lwr. Moor Rd. BS37: Yate 1A **16**
Lwr. Myrtle Hill BS20: Pill 1F **53**
(off Pump Sq.)
Lower Northend BA1: Bathe 2B **98**
Lwr. Oldfield Pk.
BA2: Bath 5A **6** (5F **103**)
Lwr. Park Row BS1: Bris 2B **4** (2F **67**)
Lwr. Redland M. BS6: Redl 4D **57**
Lwr. Redland Rd. BS6: Redl 4D **57**
Lwr. Sidney St. BS3: Bedm 5C **66**
LOWER SOUNDWELL 4B **62**
Lwr. Station App.
BS1: Bris 5F **5** (4B **68**)
Lwr. Station Rd. BS16: Fish 2C **60**
BS16: Stap H 2E **61**
Lwr. Stone Cl. BS36: Fram C 5E **13**
LOWER SWAINSWICK 5E **97**
Lwr. Thirlmere Rd. BS34: Pat 5C **8**
LOWER WESTON 3E **103**
Lowlis Cl. BS10: Hen 5B **22**
Lowther Rd. BS10: S'mead 1E **41**
Loxley Gdns. BA2: Bath 1E **109**
Loxton Dr. BA2: Bath 4D **103**
Loxton Sq. BS14: H'gro 1C **86**
Lucas Cl. BS4: Brisl 3F **79**
Luccombe Hill BS6: Redl 4D **57**
Luckington Rd. BS7: Hor 2A **42**
Lucklands Rd. BA1: W'ton 1E **103**
Luckley Av. BS13: Hart 2E **85**
Luckwell Rd. BS3: Bedm 1D **77**
Lucky La. BS3: Bedm 5F **67**
Ludlow Cl. BS2: Bris 5B **58**
BS30: Will 2D **83**
BS31: Key 2F **89**
Ludlow Ct. BS30: Will 3D **83**
Ludlow Rd. BS7: Hor 4C **42**
Ludwell Cl. BS36: Wint 3F **27**
Lullington Rd. BS4: Know 2D **79**
Lulsgate Rd. BS13: Bis 4C **76**
Lulworth Cres. BS16: Down 3B **46**
Lulworth Rd. BS31: Key 3A **90**
Lundy Ga. BS20: P'head 5E **35**
Lurgan Wlk. BS4: Know 3F **77**
Lutyens Cl. BS16: Stap 3F **43**
Lux Furlong BS9: Sea M 4D **39**
Luxton St. BS5: E'tn 1D **69**
Lydbrook Cl. BS37: Yate 2A **42**
Lyddington Rd. BS7: Hor 2A **42**
LYDE GREEN 3F **47**
Lyde Grn. Rdbt. BS16: Emer G 3D **47**
Lydford Wlk. BS3: Wind H 2F **77**
Lydia Ct. BS7: B'stn 2B **58**
Lydiard Pk. BS15: Han 5E **71**
Lydney Rd. BS10: S'mead 3F **41**
BS16: Stap H 2A **62**
Lydstep Ter. BS3: Bedm 5E **67**
Lyme Gdns. BA1: Bath 3D **103**
Lyme Rd. BA1: Bath 3D **103**
Lymore Av. BA2: Bath 5E **103**
Lymore Cl. BA2: Bath 1E **109**
Lymore Gdns. BA2: Bath 5E **103**
Lymore Ter. BA2: Bath 1E **109**
Lympsham Grn. BA2: Odd D 4F **109**
Lynbrook Ct. BS14: Ash 3B **74**
Lynbrook La. BA2: Bath 2B **110**
Lynch Ct. BS30: L Grn 5B **72**
LYNCOMBE HILL 1C **110**
Lyncombe Hill BA2: Bath . . .5D **7** (5C **104**)
LYNCOMBE VALE 2C **110**
Lyncombe Va. BA2: Bath 2C **110**
Lyncombe Va. Rd. BA2: Bath 2C **110**
Lyncombe Wlk. BS16: Fish 4D **61**
Lyndale Av. BS9: Stok B 1F **55**
Lyndale Rd. BS5: St G 1F **69**
BS37: Yate 4F **15**
Lynde Cl. BS13: Hart 3D **85**
Lyndhurst Pl. BA1: Bath 2C **104**
Lyndhurst Rd. BA1: Bath 4E **103**
BS9: W Trym 4B **40**
BS31: Key 4B **90**
Lyndhurst Ter. BA1: Bath 2C **104**
Lynfield Pk. BA1: W'ton 5E **95**
Lynmouth Rd. BS2: Bris 4B **58**
Lynn Rd. BS16: Stap 1F **59**

Lynton BS15: K'wd 1C **72**
Lynton Cl. BS20: P'head 2A **50**
Lynton Pl. BS5: Redf 1E **69**
Lynton Rd. BS3: Wind H 3E **77**
Lynton Way BS16: Fren 2D **45**
Lynwood Rd. BS3: Bedm 2D **77**
Lyons Ct. BS14: Stoc 5F **79**
Lyppiatt Rd. BS5: Redf 1F **69**
Lyppincourt Rd. BS10: Bren 5C **22**
Lysander Rd. BS10: Pat 2D **23**
BS34: Pat 2D **23**
Lysander Wlk. BS34: Stok G 3A **26**
Lytchet Dr. BS16: Down 3B **46**
Lytes Cary Rd. BS31: Key 5C **90**
Lytham Ho. BS4: Brisl 3F **79**
Lytton Gdns. BA2: Bath 1D **109**
Lytton Gro. BS7: Hor 3C **42**
BS31: Key 2C **90**
Lyveden Gdns. BS13: Hart 2D **85**
Lyvedon Way BS41: L Ash 3D **75**

M

Mabberley Cl. BS16: Emer G 1E **63**
McAdam Way BS1: Bris 4B **66**
Macaulay Bldgs. BA2: Bath 1E **111**
Macaulay Rd. BS7: Hor 3C **42**
Macdonald Wlk. BS15: K'wd 1F **71**
Macey's Rd. BS13: Hart 4F **85**
Machin Cl. BS10: Hen 5B **22**
Machin Gdns. BS10: Hen 5C **22**
Machin Rd. BS10: Hen 5B **22**
Macies, The BA1: W'ton 4D **95**
Mackie Av. BS34: Fil 1D **43**
Mackie Gro. BS34: Fil 1D **43**
Mackie Rd. BS34: Fil 1D **43**
McLaren Rd. BS11: A'mth 2D **37**
Macrae Ct. BS15: K'wd 1A **72**
Macrae Office Pk. BS20: Pill 2A **54**
Macrae Rd. BS20: Pill 2A **54**
Madeline Rd. BS16: Fish 4B **60**
Madison Cl. BS37: Yate 3F **15**
Maesbury BS15: K'wd 3A **72**
Maesbury Rd. BS31: Key 5C **90**
Maeskroll Rd. BS4: Know 1C **78**
Magdalena Ct. BS1: Bris 5D **5** (4A **68**)
Magdalen Av. BA2: Bath 5A **6** (5B **104**)
Magdalene Pl. BS2: Bris 5B **58**
Magdalen Rd. BA2: Bath 5A **6** (5B **104**)
Maggs Cl. BS10: S'mead 5F **23**
Maggs La. BS5: S'wll 4A **60**
BS14: Whit 3D **87**
Magpie Bottom La. BS15: K'wd 3E **71**
MAIDEN HEAD 5B **84**
Maidenhead Rd. BS13: Hart 4F **85**
Maiden Way BS11: Shire 4E **37**
Maidstone St. BS3: Wind H 1B **78**
Main Rd. BS16: Short 1E **63**
Main Vw. BS36: Coal H 1F **29**
Maisemore BS37: Yate 2F **31**
Maisemore Av. BS34: Pat 4D **9**
Makin Cl. BS30: Old C 4E **73**
Malago Greenway BS13: Bis 5C **76**
Malago Rd. BS3: Bedm 1E **77**
Malago Va. Est. BS3: Bedm 1E **77**
Malago Wlk. BS13: Withy 3A **84**
Maldowers La. BS5: St G 5C **60**
Malin Pde. BS20: P'head 5E **35**
Mall, The BA1: Bath 4C **6** (5C **104**)
BS8: Clif 2B **66**
BS34: Pat 2F **23**
Mallard Cl. BS5: S'wll 5B **60**
BS32: Brad S 3F **9**
BS37: Chip S 5C **16**
Malmains Dr. BS16: Fren 2D **45**
Malmesbury Cl. BS6: Redl 2E **57**
BS30: Bar C 4B **72**
Malthouse, The BS6: Bris 4B **58**
Maltings Ind. Est., The
BA1: Bath 3C **102**
Malvern Bldgs. BA1: Bath 5C **96**
Malvern Ct. BS5: St G 2A **70**
Malvern Dr. BS30: Old C 4E **73**
Malvern Rd. BS4: Brisl 1F **79**
BS5: St G 2B **70**
Malvern Ter. BA1: Bath 1C **104**
Malvern Vs. BA1: Bath 1C **104**
(off Camden Rd.)
Mancroft Av. BS11: Law W 4A **38**

MANGOTSFIELD 1C 62
Mangotsfield Rd. BS16: Stap H 2B 62
Manilla Rd. BS8: Clif 2C 66
Manor Cl. BS20: Eas 2C 52
   BS36: Coal H 2E 29
Manor Cl., The BS8: Abb L 1C 64
Manor Ct. BS16: Stap 2A 60
Manor Ct. Dr. BS7: Hor 4A 42
Manor Dr. BA1: Bathf 5E 99
Mnr. Farm Cotts. BS32: Brad S 4E 9
Mnr. Farm Cres. BS32: Brad S 5F 9
Mnr. Farm Rdbt. BS32: Brad S 5F 9
Manor Gdns. Ho. BS16: Fish 1B 60
Manor Gro. BS16: Mang 2C 62
   BS34: Pat 3D 9
Manor Hall BS8: Clif 2D 67
Manor La. BS8: Abb L 1B 64
   BS36: Wint 1B 28
Manor Pk. BA1: Bath 2D 103
   BS6: Redl 3D 57
Manor Pl. BS16: Fren 2E 45
   BS34: Stok G 4C 26
Manor Rd. BA1: W'ton 1E 103
   BS7: B'stn 2A 58
   BS8: Abb L 3B 64
   BS13: Bis 1B 84
   BS16: Fish 1B 60
   BS16: Mang 2C 62
   BS31: Key, Salt 4B 90
Manor Vs. BA1: W'ton 1E 103
Manor Way BS37: Chip S 4E 17
Mansel Cl. BS31: Salt 4E 91
Mansfield St. BS3: Bedm 2D 77
Manston Cl. BS14: Stoc 5E 79
Manvers St. BA1: Bath 4D 7 (4C 104)
Manworthy Rd. BS4: Brisl 1F 79
Manx Rd. BS7: Hor 4B 42
Maple Av. BS16: Fish 3E 61
Maple Cl. BS14: Stoc 2F 87
   BS30: Old C 5D 73
   BS34: Lit S 1E 25
Maple Ct. BS15: K'wd 5F 61
Maple Gdns. BA2: Bath 1A 110
Maple Gro. BA2: Bath 1A 110
Maple Ho. *BS2: Bris* *1F 67*
   (off Dove St. Sth.)
Maple Leaf Ct. BS8: Clif 2D 67
Mapleleaze Rd. BS4: Brisl 1F 79
Maplemeade BS7: B'stn 2E 57
Maple Rd. BS4: St Ap 4F 69
   BS7: Hor 1F 57
Maplestone Rd. BS14: Whit 4C 86
Maple Wlk. BS31: Key 3F 89
Mapstone Cl. BS16: Ham 5D 27
Marbeck Rd. BS10: S'mead 2D 41
Marchants Pas.
   BA1: Bath 5C 6 (5C 104)
Marconi Rd. BS20: P'head 1B 48
Mardale Cl. BS10: S'mead 1E 41
Marden Rd. BS31: Key 3C 90
Mardon Rd. BS4: St Ap 2F 69
Mardyke Ferry Rd. BS1: Bris 4D 67
Margaret Rd. BS13: Withy 3B 84
Margaret's Bldgs.
   BA1: Bath 1A 6 (3B 104)
Margaret's Hill BA1: Bath 2C 104
Margate St. BS3: Wind H 1B 78
Marguerite Rd. BS13: Bis 5B 76
Marigold Wlk. BS3: Bedm 2E 77
Marina Gdns. BS16: Fish 3A 60
Marine Pde. BS20: Pill 1E 53
   (not continuous)
Mariner's Dr. BS9: Stok B 2F 55
Mariners Path BS9: Stok B 2F 55
   BS20: P'head 1A 48
Mariners Way BS20: Pill 1E 53
Marion Rd. BS15: Han 1E 81
Marion Wlk. BS5: St G 2C 70
Marissal Cl. BS10: Hen 5A 22
Marissal Rd. BS10: Hen 5F 21
Mariston Way BS30: Old C 3E 73
Maritime Heritage Cen. 4D 67
Marjoram Pl. BS32: Brad S 1B 26
Marjoram Way BS20: P'head 1B 50
Marjorie Whimster Ho.
   BA2: Bath 4D 103
Marketgate BS1: Bris 1F 5
Marketside BS2: Bris 5C 68
Market Sq. BS16: Fish 3E 61

Markham Cl. BS11: Shire 4E 37
Marklands BS9: Stok B 3A 56
Mark La. BS1: Bris 3A 4 (3E 67)
Marksbury Rd.
   BS3: Bedm, Wind H 2E 77
Marksbury Rd. BS16: Fish 3A 60
Marlborough Bldgs.
   BA1: Bath 1A 6 (3A 104)
Marlborough Ct. BA2: Clav D 4A 106
Marlborough Dr. BS16: Fren 2D 45
Marlborough Flats *BS2: Bris* *1F 67*
   (off Eugene St.)
Marlborough Hill BS2: Bris 1F 67
   BS6: Bris 1F 67
Marlborough Hill Pl. BS2: Bris 1F 67
Marlborough La. BA1: Bath 3A 104
Marlborough St. BA1: Bath 2A 104
   BS1: Bris 1C 4 (1F 67)
   BS2: Bris 1C 4 (1F 67)
   BS5: Eastv 3A 60
Marlepit Gro. BS13: Bis 1A 84
Marlfield Wlk. BS13: Bis 5A 76
Marling Rd. BS5: St G 1B 70
Marlwood Dr. BS10: Bren 5C 22
Marmaduke St. BS3: Wind H 1B 78
Marmion Cres. BS10: Hen 5A 22
Marne Cl. BS14: Stoc 2F 87
Marsden Rd. BA2: Bath 2D 109
Marshall Ho. BS16: Fish 2B 60
Marshall Wlk. BS4: Know 5F 77
Marsham Way
   BS30: Bar C, L Grn 4A 72
Marsh Cl. BS36: Wint 4A 28
Marshfield Pk. BS16: Down 3E 45
Marshfield Rd. BS16: Fish 2D 61
Marshfield Way BA1: Bath 1C 104
Marsh La. BS3: Bedm 2C 76
   BS5: Redf 3E 69
   BS20: Eas 4A 36
Marsh Rd. BS3: Ash G 1B 76
Marsh St. BS1: Bris 4B 4 (3F 67)
   BS11: A'mth 3E 37
Marston Rd. BS4: Know 2D 79
Martcombe Rd. BS20: Eas 3C 52
   (not continuous)
Martha's Orchard BS13: Bis 3A 76
Martin Cl. BS34: Pat 5A 8
Martingale Rd. BS4: Brisl 5F 69
Martin's Cl. BS15: Han 4E 71
Martin's Rd. BS15: Han 4E 71
Martin St. BS3: Bedm 1D 77
Martock Cres. BS3: Bedm 3E 77
Martock Rd. BS3: Bedm 3E 77
   BS31: Key 4C 90
Marwood Rd. BS4: Know 4A 78
Marybush La. BS2: Bris 2E 5 (2A 68)
Mary Carpenter Pl. BS2: Bris 5B 58
Mary Cl. *BS5: Redf* *1F 69*
   (off Alfred St.)
Marygold Leaze BS30: C Hth 5C 72
Mary St. BS5: Redf 1F 69
Mascot Rd. BS3: Wind H 1F 77
Masefield Way BS7: Hor 5C 42
Maskelyne Av. BS10: Hor 4F 41
Masonpit Pool La. BS36: Wint 5E 11
Masons Vw. BS36: Wint 1B 28
Matchells Cl. BS4: St Ap 3A 70
Materman Rd. BS14: Stoc 2A 88
Matford Cl. BS10: Bren 4F 23
   BS36: Wint 3A 28
Matthews Cl. BS14: Stoc 1B 88
Matthews Rd. BS5: Redf 2E 69
Maules La. BS16: Ham 1B 44
Maunsell Rd. BS11: Law W 3D 39
Maurice Rd. BS6: Bris 4A 58
Mautravers Cl. BS32: Brad S 1F 25
Mawdeley Ho. *BS3: Bedm* *5E 67*
   (off Catherine Mead St.)
Maxse Rd. BS4: Know 1D 79
Maybank Rd. BS37: Yate 4F 15
Maybec Gdns. BS5: St G 3C 70
Maybourne BS4: Brisl 2C 80
Maybrick Rd. BA2: Bath 5F 103
Maycliffe Pk. BS6: Bris 4B 58
Mayfield Av. BS16: Fish 4B 60
MAYFIELD PARK 4C 60
Mayfield Pk. BS16: Fish 4C 60
Mayfield Pk. Nth. BS16: Fish 4C 60
Mayfield Pk. Sth. BS16: Fish 4C 60
Mayfield Rd. BA2: Bath 5F 103

Mayfields BS31: Key 2A 90
Maynard Cl. BS13: Hart 2E 85
Maynard Rd. BS13: Hart 2E 85
Mayors Bldgs. BS16: Fish 1D 61
Maypole Sq. BS15: Han 4E 71
Mays Cl. BS36: Coal H 1F 29
Maysfield Cl. BS20: P'head 3F 49
MAYSHILL 4A 14
Mays Hill BS36: Fram C 4A 14
May St. BS15: K'wd 5E 61
Maytree Av. BS13: Bis 5D 77
Maytree Cl. BS13: Bis 5D 77
May Tree Wlk. BS31: Key 4E 89
Mayville Av. BS34: Fil 5C 24
Maywood Av. BS16: Fish 2D 61
Maywood Cres. BS16: Fish 2D 61
Maywood Rd. BS16: Fish 2D 61
Maze St. BS5: Bar H 3D 69
Mead, The BS34: Fil 4D 25
   BS41: Dun 5A 84
Mead Cl. BA2: Bath 2A 110
   BS11: Shire 5A 38
Mead Ct. BS36: Wint 2A 28
Meade Ho. BA2: Bath 5C 102
Meadgate BS16: Emer G 4D 47
Meadlands BA2: Cor 3D 101
Mead La. BS31: Salt 3B 92
   BS32: Brad S 2A 26
Meadow Cl. BS16: Down 4B 46
   BS41: Bath 3C 102
Meadow Ct. Dr. BS30: Old C 1E 83
Meadowcroft BS16: Down 3C 46
Meadow Dr. BA2: Odd D 5F 109
   BS20: Wes 5B 48
Meadow Gdns. BA1: Bath 1C 102
Meadow Gro. BS11: Shire 4F 37
Meadowland Rd. BS10: Hen 4A 22
Meadow La. BA2: B'ptn 1F 105
Meadow Mead BS36: Fram C 5D 13
Meadow Pk. BA1: Bathf 4D 99
Meadow Rd. BS37: Chip S 4C 16
Meadows, The BS15: Han 5F 71
Meadows Cl. BS20: P'head 1B 48
Meadow Side BS37: Iron A 1F 13
Meadowside Dr. BS14: Whit 4C 86
Meadow St. BS1: Bris 1E 5 (2A 68)
   BS2: Bris 1E 5 (2A 68)
   BS11: A'mth 2C 36
Meadowsweet Av. BS34: Fil 5D 25
Meadowsweet Ct. *BS16: Stap* *1A 60*
   (off Foxglove Cl.)
Meadow Va. BS5: St G 5C 60
Meadow Vw. BS36: Fram C 1E 29
Meadow Vw. Cl. BA1: Bath 2C 102
Meadow Way BS32: Brad S 1A 26
Mead Ri. BS3: Bris 5B 68
Mead Rd. BS20: P'head 4E 49
   BS34: Stok G 2A 26
   BS37: Chip S 5E 17
Meads, The BS16: Down 4B 46
   (not continuous)
Mead St. BS3: Bris 5B 68
Meadway BS9: Sea M 5E 39
Meardon Rd. BS14: Stoc 1A 88
Meare Rd. BA2: C Down 3B 110
Mede Cl. BS1: Bris 4A 68
Media Ho. *BS8: Clif* *2D 67*
   (off Wetherell Pl.)
Medical Av. BS2: Bris 2A 4 (2E 67)
Medway Cl. BS31: Key 4C 90
Medway Dr. BS31: Key 4C 90
   BS36: Fram C 1D 29
Meere Bank BS11: Law W 3D 39
Meg Thatchers Gdns. BS5: St G 2D 71
Meg Thatcher's Grn. BS5: St G 2D 71
Melbourne Dr. BS37: Chip S 4D 17
Melbourne Rd. BS7: B'stn 2F 57
Melbury Rd. BS4: Know 2B 78
Melcombe Ct. BA2: Bath 1F 109
Melcombe Rd. BA2: Bath 5F 103
Melita Rd. BS6: Bris 3A 58
Mellent Av. BS13: Hart 4E 85
Mells Cl. BS31: Key 5C 90
Melrose Av. BS8: Clif 1D 67
   BS37: Yate 3B 16
Melrose Cl. BS37: Yate 3C 16
Melrose Gro. BA2: Bath 2D 109
Melrose Pl. BS8: Clif 1D 67
Melrose Ter. BA1: Bath 5C 96
Melton Cres. BS7: Hor 3C 42

Melville Rd. BS6: Redl 5D **57**
Melville Ter. BS3: Bedm 1E **77**
Melvin Sq. BS4: Know 3A **78**
Memorial Cl. BS15: Han 5D **71**
Memorial Cotts. BA1: W'ton 1E **103**
Memorial Rd. BS15: Han 4D **71**
Mendip Cl. BS31: Key 2F **89**
Mendip Cres. BS16: Down 4C **46**
Mendip Gdns. BA2: Odd D 5F **109**
Mendip Rd. BS3: Wind H 1F **77**
  BS20: P'head 1C **48**
Mendip Vw. Av. BS16: Fish 3C **60**
Menhyr Gro. BS10: Bren 5D **23**
Mercer Ct. BS14: H'gro 4D **79**
Merchants Ct. BS8: Clif 4C **66**
Merchants Quay BS1: Bris 5B 4 (4F **67**)
Merchants Rd. BS8: Clif 4C **66**
  (Brunel Lock Rd.)
  BS8: Clif 2C **66**
  (Clifton Down Rd.)
Merchants Row BS1: Bris 4E **67**
  (off Caledonian Rd.)
Merchants Trade Pk. BS2: Bris . . .3E **69**
Merchant St. BS1: Bris 1D 5 (2A **68**)
Mercia Dr. BS2: Bris 4C **58**
Mercier Cl. BS37: Yate 3B **16**
Merebank Rd. BS11: A'mth 4F **19**
Meredith Ct. BS1: Bris 4C **66**
Merfield Rd. BS4: Know 2D **79**
Meridian Pl. BS8: Clif 2D **67**
Meridian Rd. BS6: Cot 5E **57**
Meridian Ter. BS7: B'stn 3A **58**
Meridian Va. BS8: Clif 2D **67**
Meriet Av. BS13: Hart 3D **85**
Merioneth St. BS3: Wind H 1B **78**
Meriton St. BS2: Bris 4D **69**
Merlin Cl. BS9: W Trym 3B **40**
Merlin Cl. BS10: W Trym 4D **41**
Merlin Pk. BS20: P'head 2B **48**
Merlin Rd. BS34: Pat 1D **23**
Merlin Way BS37: Chip S 5B **16**
Merrett Ct. BS7: L'lze 5D **43**
Merrick Ct. BS1: Bris 5B 4 (4F **67**)
Merrimans Rd. BS11: Shire 3F **37**
Merryweather Cl. BS32: Brad S . . .5F **9**
Merryweathers BS4: Brisl 2A **80**
Merrywood Cl. BS3: Bedm 5E **67**
Merrywood Rd. BS3: Bedm 5E **67**
Merstham Rd. BS2: Bris 4C **58**
Merton Rd. BS7: Hor 1A **58**
Mervyn Rd. BS7: B'stn 2A **58**
Metford Gro. BS6: Redl 3D **57**
Metford Pl. BS6: Redl 3E **57**
Metford Rd. BS6: Redl 3D **57**
Mews, The BA1: Bath 2C **102**
Mezellion Pl. BA1: Bath 1D **105**
  (off Camden Rd.)
Michaels Mead BA1: W'ton 5D **95**
Middle Av. BS1: Bris 4B 4 (3F **67**)
Middleford Ho. BS13: Hart 3E **85**
Middle La. BA1: Bath 1D **105**
Middle Rd. BS15: Soun 3A **62**
Middleton Rd. BS11: Law W 3B **38**
Midford Rd.
  BA2: C Down, Odd D, S'ske . . .4A **110**
Midland Bri. Rd.
  BA1: Bath 4A 6 (4A **104**)
  BA1: Bath 4A 6 (4A **104**)
Midland M. BS2: Bris 2B **68**
Midland Rd. BA1: Bath 4F **103**
  BA2: Bath 4F **103**
  BS2: Bris 2F 5 (2B **68**)
  BS16: Stap H 2F **61**
Midland St. BS2: Bris 3B **68**
Midland Ter. BS16: Fish 3B **60**
Midsummer Bldgs. BA1: Bath 5D **97**
Mildred St. BS5: Redf 2E **69**
Miles Cl. BS20: Pill 3A **54**
Miles Ct. BS30: Bar C 5B **72**
Miles Rd. BS8: Clif 5C **56**
Miles's Bldgs. BA1: Bath . . .2B 6 (3B **104**)
Miles St. BA2: Bath 5D 7 (5C **104**)
Mile Wlk. BS14: H'gro 5B **78**
Milford St. BS3: Bedm 1E **77**
Milk St. BA1: Bath 4B 6 (4B **104**)
Millard Cl. BS10: S'mead 1E **41**
Millar Ho. BS8: Clif 3C **66**
Mill Av. BS1: Bris 4C 4 (3F **67**)
Millbank Cl. BS4: Brisl 1A **80**
Millbrook Av. BS4: Brisl 1B **80**

Millbrook Cl. BS30: Old C 3E **73**
Millbrook Cl. BA2: Bath 5C **104**
  (off Millbrook Pl.)
Millbrook Pl. BA2: Bath 5D 7 (5C **104**)
Millbrook Rd. BS37: Yate 3D **15**
Mill Cl. BS20: P'bry 4F **51**
  BS36: Fram C 1E **29**
Mill Cres. BS37: W'lgh 4D **31**
Millennium Cl. BS36: Coal H 1F **29**
Millennium Sq. BS1: Bris 5A 4 (4E **67**)
Millers Cl. BS20: Pill 2E **53**
Millers Dr. BS30: Old C 4E **73**
Miller Wlk. BA2: B'ptn 1A **106**
Millfield Dr. BS30: Old C 3E **73**
Millground Rd. BS13: Withy 3A **84**
Mill Ho. BS5: E'tn 5C **58**
Milliman Cl. BS13: Hart 2F **85**
Mill La. BA2: Bath 4D **103**
  BA2: B'ptn 5B **98**
  BA3: Bedm 5F **67**
  BS16: Ham 5E **27**
  BS20: P'bry 3A **52**
  BS30: Bit 4F **83**
  BS30: C Hth, Old C 4D **73**
  BS36: Fram C 4D **13**
  BS37: Chip S 4C **16**
  BS37: Old S 2F **33**
Millmead Ho. BS13: Hart 3E **85**
Millmead Rd. BA2: Bath 5E **103**
Millpill Cl. BS9: Stok B 1F **55**
Millpond St. BS5: E'tn 5C **58**
Mill Pool Ct. BS10: S'mead 2D **41**
Mill Rd. BS36: Wint D 4F **27**
Mill Steps BS36: Wint D 5A **28**
Millward Gro. BS16: Fish 2E **61**
Milner Grn. BS30: Bar C 4C **72**
Milner Rd. BS7: Hor 1B **58**
Milsom St. BA1: Bath 2B 6 (3B **104**)
  BS5: E'tn 1C **68**
Milton Av. BA2: Bath 1B **110**
Milton Cl. BS37: Yate 3F **15**
Milton Pk. BS5: Redf 2E **69**
Milton Rd. BS7: Hor 5A **42**
  BS37: Yate 3F **15**
Miltons Cl. BS13: Hart 3F **85**
Milverton Gdns. BS6: Bris 4B **58**
Milward Rd. BS31: Key 1A **90**
Mina Rd. BS2: Bris 3C **58**
Minehead Rd. BS4: Know 3B **78**
Miners Cl. BS41: L Ash 2B **74**
Minerva Ct. BA2: Bath 1D **7**
Minerva Gdns. BA2: Bath 5E **103**
Minsmere Rd. BS31: Key 4C **90**
Minster Way BA2: Bath 2E **105**
Minton Cl. BS14: Whit 2D **87**
Minto Rd. BS2: Bris 4B **58**
Minto Rd. Ind. Est. BS2: Bris 4B **58**
Mission Rd. BS37: Iron A 1C **14**
Mitchell Ct. BS1: Bris 4D 5 (3A **68**)
Mitchell La. BS1: Bris 4D 5 (3A **68**)
Mitchell Wlk. BS30: B'yte 2F **73**
Mivart St. BS5: E'tn 4D **59**
Modecombe Gro. BS10: Hen 5B **22**
Mogg St. BS2: Bris 4C **58**
Molesworth Cl. BS13: Withy 3C **84**
Molesworth Dr. BS13: Withy 3C **84**
Monk Rd. BS7: B'stn 2F **57**
Monks Av. BS15: K'wd 1D **71**
Monksdale Rd. BA2: Bath 1F **109**
Monks Ho. BS37: Yate 1F **31**
Monk's Pk. Av. BS7: Hor 2A **42**
Monks Pk. Way BS10: S'mead 3A **42**
MONKTON COMBE 4F **111**
Monkton Rd. BS15: Han 5D **71**
Monmouth Cl. BS20: P'head 2B **48**
Monmouth Ct. BA1: Bath 4A **104**
  (off Up. Bristol Rd.)
  BS20: Pill 1E **53**
Monmouth Hill BS32: Alm 1A **8**
Monmouth Pl. BA1: Bath . . .3A 6 (4B **104**)
Monmouth Rd. BS7: B'stn 2F **57**
  BS20: Pill 1E **53**
  BS31: Key 2F **89**
Monmouth St. BA1: Bath . . .3A 6 (4B **104**)
  BS3: Wind H 1B **78**
Monsdale Cl. BS10: Hen 5C **22**
Monsdale Dr. BS10: Hen 5C **22**
Montague Cl. BS34: Stok G 3A **26**
Montague Ct. BS2: Bris 1F **67**
  (off Montague Hill Sth.)

Montague Flats BS2: Bris 1F **67**
  (off Eugene St.)
Montague Hill BS2: Bris 1F **67**
Montague Hill Sth. BS2: Bris 1F **67**
Montague Pl. BS6: Bris 1F **67**
Montague Rd. BS31: Salt 5E **91**
Montague St. BS2: Bris 1F **67**
Montgomery St. BS3: Wind H 5B **68**
MONTPELIER 5A **58**
Montpelier BA1: Bath 1B **6**
Montpelier Central BS6: Bris 5A **58**
  (off Station Rd.)
Montpelier Ct. BS6: Bris 4A **58**
Montpelier Station (Rail) 4A **58**
Montreal Av. BS7: Hor 3B **42**
Montrose Av. BS6: Cot 5E **57**
Montrose Cotts. BA1: W'ton 1E **103**
Montrose Dr. BS30: Warm 3D **73**
Montrose Pk. BS4: Brisl 2F **79**
Montroy Cl. BS9: Henle 5E **41**
Moon St. BS2: Bris 1A **68**
Moor Cft. Dr. BS30: L Grn 5B **72**
Moordell Cl. BS37: Yate 4F **15**
MOOREND 1A **46**
Moorend Farm Av. BS11: A'mth . . .3A **20**
Moorend Gdns. BS11: Law W 4B **38**
Moorend Rd. BS16: Ham 5F **27**
Moor Gro. BS11: Law W 3B **38**
MOORFIELDS 1E **69**
Moorfields Cl. BA2: Bath 1F **109**
Moorfields Dr. BA2: Bath 1F **109**
Moorfields Ho. BS5: Redf 2E **69**
Moorfields Rd. BA2: Bath 1F **109**
Moor Gro. BS11: Law W 3B **38**
Moorgrove Ho. BS9: C Din 3E **39**
Moorhill St. BS5: E'tn 5D **59**
Moorhouse Cvn. Pk. BS11: A'mth . .4C **20**
Moorhouse La. BS10: H'len 3B **20**
  BS11: A'mth 3B **20**
Moorings, The BS20: Pill 2E **53**
Moorland Rd. BA2: Bath 5F **103**
  BS37: Yate 4F **15**
MOORLANDS 1F **109**
Moorlands, The BA2: Bath 2F **109**
Moorlands Rd. BS16: Fish 3B **60**
  (not continuous)
Moor La. BS20: Clap G 5A **50**
Moorpark Av. BS37: Yate 4E **15**
Moravian Bus. Pk. BS15: K'wd 1F **71**
Moravian Ct. BS15: K'wd 1F **71**
Moravian Rd. BS15: K'wd 1F **71**
Morden Wlk. BS14: Stoc 5F **79**
Moreton Cl. BS14: Whit 3C **86**
Morford St. BA1: Bath 1B 6 (2B **104**)
Morgan Cl. BS31: Salt 5F **91**
Morgan St. BS2: Bris 5B **58**
Morley Av. BS16: Mang 2C **62**
Morley Cl. BS16: Soun 2F **61**
  BS34: Lit S 1E **25**
Morley Rd. BS3: Bedm 5E **67**
  BS16: Soun 2F **61**
Morley Sq. BS7: B'stn 2A **58**
Morley St. BS2: Bris 5B **58**
  BS5: Bar H 2D **69**
Morley Ter. BA2: Bath 4F **103**
  BS15: K'wd 5F **61**
Mornington Rd. BS8: Clif 4C **56**
Morpeth Rd. BS4: Know 4F **77**
Morris La. BA1: Bathf 4D **99**
Morris Rd. BS7: L'lze 1C **58**
Morse Rd. BS5: Redf 2E **69**
Mortimer Cl. BA1: W'ton 5D **95**
Mortimer Rd. BS8: Clif 2C **66**
  BS34: Fil 2D **43**
Morton St. BS5: Bar H 2D **69**
Motorway Distribution Cen.
  BS11: A'mth 1E **37**
Mountain Ash BA1: W'ton 1F **103**
Mountain M. BS5: St G 2C **70**
Mountain Wood BA1: Bathf 5E **99**
Mountbatten Cl. BS37: Yate 2F **15**
Mount Beacon BA1: Bath 1C **104**
Mount Beacon Pl.
  BA1: Bath 1B **104**
Mt. Beacon Row BA1: Bath 1C **104**
Mount Cl. BS36: Fram C 5B **12**
Mount Cres. BS36: Wint 3A **28**
Mount Gdns. BS15: K'wd 3F **71**
Mount Gro. BA2: Bath 2D **109**
MOUNT HILL 3A **72**
Mt. Hill Rd. BS15: Han, K'wd 3E **71**

Mt. Pleasant BA2: Mon C 4F 111
BS10: H'len 4E 21
BS20: Pill 2F 53
Mt. Pleasant Ter. BS3: Bedm 5E 67
Mount Rd. BA1: Bath 2B 104
BA2: Bath 1C 108
Mount Vw. BA1: Bath 1C 104
(off Beacon Rd.)
BA2: Bath 2D 109
Mow Barton BS13: Bis 1B 84
BS37: Yate 3F 15
Mowbray Rd. BS14: H'gro 5E 79
Mowcroft Rd. BS13: Hart 3E 85
Moxham Dr. BS13: Hart 3D 85
Muirfield BS30: Warm 3C 72
BS37: Yate 5A 16
Mulberry Av. BS20: P'head 1A 50
Mulberry Cl. BS15: K'wd 1A 72
BS20: P'head 1B 50
Mulberry Dr. BS15: K'wd 5B 62
Mulberry Gdns. BS16: Soun 3F 61
Mulberry Wlk. BS9: C Din 3E 39
Muller Av. BS7: B'stn 2B 58
Muller Rd. BS5: Eastv 5B 42
BS7: Hor 5B 42
Mulready Cl. BS7: L'lze 5E 43
Murford Av. BS13: Hart 2D 85
Murford Wlk. BS13: Hart 3D 85
Murray St. BS3: Bedm 5E 67
Mus. of Bath at Work 1B 6 (2B 104)
Mus. of Costume 1B 6 (3B 104)
Mus. of East Asian Art 1A 6 (3B 104)
Musgrove Cl. BS11: Law W 1E 39
Myrtle Dr. BS11: Shire 1A 54
Myrtle Hill BS20: Pill 2E 53
Myrtle Rd. BS2: Bris 1E 67
Myrtle St. BS3: Bedm 5D 67

N

Nags Head Hill BS5: St G 2C 70
Nailsea Cl. BS13: Bis 5C 76
Nailsworth Av. BS37: Yate 4A 16
Naish Hill BS20: Clap G 5B 50
Naish Ho. BA2: Bath 4C 102
Napier Ct. BS1: Bris 4D 67
Napier Miles Rd. BS11: Law W 3C 38
Napier Rd. BA1: W'ton 4C 94
BS5: Eastv 4D 59
BS6: Redl 4D 57
BS11: A'mth 2D 37
Napier Sq. BS11: A'mth 3C 37
Napier St. BS5: Bar H 3D 69
Narroways Rd. BS2: Bris 3C 58
Narrow La. BS16: Soun 3A 62
Narrow Lewins Mead BS1: Bris 2B 4
Narrow Plain BS2: Bris 3E 5 (3A 68)
Narrow Quay BS1: Bris 5B 4 (4F 67)
Narrow Quay Ho. BS1: Bris 4B 4
Naseby Wlk. BS5: S'wll 5B 60
Nash Cl. BS31: Key 2C 90
Nash Dr. BS7: L'lze 4E 43
Neads Dr. BS30: Old C 4E 73
Neale La. BS11: A'mth 2E 37
Neate Av. BS34: Pat 5E 9
Neath Rd. BS5: W'hall 1F 69
Nelson Bldgs. BA1: Bath . . .1C 6 (2C 104)
Nelson Ho. BA1: Bath 3A 104
. . . . .1F 61
Nelson Pde. BS3: Bedm 5F 67
Nelson Pl. E. BA1: Bath 2C 104
Nelson Pl. W. BA1: Bath 4A 104
Nelson Rd. BS16: Stap H 1F 61
(not continuous)
Nelson St. BS1: Bris 2C 4 (2F 67)
BS3: Bedm 2C 76
Nelson Vs. BA1: Bath 4A 104
Neston Wlk. BS4: Know 4B 78
NETHAM 3F 69
Netham Gdns. BS5: Redf 2F 69
Netham Ind. Pk. BS5: Redf 2F 69
Netham Pk. Ind. Est. BS5: Redf 3F 69
Netham Rd. BS5: Redf 2F 69
Nettlestone Cl. BS10: Hen 4A 22
Nevalan Dr. BS5: St G 3C 70
Nevill Ct. BA2: New L 5D 101
Neville Rd. BS15: K'wd 4A 62
Nevil Rd. BS7: B'stn 2A 58
Newark St. BA1: Bath 5C 6 (5C 104)

New Bond St. BA1: Bath 3B 6 (4B 104)
New Bond St. Pl. BA1: Bath 3C 6
Newbrick Rd. BS34: Stok G 3C 26
NEWBRIDGE 2C 102
Newbridge Cl. BS4: St Ap 3F 69
Newbridge Ct. BA1: Bath 3D 103
Newbridge Gdns. BA1: Bath 2C 102
Newbridge Hill BA1: Bath 2C 102
Newbridge Rd. BA1: Bath 2B 102
BA2: Bath 2B 102
BS4: St Ap 3F 69
Newbridge Trad. Est. BS4: St Ap 4F 69
New Brunswick Av. BS5: St G 2D 71
New Bldgs. BS6: Fish 2A 60
Newbury Rd. BS7: Hor 4C 42
New Charlotte St. BS3: Bedm 5F 67
New Charlton Way BS10: Pat 2C 22
NEW CHELTENHAM 5A 62
New Cheltenham Rd.
BS15: K'wd 5F 61
Newcombe Dr. BS9: Stok B 2E 55
Newcombe Rd. BS9: W Trym 4B 40
Newdown La. BS41: Dun 5D 85
New Engine Rank BS36: H'fld 5F 29
Newent Av. BS15: K'wd 2D 71
New Fosseway Rd. BS14: H'gro 1D 87
Newfoundland Rd. BS2: Bris 1B 68
Newfoundland St.
BS2: Bris 1E 5 (1A 68)
Newfoundland Way BS2: Bris 1B 68
Newgate BS1: Bris 2D 5 (2A 68)
Newhaven Pl. BS20: P'head 2A 48
Newhaven Rd. BS20: P'head 3A 48
New John St. BS3: Bedm 1E 77
New Kings Cl. BS7: B'stn 2E 57
New Kingsley Rd.
BS2: Bris 3F 5 (3B 68)
New King St. BA1: Bath 3A 6 (4B 104)
Newland Dr. BS13: Withy 3C 84
Newland Rd. BS13: Withy 3D 84
Newlands, The BS16: Fren 4D 45
Newlands Av. BS36: Coal H 1E 29
Newlands Cl. BS20: P'head 1E 49
Newlands Heights 4B 58
(off Hurlingham Rd.)
Newlands Hill BS20: P'head 2E 49
Newlands Rd. BS31: Key 3F 89
Newland Wlk. BS13: Withy 4C 84
NEWLEAZE 1D 43
New Leaze BS32: Brad S 2E 9
Newleaze Ho. BS34: Fil 1D 43
Newlyn Av. BS9: Stok B 1F 55
Newlyn Wlk. BS4: Know 3D 79
Newlyn Way BS37: Yate 3B 16
Newman Cl. BS37: W'lgh 4D 31
Newmarket Av. BS1: Bris 2C 4 (2F 67)
New Mkt. Row BA2: Bath 3C 6
(off Grand Pde.)
Newnham Cl. BS14: Stoc 5F 79
Newnham Pl. BS34: Pat 4B 8
New Orchard St.
BA1: Bath 4C 6 (4C 104)
Newport Cl. BS20: P'head 2B 48
Newport Rd. BS20: Pill 1E 53
Newport St. BS3: Wind H 1A 78
Newquay Rd. BS4: Know 3B 78
New Queen St. BS3: Bedm 5A 68
BS15: K'wd 5D 61
New Rd. BA1: Bathf 5F 99
BS20: Pill 2E 53
BS34: Fil 5B 24
BS34: Fil, Stok G 1E 43
Newry Wlk. BS4: Know 3A 78
Newsome Av. BS20: Pill 2E 53
New Stadium Rd. BS5: Eastv 4D 59
New Sta. Rd. BS16: Fish 2C 60
New Station Way BS16: Fish 2C 60
New St. BA1: Bath 4B 6 (4B 104)
BS2: Bris 1F 5 (2B 68)
New St. Flats BS2: Bris 1F 5 (2B 68)
New Thomas St. BS2: Bris . .2F 5 (3B 68)
Newton Cl. BS15: K'wd 5C 62
Newton Dr. BS30: C Hth 4C 72
Newton Mill Camping & Cvn. Pk.
BA2: New L 4B 102
Newton Rd. BA2: Bath 5B 102
BS30: C Hth 4C 72
NEWTON ST LOE 4F 101
Newton St. BS5: E'tn 1C 68
NEWTOWN 2C 68

New Tyning Ter. BA1: Bath 1D 105
(off Fairfield Rd.)
New Villas BA2: Bath 1C 110
New Wlk. BS15: Han 4D 71
New Walls BS4: Wind H 5B 68
Niblett Cl. BS15: K'wd 3B 72
Niblett's Hill BS5: St G 3B 70
NIBLEY .4C 14
Nibley Bus. Pk. BS37: Yate 4C 14
Nibley La. BS37: Iron A 2A 14
BS37: W'lgh, Yate 4C 14
Nibley Rd. BS11: Shire 1F 53
Nicholas La. BS5: St G 3C 70
Nicholas Rd. BS5: E'tn 5D 59
Nicholas St. BS3: Bedm 5A 68
Nicholettes BS30: Old C 4F 73
Nicholls Ct. BS36: Wint 2A 28
Nicholls La. BS36: Wint 1A 28
Nicholl's Pl. BA1: Bath 3B 104
(off Lansdown Rd.)
Nichol's Rd. BS20: P'head 1B 48
Nigel Pk. BS11: Shire 4A 38
Nightingale Cl. BS4: St Ap 3A 70
BS36: Fram C 2C 28
Nightingale La. BS36: Wint 5C 12
Nightingale Ri. BS20: P'head 3B 48
Nightingale Valley BS4: St Ap 4A 70
Nile St. BA1: Bath 3A 6 (4A 104)
Nine Tree Hill BS1: Bris 5A 58
Ninth Av. BS7: Hor 2D 43
Noble Av. BS30: Old C 5E 73
Nore Gdns. BS20: P'head 5B 34
Nore Pk. Dr. BS20: P'head 1B 48
Nore Rd. BS20: P'head 2A 48
Norewood Gro. BS20: P'head 1A 48
Norfolk Av. BS2: Bris 1A 68
BS6: Bris 1A 68
Norfolk Bldgs. BA1: Bath . . .3A 6 (4A 104)
Norfolk Cres. BA1: Bath 3A 6 (4A 104)
Norfolk Gro. BS31: Key 3E 89
Norfolk Pl. BS3: Bedm 1E 77
Norfolk Rd. BS20: P'head 2A 50
Norland Rd. BS8: Clif 1B 66
Norley Rd. BS7: Hor 4B 42
Normanby Rd. BS5: E'tn 5D 59
Norman Gro. BS15: K'wd 4F 61
Norman Rd. BS2: Bris 4C 58
BS30: Warm 5D 63
BS31: Salt 4F 91
Normans, The BA2: B'ptn 1B 106
Normanton Rd. BS8: Clif 4C 56
Norrisville Rd. BS6: Bris 5A 58
Northampton Bldgs.
BA1: Bath 1A 6 (2B 104)
Northampton St.
BA1: Bath 1A 6 (2B 104)
Northanger Ct. BA2: Bath 3C 7
(off Grove St.)
Northavon Bus. Cen. BS37: Yate 2E 15
Nth. Bristol Pk. BS34: Lit S 3D 25
Nth. Contemporis BS8: Clif 2C 66
(off Merchants Rd.)
NORTH COMMON 3F 73
NORTH CORNER 4B 12
Northcote Rd. BS5: St G 1A 70
BS8: Clif 5B 56
BS16: Down, Mang 5B 46
Northcote St. BS5: E'tn 5D 59
North Ct. BS32: Brad S 2F 9
North Cft. BS30: Old C 5F 73
Nth. Devon Rd. BS16: Fish 1C 60
NORTH END 2B 98
Northend Av. BS15: K'wd 4F 61
Northend Cotts. BA1: Bathe 2B 98
Northend Gdns. BS15: K'wd 4F 61
Northend Rd. BS15: K'wd 4A 62
Northfield BS37: Yate 5F 15
Northfield Av. BS15: Han 4F 71
Northfield Ho. BS3: Bedm 5E 67
Northfield Rd. BS5: St G 2D 71
BS20: P'head 3A 48
Northfields BA1: Bath 1B 104
Northfields Cl. BA1: Bath 1B 104
Northgate St. BA1: Bath 3C 6 (4C 104)
North Grn. St. BS8: Clif 3B 66
North Gro. BS20: Pill 2E 53
North La. BA2: Clav D 5F 105
Northleach Wlk. BS11: Shire 1B 54
Nth. Leaze BS41: L Ash 2D 75
Northover Cl. BS9: W Trym 2B 40

Northover Rd.—Orlebar Gdns.

Northover Rd. BS9: W Trym 2B 40
North Pde. BA1: Bath 4D 7 (4C 104)
BA2: Bath 4C 104
BS37: Yate 3A 16
North Pde. Bldgs. *BA1: Bath 4C 6*
(off New Orchard St.)
North Pde. Pas.
BA1: Bath 4C 6 (4C 104)
North Pde. Rd. BA2: Bath ...4D 7 (4C 104)
North Pk. BS15: K'wd 5A 62
North Quay BS1: Bris 3E 5
North Rd.
BA2: Bath, B'ptn 1F 7 (3E 105)
BA2: C Down 4D 111
BS3: Ash G 5C 66
BS6: Bris 4F 57
BS8: L Wds 2E 65
BS34: Stok G 4A 26
BS36: Wint 1B 28
BS37: Yate 1D 15
NORTH STOKE 1E 93
North St. BS1: Bris 1A 68
BS3: Ash G, Bedm 5C 66
BS16: Down 1F 61
BS30: Old C 5E 73
Northumberland Bldgs. BA1: Bath ...3B 6
Northumberland Pl.
BA1: Bath 3C 6 (4C 104)
Northumberland Rd. BS6: Redl 4E 57
Northumbria Dr. BS9: Henle 1D 57
North Vw. BS6: Henle 2C 56
BS16: Soun 2F 61
BS16: Stap H 1A 62
North Vw. Cl. BA2: Bath 5D 103
NORTHVILLE 2D 43
Northville Rd. BS7: Hor 2B 42
North Wlk. BS37: Yate 3A 16
North Way BA2: Bath 5C 102
Northway BS34: Fil 4D 25
NORTH WESTON 3E 49
Northwick Rd. BS7: Hor 3B 42
Northwood Pk. BS36: Wint 1C 26
Northwoods Wlk. BS10: Bren 5F 23
Norton Cl. BS15: K'wd 2B 72
Norton Ho. *BS1: Bris 4A 68*
(off Ship La.)
Norton La. BS14: Whit 5E 87
Norton Rd. BS4: Know 2C 78
Norwich Dr. BS4: St Ap 3A 70
Norwood Av. BA2: Clav D 5A 106
Nottingham Rd. BS7: B'stn 3A 58
Nottingham St. BS3: Wind H 1A 78
Nova Distribution Cen.
BS11: A'mth 2D 37
Nova Scotia Pl. BS1: Bris 4C 66
Nova Way BS11: A'mth 2D 37
Nover's Cres. BS4: Know 4E 77
Nover's Hill BS3: Know, Wind H 3E 77
BS4: Know 3E 77
Novers Hill Trad. Est. BS3: Bedm ...3E 77
Nover's La. BS4: Know 4E 77
Nover's Pk. Cl. BS4: Know 3E 77
Nover's Pk. Dr. BS4: Know 4E 77
Nover's Pk. Rd. BS4: Know 4F 77
Nover's Rd. BS4: Know 4E 77
Nugent Hill BS6: Cot 5F 57
No. 1 Royal Crescent 1A 6 (3A 104)
Nunney Cl. BS31: Key 5C 90
Nursery, The BS3: Bedm 1D 77
Nursery Gdns. BS10: Bren 5C 22
Nutfield Gro. BS34: Fil 1D 43
Nutfield Ho. BS34: Fil 2D 43
Nutgrove Av. BS3: Wind H 1A 78
Nuthatch Dr. BS16: B'hll 5B 44
Nuthatch Gdns. BS16: B'hll 5B 44
Nympsfield BS15: K'wd 4A 62

O

Oak Av. BA2: Bath 2E 109
Oak Cl. BS34: Lit S 1F 25
BS37: Yate 1F 15
Oak Ct. BS14: Whit 1C 86
Oakdale Av. BS16: Down 3F 45
Oakdale Cl. BS16: Down 3A 46
Oakdale Ct. BS16: Down 3F 45
Oakdale Rd. BS14: H'gro 4C 78
BS16: Down 3A 46
Oakdale Wlk. BS16: Down 4A 46
Oakdene Av. BS5: Eastv 3F 59
Oak Dr. BS20: P'head 2D 49
Oakenhill Rd. BS4: Brisl 2A 80
Oakenhill Wlk. BS4: Brisl 2A 80
Oakfield Bus. Pk. BS15: K'wd 2F 71
Oakfield Cl. BA1: Bath 2F 103
Oakfield Gro. BS8: Clif 1D 67
Oakfield Pl. BS8: Clif 1D 67
Oakfield Rd. BS8: Clif 1C 66
BS15: K'wd 2F 71
BS31: Key 4B 90
Oakford La. BA1: Bathe 1C 98
Oak Gro. BS20: Eas 2E 53
Oakhanger Dr. BS11: Law W 2C 38
Oakhill Av. BS30: Bit 2E 83
Oakhill La. BS10: H'len 4E 21
Oakhill Rd. BA2: C Down 3B 110
Oak Ho. BS13: Hart 3F 85
Oakhurst Rd. BS9: W Trym 1B 56
Oakland Bus. Pk. BS37: Yate 2C 14
Oakland Rd. BS5: St G 1A 70
BS6: Redl 5D 57
Oaklands Cl. BS16: Mang 1D 63
Oaklands Dr. BS16: B'hll 4C 44
BS30: Old C 2E 83
BS32: Alm 1C 8
Oaklands Rd. BS16: Mang 1C 62
Oak La. BS5: S'wll 4B 60
Oakleaze BS36: Coal H 1F 29
Oakleigh Av. BS5: W'hall 1F 69
Oakleigh Gdns. BS30: Old C 2E 83
Oakley BA2: Clav D 5A 106
Oakley Rd. BS7: Hor 4B 42
Oak Lodge *BS16: Fish 5E 45*
(off Partridge Dr.)
Oakmeade Pk. BS4: Know 2D 79
Oakridge Cl. BS15: K'wd 2C 72
Oak Rd. BS7: Hor 1A 58
Oaks, The BS7: B'stn 2A 58
Oak St. BA2: Bath 5A 6 (5B 104)
Oaktree Cl. BS15: Han 2E 81
Oaktree Ct. BS11: Shire 4A 38
Oaktree Cres. BS32: Brad S 3D 9
Oaktree Gdns. BS13: Withy 2A 84
Oak Tree Wlk. BS31: Key 3F 89
Oakwood Av. BS9: Henle 5D 41
Oakwood Gdns. BA2: Clav D 5F 105
BS36: Coal H 1A 30
Oakwood Pk. BS16: Fish 3C 60
Oakwood Rd. BS9: Henle 5D 41
Oatlands Av. BS14: Whit 1C 86
Oatley Ho. BS9: W Trym 1C 56
Oberon Av. BS5: S'wll 4A 60
Octagon 2B 6 (3B 104)
ODD DOWN 4F 109
Odeon Cinema
Bristol 2C 4 (2F 67)
Odins Rd. BA2: Odd D 4F 109
Okebourne Cl. BS10: Bren 4D 23
Okebourne Rd. BS10: Bren 5D 23
Oldacre Rd. BS14: Whit 4C 86
Old Ashley Hill BS6: Bris 4B 58
Old Barrow Hill BS11: Shire 4F 37
Old Bond St. BA1: Bath 3B 6 (4B 104)
Old Bread St. BS2: Bris 3F 5 (3B 68)
Oldbridge Rd. BS14: Whit 4E 87
Old Bristol Rd. BS31: Key 5E 81
Oldbury Chase BS30: Will 2C 82
Oldbury Ct. Dr. BS16: Fish 5D 45
Oldbury Ct. Rd. BS16: Fish 1C 60
Old Farm La. BS5: St G 3D 71
Old Ferry Rd. BA2: Bath 4E 103
Oldfield La. BA2: Bath 1F 109
OLDFIELD PARK 5A 104
Oldfield Park Station (Rail) 4F 103
Oldfield Pl. BA2: Bath 5A 6 (5A 104)
BS8: Clif 4B 66
Oldfield Rd. BA2: Bath 5A 104
BS8: Clif 4C 66
Old Fosse Rd. BA2: Odd D 3E 109
Old Frome Rd. BA2: Odd D 5A 110
Old Gloucester Rd.
BS16: Fren, Ham 2D 45
BS16: Ham 3D 27
BS32: Brad S 3D 27
BS36: Wint 1D 27
Old King St. BA1: Bath 2B 6 (3B 104)
Old King St. Ct. BS1: Bris ...1D 5 (2A 68)
OLDLAND 5E 73
OLDLAND COMMON 1E 83
Oldland Common Station
Avon Valley Railway 5F 73
Oldlands Av. BS36: Coal H 2E 29
Old La. BS16: Emer G 5E 47
Old Market St. BS1: Bris 2E 5 (2A 68)
BS2: Bris 2E 5 (2A 68)
Oldmead Wlk. BS13: Bis 5A 76
Old Midford Rd. BA2: S'ske 5C 110
Old Mill Cl. BS37: W'lgh 4D 31
Old Mill Rd. BS20: P'head 5C 34
Old Newbridge Hill BA1: Bath 2C 102
Old Orchard BA1: Bath 1C 6 (3C 104)
Old Orchard St.
BA1: Bath 4C 6 (4C 104)
Old Pk. BS2: Bris 2A 4 (2E 67)
Old Park Hill BS2: Bris 2A 4 (2E 67)
Old Pk. Rd. BS11: Shire 4F 37
Old Priory Rd. BS20: Eas 2D 53
Old Quarry BA2: Odd D 3F 109
Old Quarry Ri. BS11: Shire 4A 38
Old Quarry Rd. BS11: Shire 4F 37
Old School Cl. BS30: Warm 2F 73
Old Sneed Av. BS9: Stok B 2F 55
Old Sneed Cotts. BS9: Stok B 2F 55
Old Sneed Pk. BS9: Stok B 2F 55
Old Sneed Rd. BS9: Stok B 2F 55
Old Vicarage, The BS6: Bris 4A 58
Old Vicarage Ct. BS14: Whit 3E 87
Old Vicarage Grn. BS31: Key 1A 90
Old Vicarage Pl. BS8: Clif 5C 56
Old Wells Rd. BA2: Bath 2B 110
Olveston Rd. BS7: Hor 1A 58
Olympus Cl. BS34: Lit S 2F 25
Olympus Rd. BS34: Pat 5A 8
Onega Cen. *BA1: Bath 3A 104*
(off Up. Bristol Rd.)
Onega Ter. BA1: Bath 3A 104
Oolite Gro. BA2: Odd D 4F 109
Oolite Rd. BA2: Odd D 4F 109
Oram Ct. BS30: Bar C 5B 72
Orange Gro. BA1: Bath 3C 6 (4C 104)
Orange Imaginearium, The
..................4A 4 (3E 67)
Orange St. BS2: Bris 1B 68
Orchard, The BA2: C Down 4D 111
BS9: W Trym 5C 40
BS34: Stok G 3B 26
BS36: Fram C 5E 13
Orchard Av. BS1: Bris 3A 4 (3E 67)
Orchard Blvd. BS30: Old C 5D 73
Orchard Cvn. Site, The
BS14: Whit 3F 87
Orchard Cl. BS9: W Trym 1B 56
BS15: K'wd 1A 72
BS20: P'head 1F 49
BS31: Key 1E 89
BS36: Wint 2A 28
BS37: Yate 3B 16
Orchard Ct. BS5: Redf 2F 69
BS9: Stok B 3E 55
BS34: Fil 1C 42
(off Gloucester Rd. Nth.)
BS37: Yate 2D 15
Orchard Cres. BS11: Shire 4F 37
Orchard Dr. BS13: Bis 2C 84
Orchard Gdns. BS15: K'wd 1B 72
Orchard Ga. BS32: Brad S 3E 9
Orchard Ho. BS5: St G 1B 70
Orchard La. BS1: Bris 3A 4 (3E 67)
BS9: Stok B 2F 55
Orchard Lea BS20: Pill 2F 53
Orchard Lodge BA2: B'ptn 2B 106
BS30: Old C 3F 73
Orchard Rd. BS5: St G 1B 70
BS7: B'stn 2A 58
BS15: K'wd 1A 72
BS36: Coal H 1F 29
BS41: L Ash 3B 74
Orchards, The BS11: Shire 5A 38
BS15: K'wd 2B 72
BS20: Pill 2E 53
Orchard Sq. BS5: Redf 2F 69
Orchard St. BS1: Bris 3A 4 (3E 67)
Orchard Ter. BA2: Bath 4D 103
Orchard Va. BS15: K'wd 1B 72
Oriel Gdns. BA1: Swa 5E 97
Oriel Gro. BA2: Bath 1D 109
Orion Dr. BS34: Lit S 2F 25
Orland Way BS30: L Grn 1C 82
Orlebar Gdns. BS11: Law W 1D 39

A-Z Bristol & Bath 143

Ormerod Rd. BS9: Stok B 2A 56
Ormonds Cl. BS32: Brad S 3A 10
Ormsley Cl. BS34: Lit S 5E 9
Ormstone Ho. BS13: Withy 3C 84
Orpen Gdns. BS7: L'lze 1D 59
Orpen Pk. BS32: Brad S 2D 9
Orpheus Av. BS32: Brad S 2F 25
Orpheus Cinema 2D 57
(off Northumbria Dr.)
Orwell Dr. BS31: Key 3B 90
Orwell St. BS3: Wind H 1A 78
Osborne Av. BS7: Bris 3B 58
Osborne Cl. BS34: Stok G 4F 25
Osborne Rd. BA1: Bath 4D 103
BS3: Bris 5E 67
BS8: Clif 5C 56
Osborne Ter. BS3: Bedm 2D 77
Osborne Vs. BS2: Bris 1E 67
Osprey Ct. BS14: Hart 2F 85
Osprey Rd. BS5: Redf 2E 69
Ostlings La. BA1: Bathf 5D 99
Otago Ter. BA1: Bath 5E 97
Otterford Cl. BS14: H'gro 2D 87
Ottery Cl. BS11: Law W 2C 38
Otrells Mead BS32: Brad S 2E 9
OVAL, THE 1E 109
Oval, The BA2: Bath 1E 109
OVER 4A 8
Over Ct. M. BS32: Alm 4A 8
OVERHILL 3F 53
Overhill BS20: Pill 3E 53
Over La. BS32: Alm 3A 8
Overndale Rd. BS16: Down 1E 61
Overnhill Ct. BS16: Down 1F 61
Overnhill Rd. BS16: Down 1E 61
Overnhurst Ct. BS16: Down 1F 61
Overton Rd. BS6: Bris 4A 58
Owen Gro. BS9: Henle 1D 57
Owls Head Rd. BS15: K'wd 3A 72
Ox Barton BS34: Stok G 2B 26
Oxenham Ct. BS5: St G 1F 69
Oxen Leaze BS32: Brad S 3A 10
Oxford Pl. BA2: C Down 3E 111
BS5: E'tn 5D 59
BS8: Clif 3B 66
Oxford Row BA1: Bath 1B 6 (3B 104)
Oxford St. BS2: Bris 3B 68
(Avon St.)
BS2: Bris 1E 67
(Cotham Rd.)
BS3: Wind H 5B 68
BS5: Redf 2E 69
Oxford Ter. BA2: C Down 3E 111
Oxhouse Gdns. BS20: Hen 5A 22
Oxleaze BS13: Hart 3F 85
Oxleaze La. BS41: Dun 4A 84
Ozelworth BS15: K'wd 1C 72

P

Packgate Rdbt. BS11: A'mth 4B 20
Pack Horse La. BA2: S'ske 5B 110
Pacquet Ho's. BS20: Pill 1F 53
(off Underbanks)
Paddock, The BA2: Cor 3D 101
BS20: P'head 2F 49
Paddock Cl. BS16: Emer G 5D 47
BS32: Brad S 3F 9
Paddock Gdn. BS14: Whit 3B 86
Paddocks, The BA2: C Down 4D 111
BS16: Down 2C 46
Paddock Woods BA2: C Down 3F 111
Padfield Cl. BA2: Bath 5D 103
PADLEIGH 3C 108
Padleigh Hill BA2: Bath 3C 108
Padmore Ct. BS5: St G 2F 69
Padstow Rd. BS4: Know 4B 78
Page Cl. BS16: Stap H 2B 62
Page Ct. BS16: Stap H 2B 62
Page Rd. BS16: Stap H 2F 61
Pages Mead BS11: A'mth 3E 37
Painswick Av. BS34: Pat 5D 9
Painswick Dr. BS37: Yate 4A 16
Palace Yd. M. BA1: Bath . . .3A 6 (4B 104)
Palmdale Cl. BS30: L Grn 1C 82
Palmers Cl. BS30: Bar C 3B 72
Palmers Leaze BS32: Brad S 1C 26
Palmerston Rd. BS6: Redl 2D 57
Palmerston St. BS3: Bedm 1E 77

Palmyra Rd. BS3: Bedm 2D 77
Panorama Wlk. BS15: Han 5C 70
Panoramic, The
BS1: Bris 2A 4 (2E 67)
Parade, The BA2: Clav D 4A 106
BS11: Shire 5A 38
BS14: H'gro 4C 78
BS34: Pat 4B 8
BS37: Chip S 4C 16
Parade Ct. BS5: S'wll 5B 60
Paragon BA1: Bath 1C 6 (3C 104)
Paragon, The BS8: Clif 3B 66
Parbrook Ct. BS14: H'gro 2D 87
Parfitts Hill BS5: St G 3B 70
Parish, The BS3: Bris 5D 67
(off Park Rd.)
Parish Wharf Leisure Cen. 5D 35
Park, The BS15: K'wd 1F 71
BS16: Fren 2D 45
BS20: P'head 1B 50
BS30: Will 3D 83
BS31: Key 1A 90
BS32: Brad S 2E 9
Park & Ride
Ashton Vale 2F 75
Bath Rd. 4B 80
Lansdown 2E 95
Newbridge 2B 102
Odd Down 5E 109
Portway 4E 37
Park Av. BA2: Bath 5A 6 (5B 104)
BS3: Wind H 1A 78
BS5: Eastv 3F 59
BS5: St G 1A 70
BS32: Alm 3B 8
BS36: Fram C 2D 29
BS36: Wint 2A 28
Park Cl. BS15: K'wd 2A 72
BS30: C Hth 4D 73
BS31: Key 2F 89
Park Cres. BS5: W'hall 1F 69
BS16: Fren 2E 45
BS30: C Hth 4D 73
Parkers Barton BS5: Bar H 3D 69
Parkers Cl. BS10: Bren 4F 23
Parker St. BS3: Bedm 1D 77
Park Farm Ct. BS30: L Grn 5B 72
Parkfield Av. BS5: St G 2F 69
Park Gdns. BA1: Bath 2F 103
Park Gro. BS6: Henle 1D 57
BS9: Henle 1E 57
Park Hill BS11: Shire 5A 38
Parkhouse La. BS31: Key 5E 89
(not continuous)
Parklands Av. BS16: Fish 2D 61
Parklands BS15: K'wd 1A 72
Parklands Rd. BS3: Bwr A 5A 66
Park La. BA1: Bath 2F 103
BS2: Bris 1A 4 (2E 67)
BS36: Fram C, Wint 4C 28
Park Leaze BS34: Pat 4A 8
Park Mans. BA1: Bath 2A 104
Park Pl. BA1: Bath 2A 104
BA2: C Down 4D 111
BS2: Bris 1A 4 (2E 67)
BS5: Eastv 3A 60
BS8: Clif 2D 67
Park Rd. BA1: Bath 3D 103
BS3: Bris 4D 67
BS7: Hor 2C 42
BS11: Shire 5A 38
BS15: K'wd 5F 61
BS16: Stap 1F 59
BS16: Stap H 1A 62
BS30: C Hth 4D 73
BS31: Key 2A 90
Park Row BS1: Bris 2A 4 (2E 67)
BS8: Clif 2A 4 (2E 67)
BS36: Fram C 5C 12
Parkside Av. BS36: Wint 2F 27
Parkside Gdns. BS5: Eastv 2D 59
Parkstone Av. BS7: Hor 5B 42
Park St. BA1: Bath 2A 104
BS1: Bris 2A 4 (2E 67)
BS4: Wind H 5C 68
(not continuous)
BS5: St G 1B 70
BS37: Iron A 1F 13
Park St. Av. BS1: Bris 2A 4 (2E 67)
Park St. M. BA1: Bath 2A 104

Park Vw. BA2: Bath 4F 103
Park Vw. Ter. BS5: St G 1A 70
Park Wlk. BS20: Pill 2F 53
Parkwall Cres. BS30: Bar C 5B 72
Parkwall Rd. BS30: C Hth 5B 72
PARKWAY 5A 26
Park Way BS30: C Hth 4D 73
Parkway BS2: Bris 5C 58
BS5: Eastv 3E 59
BS16: Fren, Ham 3C 44
Parkway Trad. Est. BS2: Bris 4B 58
Parkwood Cl. BS14: Whit 3B 86
Parliament St. BS4: Wind H 5C 68
Parnall Cres. BS37: Yate 2E 15
Parnall Rd. BS16: Fish 3C 60
Parnall Rd. Ind. Est. BS16: Fish . . .3C 60
Parnell Rd. BS16: Stap 4A 44
Parry Cl. BA2: Bath 1D 109
Parry's Cl. BS9: Stok B 1A 56
Parrys Gro. BS9: Stok B 1A 56
Parrys La. BS9: Stok B, W Trym . . .1A 56
Parslows Barton BS5: St G 2C 70
Parsonage Ct. BS20: P'head 2F 49
Parsonage La. BA1: Bath . . .3B 6 (4B 104)
Parsonage Rd. BS41: L Ash 2E 75
Parsonage Wlk. BS30: B'yte 2F 73
Parsons Av. BS34: Stok G 3B 26
Parsons Paddock BS14: H'gro 5C 78
Parson St. BS3: Bedm 2D 77
Parson Street Station (Rail) 2D 77
Partis College 2C 102
Partis Way BA1: Bath 2C 102
Partition St. BS1: Bris 3E 67
Partridge Cl. BS37: Yate 1B 16
Partridge Dr. BS16: Fish 5E 45
Passage Leaze BS11: Shire 5F 37
Passage Rd. BS9: W Trym 2C 40
BS10: Hen 3C 22
BS10: Hen, W Trym 5B 22
Passage St. BS2: Bris 3E 5 (3A 68)
Patch Ct. BS16: Emer G 3C 46
PATCHWAY 2E 25
Patchway Sports Cen. 4C 8
Patchway Station (Rail) 2E 25
Patchway Trad. Est. BS34: Pat 5A 8
(Britannia Rd.)
BS34: Pat 1F 23
(Olympus Rd.)
Patterson Ho. BS1: Bris 5D 5
Paulman Gdns. BS41: L Ash 4B 74
Paul St. BS2: Bris 1E 67
Paulton Dr. BS7: B'stn 2E 57
Paultow Av. BS3: Wind H 1A 78
Paultow Rd. BS3: Wind H 1A 78
Pavey Cl. BS13: Hart 3E 85
Pavey Rd. BS13: Hart 3E 85
Pavilion, The 4E 7
Pavilions, The BS4: Brisl 3E 79
Pawlett Rd. BS13: Hart 4D 85
Pawlett Wlk. BS13: Hart 4E 85
Paxton BS16: Stap 3A 44
Paybridge Rd. BS13: Withy 3B 84
Payne Dr. BS5: E'tn 2D 69
Paynes Orchard Cvn. Pk.
BS10: Bren 4F 23
Peache Ct. BS16: Down 5A 46
Peache Rd. BS16: Down 5A 46
Peacocks La. BS15: K'wd 1E 71
Pearces Hill BS16: Fren 4D 45
Pearl St. BS3: Bedm 1D 77
Pearsall Rd. BS30: L Grn 2A 82
Peart Cl. BS13: Withy 2A 84
Peart Dr. BS13: Withy 3A 84
Peartree La. BS13: Hart 3D 85
Peartree La. BS15: Soun 4B 62
Pear Tree Hey BS37: Yate 1A 16
Pear Tree La. BS5: St G 3D 71
Pear Tree Rd. BS32: Brad S 3E 9
Peel St. BS5: E'tn 1B 68
Pegasus Cl. BS20: P'head 1F 49
Pegasus Pk. BS34: Lit S 2D 25
Pegasus Rd. BS34: Pat 1F 23
Peg Hill BS37: Yate 1B 16
Pemberton Cl. BS16: Fish 1D 61
Pembery Rd. BS3: Bedm 1D 77
Pembroke Av. BS11: Shire 5A 38
Pembroke Ct. BA1: W'ton 1E 103
Pembroke Gro. BS8: Clif 2C 66

Pembroke Pl. BS8: Clif 4C 66
Pembroke Rd. BS3: Bris 5E 67
   BS8: Clif 5C 56
   BS11: Shire 5A 38
   BS15: K'wd 3A 62
   BS20: P'head 3A 48
Pembroke St. BS2: Bris 1A 68
Pembroke Va. BS8: Clif 1C 66
Penard Way BS15: K'wd 2B 72
Pendennis Av. BS16: Staph H 1F 61
Pendennis Ho. BS16: Stap H 1F 61
Pendennis Pk. BS4: Brisl 2F 79
   BS16: Stap H 2F 61
Pendennis Rd. BS16: Stap H 1F 61
Pendock Cl. BS30: Bit 3E 83
Pendock Ct. BS16: Emer G 4D 47
Pendock Rd. BS16: Fish 5D 45
   BS36: Wint 3A 28
Penfield Cl. BS2: Bris 4C 58
Penfield Rd. BS2: Bris 4C 58
Penlea Cl. BS11: Shire 4F 37
Pennard Ct. BS14: Whit 2D 87
Pennard Grn. BA2: Bath 4C 102
Penn Dr. BS16: Fren 2E 45
Penn Gdns. BA1: Bath 2C 102
Penngrove BS30: L Grn 1C 82
Penn Hill Rd. BA1: Bath, W'ton . . .2C 102
Pennine Rd. BS30: Old C 5E 73
Pennlea BS13: Bis 5E 77
Penn Lea Ct. BA1: Bath 2D 103
   (not continuous)
Penn Lea Rd. BA1: Bath 1C 102
Penn St. BS1: Bris 1E 5 (2A 68)
Pennyquick BA2: New L 3E 101
Pennyquick Vw. BA2: Bath 4B 102
Pennyroyal Gro. BS16: Stap 1A 60
Pennywell Ct. BS5: E'tn 1C 68
   (off Pennywell Rd.)
Pennywell Rd. BS5: E'tn 1B 68
Pen Pk. Rd. BS10: S'mead 5E 23
Penpole Av. BS11: Shire 5A 38
Penpole Cl. BS11: Shire 4F 37
Penpole La. BS11: Shire 4F 37
Penpole Pk. BS11: Shire 4A 38
Penpole Pl. BS11: Shire 5A 38
Penrith Gdns. BS10: S'mead 2F 41
   (not continuous)
Penrose BS14: H'gro 5B 78
Penrose Dr. BS32: Brad S 1F 25
Pensfield Pk. BS10: Bren 4F 23
Pensford Ct. BS14: Stoc 2F 87
Pentagon, The BS9: Sea M 5D 39
Penthouse Hill BA1: Bathe 4B 98
Pentire Av. BS13: Bis 1C 84
Pepys Cl. BS31: Salt 5F 91
Pera Pl. BA1: Bath 2C 104
Pera Rd. BA1: Bath 2C 104
Percival Rd. BS8: Clif 1B 66
Percy Pl. BA1: Bath 1D 105
Percy St. BS3: Bedm 5F 67
Percy Walker Ct. BS16: Down 5E 45
Perfect Vw. BA1: Bath 1C 104
Pero's Bri. BS1: Bris 4B 4
Perrett Ho. BS2: Bris 1F 5
   (off Redcross St.)
Perretts Ct. BS1: Bris 5A 4 (4E 67)
Perrett Way BS20: Pill 2A 54
Perrinpit Rd. BS36: Fram C, Wint . . .1F 11
Perrott Rd. BS15: K'wd 5C 62
Perry Cl. BS36: Wint 2A 28
Perrycroft Av. BS13: Bis 1C 84
Perrycroft Rd. BS13: Bis 1C 84
Perrymans Cl. BS16: Fish 5C 44
PERRYMEAD 2D 111
Perrymead BA2: Bath 1D 111
Perrymead Pl. BA2: Bath 1D 111
Perry Rd. BS1: Bris 2A 4 (2E 67)
Perrys Lea BS32: Brad S 3F 9
Perry St. BS5: E'tn 1C 68
Pesley Cl. BS13: Withy 3C 84
Petercole Dr. BS13: Bis 1C 84
Peterson Sq. BS13: Hart 4E 85
Peter's Ter. BS5: Bar H 2D 69
Petersway Gdns. BS5: St G 3C 70
Petherbridge Way BS7: Hor 1C 58
Petherton Cl. BS15: K'wd 2A 72
Petherton Gdns. BS14: H'gro 5D 79
Petherton Rd. BS14: H'gro 4D 79
Petticoat La. BS1: Bris 3E 5 (3A 68)
Pettigrove Gdns. BS15: K'wd 2A 72

Pettigrove Rd. BS15: K'wd 3A 72
Pevensey Wlk. BS4: Know 5F 77
Peverell Cl. BS10: Hen 5B 22
Peverell Dr. BS10: Hen 5B 22
Philadelphia Ct. BS1: Bris . . .1E 5 (2A 68)
Philippa Ct. BS14: H'gro 5C 78
Philippa Rd. BS6: Henle 1E 57
Phoenix Gro. BS6: Henle 1E 57
Phoenix Ho. BA1: Bath 1A 6
   BS1: Bris 5C 4 (4F 67)
   BS5: Bar H 3D 69
Phoenix St. BS5: Bar H 3D 69
Phoenix Way BS20: P'bry, P'head . . .1B 50
Piccadilly Pl. BA1: Bath 1D 105
Pickwick Rd. BA1: Bath 5C 96
Picton La. BS6: Bris 5A 58
Picton M. BS6: Bris 5A 58
Picton St. BS6: Bris 5A 58
Pierrepont Pl. BA1: Bath 4C 6 (4C 104)
Pierrepont St. BA1: Bath 4C 6 (4C 104)
Pier Rd. BS20: P'head 4C 34
Pigeon Ho. Dr. BS13: Hart 3F 85
Pigott Av. BS13: Withy 3C 84
PILE MARSH 2F 69
Pile Marsh BS5: St G 2F 69
Pilgrims Way BS11: Shire 4E 37
   BS16: Down 3F 45
Pilgrims Wharf BS4: St Ap 2A 70
Pilkington Cl. BS34: Fil 1E 43
PILL 2E 53
Pillingers Gdns. BS6: Redl 4D 57
Pillingers Rd. BS15: K'wd 2E 71
Pill Rd. BS8: Abb L 4A 54
   BS20: Abb L, Pill 3F 53
Pill St. BS20: Pill 2E 53
Pimpernel Mead BS32: Brad S 1A 26
PINCKNEY GREEN 5F 107
Pine Ct. BS31: Key 3E 89
Pinecroft BS14: H'gro 5B 78
   BS20: P'head 1B 48
Pine Gro. BS7: Fil 2C 42
Pine Gro. Pl. BS7: B'stn 3F 57
Pine Ridge Cl. BS9: Stok B 2E 55
Pine Rd. BS10: Bren 5D 23
Pines, The BS9: Stok B 3F 55
Pines Rd. BS30: Bit 3E 83
Pines Way BA2: Bath 4A 104
Pines Way Ind. Est. BA2: Bath 4A 6
Pinewood BS15: K'wd 5B 62
Pinewood Cl. BS9: W Trym 4D 41
Pinhay Rd. BS13: Bis 1D 85
Pinkers Mead BS16: Emer G 5E 47
Pinkhams Twist BS14: Whit 2C 86
Pinnell Gro. BS16: Emer G 4E 47
Pioneer Av. BA2: C Down 4B 110
Pioneer Pk. BS4: Brisl 4E 69
Pipe La. BS1: Bris 3A 4 (3E 67)
Piper Rd. BS37: Yate 2A 16
Pippin Cl. BS20: P'head 5B 72
Pippins, The BS20: P'head 1B 50
Pitch & Pay La. BS9: Stok B 3A 56
Pitch & Pay Pk. BS9: Stok B 3A 56
Pitchcombe BS37: Yate 1E 31
Pitchcombe Gdns. BS9: C Din 4F 39
Pitch La. BS6: Cot 1E 57
Pithay, The BS1: Bris 2C 4 (2F 67)
Pithay Ct. BS1: Bris 2C 4 (2F 67)
Pitlochry Cl. BS7: Hor 2B 42
Pitman Ct. BA1: Bath 5E 97
Pitman Ho. BA2: Bath 2F 109
Pitt Rd. BS7: Hor 1A 58
Pitville Pl. BS6: Cot 1D 67
Pixash Bus. Cen. BS31: Key 2D 91
Pixash La. BS31: Key 2D 91
Players Cl. BS16: Ham 4D 27
Playford Gdns. BS11: Law W 3A 38
Pleasant Ho. BS16: Stap H 1F 61
Pleasant Pl. BA1: Bathf 5F 99
Pleasant Rd. BS16: Stap H 1F 61
Plimsoll Ho. BS1: Bris 4A 68
   (off Redcliff Hill)
Plover Cl. BS37: Yate 3E 15
Plowright Ho. BS15: Han 4D 71

Plummer's Hill BS5: S'wll, St G 1A 70
Plumpton Ct. BS16: Down 2B 46
Podgers Dr. BA1: W'ton 5D 95
Podium, The BA1: Bath 2C 6 (4C 104)
Poet's Cl. BS5: W'hall 1F 69
Polden Ho. BS3: Wind H 1F 77
Polden Rd. BS20: P'head 1D 49
   (not continuous)
Polly Barnes Cl. BS15: Han 4D 71
Polly Barnes Hill BS15: Han 4D 71
Polygon, The BS8: Clif 3B 66
   BS11: A'mth 2F 37
Pomfrett Gdns. BS14: Stoc 2A 88
POMPHREY 1D 63
Pomphrey Hill BS16: Emer G 1D 63
Ponsford Rd. BS4: Know 4D 79
Ponting Cl. BS5: S'wll 5C 60
Poolbarton BS31: Key 1A 90
Poole Ct. BS37: Yate 3A 16
Poole Ct. Dr. BS37: Yate 3A 16
Poole Ho. BA2: Bath 5B 102
Poolemead Rd. BA2: Bath 5B 102
Poole St. BS11: A'mth 3D 37
Pooles Wharf BS8: Clif 4C 66
Pooles Wharf Ct. BS8: Clif 4C 66
Pool Ho. BS34: Pat 5C 8
Pool Rd. BS15: Soun 3A 62
Pope Ct. BA2: New L 5D 101
Popes Wlk. BA2: Bath 2D 111
Poplar Av. BS9: Stok B 5F 39
Poplar Cl. BA2: Bath 1F 109
   BS30: Old C 3E 73
Poplar Flds. BS30: Old C 3F 73
Poplar Ho. BS16: Fish 3C 60
Poplar Rd. BA2: Odd D 5F 109
   BS5: S'wll 5B 60
   BS13: Bis 5B 76
   BS15: St G 4C 70
   BS30: Old C 4E 73
Poplar Rdbt. BS11: A'mth 3A 20
Poplars, The BS20: Eas 2D 53
Poplar Ter. BS15: K'wd 1B 72
Poplar Way E. BS11: A'mth 3A 20
Poplar Way W. BS11: A'mth 2F 19
Poplar Wlk. BS7: B'stn 3B 58
Poppy Mead BS32: Brad S 1A 26
Porlock Rd. BA2: C Down 4C 110
   BS3: Wind H 1F 77
PORTBURY 3A 52
Portbury Comn. BS20: P'head 2A 50
Portbury Gro. BS11: Shire 5F 37
Portbury Hundred, The
   BS20: P'bry 2B 50
Portbury La. BS20: P'bry 4A 52
Portbury Wlk. BS11: Shire 5F 37
Portbury Way BS20: P'bry 1F 51
PORTBURY WHARF 5F 35
PORTISHEAD 1F 49
Portishead Bus. Pk. BS20: P'head . . .1F 49
Portishead Swimming Pool 3B 34
Portishead Way
   BS3: Ash V, Bwr A 1A 76
Portland Ct. BS1: Bris 4C 66
   BS16: Soun 3F 61
Portland Dr. BS20: P'head 2A 50
Portland Pl. BA1: Bath 2B 104
   BS16: Stap H 3F 61
Portland Sq. BA1: Bath 2B 104
   (off St James's Pk.)
Portland Sq. BS2: Bris 1A 68
Portland St. BS2: Bris 1E 67
   BS8: Clif 2B 66
   BS16: Soun, Stap H 3F 61
Portland Ter. BA1: Bath 2B 104
   (off Harley St.)
Portmeirion Cl. BS14: Whit 2D 87
Portside Cl. BS5: St G 3B 70
Port Vw. BS20: Pill 1E 53
Portview Rd. BS11: A'mth 2D 37
Portwall La. BS1: Bris 5D 5 (4A 68)
Portwall La. E. BS1: Bris 5E 5 (4A 68)
Portway BS9: Sea M, Stok B 1D 55
   BS9: Stok B 5A 56
   BS11: Shire 3E 37
Portway La. BS37: Chip S 3E 17
Portway Rdbt. BS11: Shire 3E 37
Postal Mus. 2B 6
Post Office La. BS5: St G 1A 70
POTTERSWOOD 2E 71

Potts Cl. BA1: Bathe 3B 98
Pound, The BS32: Alm 1C 8
Pound Dr. BS16: Fish 1B 60
Pound La. BS16: Fish 2B 60
Pound Rd. BS15: K'wd, Soun 4B 62
Pountney Dr. BS5: E'tn 1D 69
Powlett Cl. BA2: Bath 1E 7 (3D 105)
Powlett Rd. BA2: Bath 1E 7 (2D 105)
Pow's Rd. BS15: K'wd 2F 71
Poyntz Ct. BS30: L Grn 1B 82
Poyntz Rd. BS4: Know 4B 78
Praedium, The BS6: Redl 4D 57
Prattens La. BS16: Stap H 2F 61
Preacher Cl. BS20: St G 3D 71
Precinct, The BS20: P'head 1F 49
Preddy's La. BS5: St G 3C 70
Prescott BS37: Yate 5F 15
Press Moor Dr. BS30: Bar C 5B 72
Prestbury BS37: Yate 5F 15
Preston Wlk. BS4: Know 3C 78
Prestwick Cl. BS4: Brisl 3F 79
Pretoria Rd. BS34: Pat 5B 8
Prewett St. BS1: Bris 5D 5 (4A 68)
Priddy Cl. BA2: Bath 5D 103
                                    (not continuous)
Priddy Ct. BS14: Whit 2D 87
Priddy Dr. BS14: Whit 2D 87
Priest Path BS31: Q Char 4C 88
Priestwood Cl. BS10: Hen 5C 22
Primrose Cl. BS15: K'wd 1E 71
      BS32: Brad S 3F 9
PRIMROSE HILL 1F 103
Primrose Hill BA1: W'ton 1F 103
Primrose La. BS15: K'wd 5E 61
Primrose Ter. BS15: K'wd 5E 61
Princes Bldgs. BA1: Bath 2B 6
      BA2: Bath 5E 7 (5D 105)
      BS8: Clif 3B 66
Princes Ct. BS30: L Grn 5B 72
Princes' La. BS8: Clif 3B 66
Prince's Pl. BS7: B'stn 3A 58
Princess Cl. BS31: Key 3A 90
Princess Gdns. BS16: Stap 5F 43
Princess Row BS2: Bris 1F 67
Princess Royal Gdns. BS5: Redf 1E 69
Princess St. BS2: Bris 3C 68
      BS3: Bedm 5A 68
Princess St. BA1: Bath 3B 6 (4B 104)
      BS2: Bris 1B 68
Princess Victoria St. BS8: Clif 3B 66
Prince St. BS1: Bris 5B 4 (4F 67)
Prince St. Rdbt. BS1: Bris 4B 4
Prinknash Ct. BS37: Yate 1F 31
Prior Pk. Bldgs. BA2: Bath 5D 105
                                    (off Prior Pk. Rd.)
Prior Pk. Cotts. BA2: Bath 5C 104
Prior Pk. Gdns.
      BA2: Bath 5E 7 (5D 105)
Prior Pk. Landscape Garden 2E 111
Prior Pk. Rd. BA2: Bath 5E 7 (5D 105)
Prior's Hill Flats BS6: Bris 5F 57
Priors Lea BS37: Yate 4F 15
Priory Av. BS9: W Trym 4C 40
Priory Cl. BA2: C Down 3D 111
Priory Ct. BS15: Han 1E 81
Priory Ct. Rd. BS9: W Trym 4C 40
Priory Dene BS9: W Trym 4C 40
Priory Farm Trad. Est.
      BS20: P'bry 3F 51
Priory Gdns. BS7: Hor 3B 42
      BS11: Shire 4F 37
      BS20: Eas 2D 53
Priory Rd. BS4: Know 2D 79
      BS8: Clif 1D 67
      BS11: Shire 5F 37
      BS20: Eas 2D 53
      BS20: P'bry 3F 51
      BS31: Key 5A 82
Priory Wlk. BS20: P'bry 3F 51
Pritchard St. BS2: Bris 1E 5 (1A 68)
Privet Dr. BS13: Hart 2E 85
Probyn Cl. BS9: B'hll 4C 44
Pro-Cathedral La. BS8: Clif 2D 67
Proctor Cl. BS4: Brisl 3F 79
Proctor Ho. BS1: Bris 5E 5 (4A 68)
Promenade, The BS7: B'stn 4F 57
      BS8: Clif 1B 66
Prospect Av. BS2: Bris 1F 67
      BS15: K'wd 5D 61
Prospect Bldgs. BA1: Bathe 2B 98

Prospect Cl. BS36: Fram C 5B 12
      BS36: Wint D 4A 28
Prospect Cres. BS15: Soun 4B 62
Prospect Gdns. BA1: Bathe 2B 98
Prospect La. BS36: Fram C 5B 12
Prospect Pl. BA1: Bath 1C 104
                                    (off Camden Rd.)
      BA1: Bathf 5F 99
      BA1: W'ton 5E 95
      BA2: Bath 5B 104
      BA2: C Down 4D 111
                                    (off Combe Rd.)
      BS5: W'hall 1E 69
      BS6: Cot 4F 57
Prospect Rd. BA2: Bath 1E 111
Prospect Ter. BS3: Bedm 1E 77
PROVIDENCE 2B 74
Providence La. BS41: L Ash 1B 74
Providence Pl. BS2: Bris 3F 5
      BS3: Bedm 1F 77
      BS5: Redf 2E 69
Providence Vw. BS41: L Ash 3C 74
Prudham St. BS5: E'tn 5E 59
Pullin Ct. BS30: Old C 5F 73
Pulteney Av. BA2: Bath 4E 7 (4D 105)
Pulteney Bri. BA2: Bath 3C 6 (4C 104)
Pulteney Ct. BA2: Bath 5E 7
Pulteney Gdns.
      BA2: Bath 4E 7 (4D 105)
Pulteney Gro. BA2: Bath 5E 7 (5D 105)
Pulteney M. BA2: Bath 3D 7 (3C 104)
Pulteney Rd. BA2: Bath 5E 7 (5D 105)
Pulteney Ter. BA2: Bath 4E 7
                                    (off Pulteney Av.)
Pump La. BA1: Bathf 1D 107
      BS1: Bris 5D 5 (4A 68)
Pump Room 3B 6 (4C 104)
Pump Sq. BS20: Pill 1F 53
Purcell Wlk. BS4: Know 5F 77
Purdown Rd. BS7: Hor 1B 58
Purdy Ct. BS16: Fish 2C 60
Purlewent Dr. BA1: W'ton 5E 95
Pursey Dr. BS32: Brad S 2B 26
Purton Cl. BS15: K'wd 3A 72
Purton Rd. BS7: B'stn 4F 57
Puxley Cl. BS14: Stoc 1A 88
PYE CORNER 5F 27
Pye Cft. BS32: Brad S 2A 10
Pyecroft Av. BS9: Henle 4D 41
Pylle Hill Cres. BS3: Wind H 5B 68
Pynne Cl. BS14: Stoc 1B 88
Pynne Rd. BS14: Stoc 2A 88
Pyracantha Wlk. BS14: H'gro 1C 86

Q

QEH Theatre 2D 67
Quadrangle, The BS37: W'lgh 4E 31
Quadrant BS32: Brad S 2D 9
Quadrant, The BS6: Redl 3D 57
      BS32: Alm 2C 8
Quadrant E. BS16: Fish 3E 61
Quadrant W. BS16: Fish 3E 61
Quakers Cl. BS16: Down 3F 45
Quaker's Friars BS1: Bris . . .1D 5 (2A 68)
Quakers Rd. BS16: Down 2F 45
Quantock Cl. BS30: Old C 4E 73
Quantock Rd. BS3: Wind H 1F 77
      BS20: P'head 1D 49
Quantocks BA2: C Down 4C 110
Quarrington Rd. BS7: Hor 1A 58
Quarry Barton BS16: Ham 4E 27
Quarry Cl. BA2: C Down 4B 110
Quarry La. BS11: Law W 1E 39
      BS36: Wint D 4A 28
Quarrymans Ct. BA2: C Down 4D 111
Quarry Rd. BA2: Clav D 5F 105
      BS8: Clif 4C 66
      BS15: K'wd 3F 71
      BS16: Fren 4D 45
      BS20: P'head 2E 49
Quarry Rock Gdns. Cvn. Pk.
      BA2: Clav D 5A 106
Quarry Steps BS8: Clif 4C 56
Quarry Va. BA2: C Down 4D 111
Quarry Way BS16: Emer G 2C 46
      BS16: Stap 1A 60
Quarter Mile All. BS15: K'wd 5F 61

Quays, The BS1: Bris 5A 4 (4E 67)
Quays Av. BS20: P'head 1A 50
Quayside BS1: Bris 3E 5 (3A 68)
      BS5: St G 3B 70
      BS8: Clif 3D 67
Quayside Wlk. BS1: Bris 4C 4
                                    (off Redcliff Backs)
Quays Office Pk. BS20: P'head 1A 50
Quay St. BS1: Bris 2B 4 (2F 67)
Quebec BA2: Bath 4C 102
Quedgeley BS37: Yate 5E 15
Queen Ann Rd. BS5: Bar H 3D 69
Queen Charlotte St.
      BS1: Bris 3C 4 (3F 67)
QUEEN CHARLTON 4C 88
Queen Charlton La. BS14: Whit 4F 87
      BS31: Q Char 4F 87
Queen Quay BS1: Bris 4C 4 (3F 67)
Queens Av. BS8: Clif 2D 67
      BS20: P'head 1E 49
Queenscote BS20: P'head 1B 50
Queen's Ct. BS8: Clif 2D 67
Queensdale Cres. BS4: Know 3C 78
Queensdown Gdns. BS4: Brisl 1E 79
Queens Dr. BA2: C Down 4C 110
      BS7: B'stn 2E 57
      BS15: Han 5D 71
Queens Ga. BS9: Stok B 1F 55
Queenshill Rd. BS4: Know 3C 78
Queensholm Av. BS16: Down 2A 46
Queensholm Cl. BS16: Down 2A 46
Queensholm Cres. BS16: Down 2F 45
Queensholm Dr. BS16: Down 2A 46
Queens Pde. BA1: Bath 2A 6 (3B 104)
      BS1: Bris 3D 67
Queens Pde. Pl.
      BA1: Bath 2B 6 (3B 104)
Queens Pl. BA2: Bath 5E 7 (5D 105)
Queen Sq. BA1: Bath 2B 6 (3B 104)
      BS1: Bris 4B 4 (4F 67)
      BS31: Salt 4B 92
Queen Sq. Av. BS1: Bris 4C 4 (3F 67)
Queen Sq. Pl. BA1: Bath 2A 6 (3B 104)
Queens Rd. BS4: Know 3E 79
      BS5: St G 1B 70
      BS7: B'stn 2B 58
      BS8: Clif 2C 66
      BS13: Bis, Withy 4B 84
      BS20: P'head 2A 48
      BS30: C Hth 5C 72
      BS31: Key 3F 89
Queen St. BA1: Bath 3B 6 (4B 104)
      BS2: Bris 2E 5 (2A 68)
      BS5: Eastv 3F 59
      BS11: A'mth 2C 36
      BS15: K'wd 2D 71
Queen's Way BS20: P'head 2A 48
Queensway BS34: Lit S 2E 25
Queen Victoria Rd. BS6: Henle 2C 56
Queen Victoria St. BS2: Bris 3C 68
Queenwood Av. BA1: Bath 1C 104
Quickthorn Cl. BS14: Whit 1C 86
Quiet St. BA1: Bath 3B 6 (4B 104)
Quilter Gro. BS4: Know 5F 77

R

Raby M. BA2: Bath 2E 7 (3D 105)
Raby Pl. BA2: Bath 2E 7 (3D 105)
Raby Vs. BA2: Bath 2F 7 (3D 105)
Rackfield Pl. BA2: Bath 4D 103
Rackham Cl. BS7: L'lze 5D 43
Rackhay BS1: Bris 3C 4 (3F 67)
Radley Rd. BS16: Fish 2D 61
Radnor Rd. BS7: Hor 1F 57
      BS9: Henle 1D 57
Raeburn Rd. BS5: St G 2D 71
Raglan Cl. BA1: Bath 5C 96
                                    (off Raglan La.)
Raglan La. BA1: Bath 5C 96
      BS5: St G 2C 70
Raglan Pl. BS7: B'stn 3F 57
Raglan Rd. BS7: B'stn 3F 57
Raglan St. BA1: Bath 5C 96
Raglan Ter. BA1: Bath 5C 96
Raglan Vs. BA1: Bath 1C 104
Raglan Wlk. BS31: Key 3F 89
Railton Jones Cl. BS34: Stok G 5A 26
Railway Pl. BA1: Bath 5D 7 (5C 104)

Railway Rd. BA1: Bath 5C **6** (5C **104**)
Railway St. BA1: Bath 5C **6** (5C **104**)
Railway Ter. BS16: Fish 2E **61**
Rainbow Ct. BS37: Yate 2D **15**
Raja Rammohun Roy Wlk.
  BS16: Stap 2E **59**
Raleigh Cl. BS31: Salt 5E **91**
Raleigh Ri. BS20: P'head 5A **34**
Raleigh Rd. BS3: Ash G, Bris 1C **76**
Ralph Allen Dr.
  BA2: Bath, C Down 1D **111**
Ralph Rd. BS7: B'stn 2B **58**
RAM HILL 3F **29**
Ram Hill BS36: Coal H 3E **29**
Ram Hill Bus. Pk. BS36: Coal H . . .3F **29**
Ram Hill Rd. BS36: H'fld 4F **29**
Ramscombe La. BA1: Bathe 1A **98**
Ramsey Rd. BS7: Hor 4B **42**
Ranchway BS20: P'head 2B **48**
Randall Cl. BS15: Soun 4B **62**
Randall Rd. BS8: Clif 3C **66**
Randolph Av. BS13: Hart 2D **85**
  BS37: Yate 1F **15**
Randolph Cl. BS13: Hart 2D **85**
Rangers Wlk. BS15: Han 5E **71**
Rannoch Rd. BS7: Fil 1B **42**
Raphael Ct. BS1: Bris 5E **5** (5A **68**)
Ratcliffe Dr. BS34: Stok G 3A **26**
Rathbone Cl. BS36: Coal H 3E **29**
Ravendale Dr. BS30: L Grn 1D **83**
Ravenglass Cres. BS10: S'mead . . .1E **41**
Ravenhead Dr. BS14: H'gro 4D **79**
Ravenhill Av. BS3: Know 2B **78**
Ravenhill Rd. BS3: Wind H 1B **78**
Ravenscourt Rd. BS34: Pat 1D **25**
Ravenswood BS30: L Grn 1C **82**
Ravenswood Rd. BS6: Cot 5E **57**
Rawnsley Ho. BS5: E'tn 5C **58**
Rayens Cl. BS41: L Ash 3B **74**
Rayens Cross Rd. BS41: L Ash 3B **74**
Rayleigh Rd. BS9: W Trym 4F **39**
Raymend Rd. BS3: Wind H 1A **78**
Raymend Wlk. BS3: Wind H 2A **78**
Raymill BS4: Brisl 2C **80**
Raymore Ri. BS41: L Ash 4B **74**
Raynes Rd. BS3: Ash G 1C **76**
Reading Cl. BS15: K'wd 1D **71**
Rectory Cl. BS37: Yate 2B **16**
Rectory Gdns. BS10: Hen 1A **40**
Rectory La. BS34: Fil 1C **24**
Rectory Rd. BS20: Eas 3D **53**
  BS36: Fram C 5C **12**
Redcar Ct. BS16: Down 2B **46**
Redcatch Rd. BS3: Know 1B **78**
  BS4: Know 1B **78**
Redcliffe Backs BS1: Bris . .4D **5** (3A **68**)
REDCLIFFE BAY **2A 48**
Redcliffe Cl. BS20: P'head 3A **48**
Redcliffe Pde. E. BS1: Bris . . .5C **4** (4F **67**)
Redcliffe Pde. W.
  BS1: Bris 5C **4** (4F **67**)
Redcliffe Way BS1: Bris 5C **4** (4F **67**)
Redcliff Hill BS1: Bris 5D **5** (4A **68**)
Redcliff Mead La. BS1: Bris 5E **5**
Redcliff Quay BS1: Bris 4D **5** (3F **67**)
Redcliff St. BS1: Bris 3D **5** (3A **68**)
Redcross Ct. BS2: Bris 2F **5**
Redcross La. BS2: Bris 1F **5**
Redcross M. BS2: Bris 2F **5** (2B **68**)
Redcross St. BS2: Bris 2F **5** (2B **68**)
Redding Rd. BS5: Eastv 4D **59**
Reddings, The BS15: Soun 4B **62**
REDFIELD 1F **69**
Redfield Hill BS30: Bit, Old C 5F **73**
Redfield Leisure Cen. **2E 69**
               (off Church Rd.)
Redfield Rd. BS34: Pat 1D **25**
Redford Cres. BS13: Withy 4A **84**
Redford Wlk. BS13: Withy 4B **84**
Redgrave Theatre 1B **66**
Redhill Cl. BS16: Fish 3A **60**
Redhill Dr. BS16: Fish 3A **60**
Red Ho. La. BS9: W Trym 5A **40**
  BS32: Alm 1D **9**
REDLAND 4D **57**
Redland Av. BS20: Eas 5B **36**
Redland Ct. Rd. BS6: Redl 3E **57**
Redland Grn. Rd. BS6: Redl 4D **57**
Redland Gro. BS6: Cot, Redl 4E **57**
Redland Hill BS6: Cot 4C **56**

Redland Pk. BA2: Bath 4B **102**
         (not continuous)
  BS6: Redl 4D **57**
Redland Rd. BS6: Cot, Redl 3C **56**
Redland Station (Rail) 4E **57**
Redland Ter. BS6: Redl 4D **57**
Red Lodge 2A **4** (2E **67**)
Redlynch La. BS31: Key 5D **89**
Redshelf Wlk. BS10: Bren 5E **23**
Redwick Cl. BS11: Law W 1E **39**
Redwing Gdns. BS16: B'hll 5A **44**
Redwood Cl. BS30: L Grn 1C **82**
Redwood Ho. BS13: Hart 4F **85**
Redwoods, The BS31: Key 1F **89**
Reed Cl. BS10: Hor 5F **41**
Reed Ct. BS30: L Grn 1B **82**
Reedley Rd.
  BS9: Stok B, W Trym 1A **56**
Reedling Cl. BS16: B'hll 5A **44**
Regency Dr. BS4: Brisl 2C **80**
Regent Rd. BS3: Bedm 5F **67**
Regents Fld. BA2: B'ptn 2F **105**
Regent St. BS8: Clif 3C **66**
  BS15: K'wd 1F **71**
Regina, The BA1: Bath 1B **6**
Remenham Dr. BS9: Henle 1D **57**
Remenham Pk. BS9: Henle 1D **57**
Rene Rd. BS5: E'tn 5D **59**
Repton Hall BS10: Bren 1D **41**
Repton Rd. BS4: Brisl 1E **79**
Reynold's Cl. BS31: Key 2C **90**
Reynolds Wlk. BS7: Hor 4C **42**
Rhode Cl. BS31: Key 4C **90**
Rhododendron Wlk. BS10: Hen 2A **40**
Richardson Pl. BA2: C Down 4E **111**
Richeson Cl. BS10: Hen 1B **40**
Richeson Wlk. BS10: Hen 1B **40**
Richmond Av. BS6: Bris 4B **58**
  BS34: Stok G 3A **26**
Richmond Cl. BA1: Bath 1B **104**
  BS20: P'head 1A **50**
  BS31: Key 3F **89**
Richmond Ct. *BS8: Clif* *4C 56*
        (off Richmond Dale)
  BS34: Pat 4B **8**
Richmond Dale BS8: Clif 4C **56**
Richmond Hgts. BA1: Bath 5B **96**
Richmond Hill BA1: Bath 1B **104**
  BS8: Clif .2D **67**
Richmond Hill Av. BS8: Clif 2D **67**
Richmond La. BA1: Bath 1B **104**
  BS8: Clif .2C **66**
Richmond M. BS8: Clif 2C **66**
Richmond Pk. Rd. BS8: Clif 2C **66**
Richmond Pl. BA1: Bath 1B **104**
Richmond Rd. BA1: Bath 5B **96**
  BS5: St G 1A **70**
  BS6: Bris .5A **58**
  BS16: Mang 1C **62**
Richmond St. BS3: Wind H 5B **68**
Richmond Ter. *BA1: Bath* *1C 104*
      (off Claremont Bldgs.)
  BS8: Clif .2C **66**
  BS11: A'mth 2C **36**
Richmond Vs. BS11: A'mth 2C **36**
Ride, The BS15: K'wd 4C **62**
RIDGE, THE 3B **16**
Ridge, The BS11: Shire 4A **38**
  BS36: Coal H 1E **29**
Ridge Cl. BS20: P'head 2C **48**
Ridge Grn. Cl. BA2: Odd D 5F **109**
Ridgehill BS9: Henle 5E **41**
Ridgemeade BS14: Whit 3D **87**
Ridgemount Gdns. BS14: Whit 2D **87**
Ridge Vw. BS41: L Ash 2D **75**
RIDGEWAY .4B **60**
Ridgeway BS36: Coal H 1F **29**
  BS37: Yate 3B **16**
Ridgeway, The BS10: W Trym 2C **40**
Ridgeway Cl. BS10: W Trym 2C **40**
Ridgeway Gdns. BS14: Whit 2E **87**
Ridgeway Ind. Cen. BS5: S'wll 4A **60**
Ridgeway La. BS14: Whit 3D **87**
Ridgeway Pde. BS5: Eastv 3A **60**
Ridgeway Rd. BS16: Fish 3A **60**
  BS41: L Ash 3C **74**
Ridgewood BS9: Stok B 4F **55**
  BS37: Yate 4B **16**
Riding Cotts., The BS37: Chip S 3D **17**
Ridingleaze BS11: Law W 2C **38**

Ridings, The BS13: Withy 3A **84**
  BS36: Coal H 2E **29**
Ridings Cl. BS37: Chip S 4E **17**
Ridings Rd. BS36: Coal H 2E **29**
Ringswell Gdns. BA1: Bath 1D **105**
Ringwood Cres. BS10: S'mead 2E **41**
Ringwood Rd. BA2: Bath 4E **103**
Ripley Rd. BS5: St G 5C **60**
Ripon Ct. BS16: Down 1B **46**
Ripon Rd. BS4: St Ap 3A **70**
Rippleside BS20: P'head 1E **49**
Risdale Rd. BS3: Ash V 3A **76**
Rivergate BS1: Bris 4F **5** (3B **68**)
Riverland Dr. BS13: Withy 3B **84**
Riverleaze BS9: Sea M 1D **55**
  BS20: P'head 1B **48**
River Mead BS37: Yate 2E **15**
River Pl. BA2: Bath 4D **103**
River Rd. BS20: P'bry 2A **36**
  BS37: Chip S 4C **16**
Riverside Bus. Pk. BS4: St Ap 3F **69**
Riverside Cl. BS11: Shire 1B **54**
Riverside Ct. BA2: Bath 5A **6** (4B **104**)
  BS4: St Ap 3B **70**
Riverside Dr. BS16: Fish 4E **45**
Riverside Gdns. BA1: Bath 4A **6**
Riverside M. BS4: St Ap 3B **70**
Riverside Rd. BA2: Bath 4A **6** (4A **104**)
Riverside Steps BS4: St Ap 2A **70**
Riverside Wlk. BS5: St G 3B **70**
Riverside Way BS15: Han 1E **81**
Rivers Rd. BA1: Bath 1C **104**
           (Camden Rd.)
  BA1: Bath 2B **104**
         (St Stephen's Rd.)
Rivers St. BA1: Bath 1A **6** (3B **104**)
Rivers St. M. BA1: Bath 1A **6** (3B **104**)
River St. BS2: Bris 1F **5** (2B **68**)
River St. Pl. BA1: Bath 1B **6**
River Ter. BA1: Key 2B **90**
River Vw. BS16: B'hll 1A **60**
Riverwood Rd. BS16: Fren 2E **45**
Riviera Cres. BS16: Soun 2A **62**
Riviera Way BS34: Stok G 4C **26**
Roath Rd. BS20: P'head 1F **49**
Robbins Cl. BS32: Brad S 2B **26**
Robbins Ct. BS16: Emer G 5D **47**
Robel Av. BS36: Fram C 5B **12**
Robert Ct. BS8: L Wds 3A **66**
  BS16: Emer G 4D **47**
Robertson Dr. BS4: St Ap 3B **70**
Robertson Rd. BS5: E'tn 4D **59**
Robert St. BS5: Bar H 2D **69**
  BS5: Eastv 4D **59**
Robin Cl. BS10: Bren 1D **41**
  BS14: Stoc 1F **87**
Robin Cousins Sports Cen. 3E **37**
Robin Hood La. BS1: Bris . . .1A **4** (2E **67**)
Robinia Wlk. BS14: H'gro 5B **78**
Robinson Dr. BS5: E'tn 1C **68**
Robin Way BS37: Chip S 1B **32**
Rochester Rd. BS4: St Ap 4A **70**
Rochfort Cl. BA2: Bath 2C **104**
Rochfort Pl. BA2: Bath 1D **7** (2C **104**)
Rock, The BS4: Brisl 1A **80**
  BS4: St Ap 2A **80**
Rock Cotts. BA2: C Down 4D **111**
Rock Hall Cotts. BA2: C Down 4D **111**
Rock Hall La. BA2: C Down 4D **111**
Rockhill Est. BS31: Key 3B **90**
Rock Ho. BS10: Bren 5E **23**
Rockingham Gdns.
  BS11: Law W 3C **38**
Rockingham Rdbt. BS11: A'mth 2E **19**
Rockland Gro. BS16: Stap 5F **43**
Rockland Rd. BS16: Down 4E **45**
Rock La. BA2: C Down 4D **111**
  BS34: Stok G 3B **26**
Rockleaze BS9: Stok B 4A **56**
Rockleaze Av. BS9: Stok B 3A **56**
Rockleaze Ct. BS9: Stok B 3A **56**
Rockleaze Rd. BS9: Stok B 3A **56**
Rockliffe Av. BA2: Bath 2D **105**
Rockliffe Rd. BA2: Bath 2D **105**
Rock Rd. BS31: Key 2A **90**
ROCKS, THE 1B **16**
Rockside Av. BS16: Down 3B **46**
Rockside Dr. BS9: Henle 5D **41**
Rockside Gdns. BS16: Down 3B **46**
  BS36: Fram C 5E **13**

Rockstowes Way BS10: Bren 5F 23
Rockwell Av. BS11: Law W 2D 39
Rockwood Ho. BS37: Yate 1C 16
Rodborough BS37: Yate 1E 31
Rodborough Way BS15: K'wd 2C 72
Rodbourne Rd. BS10: Hor 4F 41
RODFORD .1F 31
Rodfords Mead BS14: H'gro 5C 78
Rodford Way BS37: Yate 1E 31
Rodmead Wlk. BS13: Withy 3C 84
Rodmoor Rd. BS20: P'head 5C 34
Rodney Av. BS15: K'wd 1C 70
Rodney Ho. BA2: Bath 4C 102
Rodney Pl. BS8: Clif 2C 66
Rodney Rd. BS15: K'wd 5C 60
BS31: Salt 5A 92
Rodney Wlk. BS15: K'wd 5C 60
RODWAY HILL 2C 62
Rodway Hill BS16: Mang 2C 62
Rodway Hill Rd. BS16: Mang 1C 62
Rodway Rd. BS16: Mang 1C 62
BS34: Pat 1B 24
Rodway Vw. BS15: Soun 3B 62
Roegate Dr. BS4: St Ap 3A 70
Roegate Ho. BS5: S'wll 5B 60
Rogers Cl. BS30: C Hth 4D 73
Rogers Ct. BS37: Chip S 4E 17
Rokeby Av. BS6: Cot 5E 57
Roman Baths 4C 6 (4C 104)
Roman Farm Ct. BS11: Law W 1E 39
Roman Farm Rd. BS4: Know 5A 78
Roman Rd. BA2: Eng, Odd D 5E 109
BS5: E'tn 5D 59
Roman Wlk. BS4: Brisl 1E 79
BS34: Stok G 3A 26
Roman Way BS9: Stok B 2E 55
Romney Av. BS7: L'lze 1D 59
Romo Ct. BS16: Fish 2E 61
Ronald Rd. BS16: B'hll 5B 44
Ronayne Wlk. BS16: Fish 5E 45
Rondo Theatre, The 1E 105
Rookery Rd. BS4: Know 2B 78
Rookery Way BS14: Whit 3B 86
Rooksbridge Wlk. BA2: Bath 4E 103
Rope Wlk. Ho. BS2: Bris 1F 5
Rosary Rdbt., The BS16: Emer G . .4F 47
Rose Acre BS10: Bren 5C 22
Rosebay Mead BS16: Stap 2A 60
Roseberry Pk. BS5: St G 1F 69
Roseberry Pl. BA2: Bath 4F 103
Roseberry Rd. BA2: Bath 4F 103
BS5: Redf 2E 69
Rosebery Av. BS2: Bris 5C 58
Rosebery Ct. BS2: Bris 5C 58
Rosebery Ter. BS8: Clif 3D 67
Rose Cl. BS36: Wint D 4A 28
Rose Cotts. BA2: Odd D 5E 109
Rosedale Rd. BS16: Fish 3D 61
ROSE GREEN 5A 60
Rose Grn. BS5: Eastv 4F 59
Rose Green Cen. 5F 59
Rose Grn. Cl. BS5: S'wll 4A 60
Rose Grn. Rd. BS5: S'wll 4F 59
Rose Hill BA1: Bath 5D 97
(not continuous)
Roseland Cl. BA1: Swa 4E 97
Roseland Gdns. BS15: Warm 1D 73
Rose La. BS36: Coal H 2F 29
Roselarge Gdns. BS10: Bren 1C 40
Rosemary Cl. BS32: Brad S 2B 26
Rosemary Cres. BS20: P'head 1B 50
Rosemary La. BS5: Eastv 4E 59
Rose Mead BS7: Hor 4C 42
Rosemeare Gdns. BS13: Bis 5A 76
Rosemont Ter. BS8: Clif 3C 66
Rosemount La. BA2: Bath 1D 111
Rosenberg Ho's. BA1: Bath 4B 6
(off Westgate Bldgs.)
Rose Oak Dr. BS36: Coal H 1F 29
Rose Oak La. BS36: Coal H 1F 29
Rose Rd. BS5: St G 2A 70
Rosery, The BS16: Fish 3E 61
Rosery Cl. BS9: W Trym 3C 40
Rose Ter. BA2: C Down 3E 111
Rosevear BS2: Bris 2C 68
Roseville Av. BS30: L Grn 2C 82
Rose Wlk. BS16: Fish 3E 61
Rosewarn Cl. BA2: Bath 1C 108

Rosewell Ct. BA1: Bath 3A 6 (4B 104)
Rosling Rd. BS7: Hor 5A 42
Roslyn Rd. BS6: Redl 5E 57
Rossall Av. BS34: Lit S 2E 25
Rossall Rd. BS4: Brisl 1F 79
Ross Cl. BS37: Chip S 4D 17
Rossiter Grange
BS13: Withy 4C 84
Rossiter Rd. BA2: Bath 5D 7 (5C 104)
Rossiter's La. BS5: St G 3C 70
Rossiter Wood Ct.
BS11: Law W 1D 39
Rosslyn Rd. BA1: Bath 3D 103
Rosslyn Cl. BS37: Chip S 4C 16
Roundhill Gro. BA2: Bath 2D 109
Roundhill Pk. BA2: Bath 1C 108
Roundmoor Cl. BS31: Salt 4F 91
Roundmoor Gdns. BS14: Stoc 1F 87
Roundways BS36: Coal H 2E 29
Rousham Rd. BS5: Eastv 3C 58
Rowacres BA2: Bath 2D 109
BS14: H'gro 1B 86
Rowan Cl. BS16: Fish 4C 60
Rowan Ct. BS5: Bar H 2D 69
BS37: Yate 2E 15
Rowan Dr. BS13: Hart 3F 85
Rowans, The BS16: Fren 2D 45
BS20: P'head 2D 49
Rowan Wlk. BS31: Key 3E 89
Rowan Way BS15: Han 1D 81
Rowberrow BS14: H'gro 5B 78
Rowland Av. BS16: Stap 2F 59
Rowlands Cl. BA1: Bathf 5E 99
Rowlandson Gdns. BS7: L'lze 5D 43
Rowley St. BS3: Bedm 1E 77
Rownham Cl. BS3: Bwr A 5A 66
Rownham Ct. BS8: Clif 4C 66
Rownham Hill BS8: L Wds 3A 66
Rownham Mead BS8: Clif 4C 66
Royal Albert Rd. BS6: Henle 2C 56
Royal Av. BA1: Bath 1A 6 (3A 104)
Royal Cl. BS10: Hen 5F 21
Royal Cres. BA1: Bath 1A 6 (3A 104)
Royal Fort Rd. BS2: Bris . . .1A 4 (2E 67)
Royal Oak Av. BS1: Bris 5B 4 (3F 67)
Royal Pk. BS8: Clif 2C 66
Royal Pk. M. BS8: Clif 2C 66
Royal Photographic Society 2B 6
Royal Portbury Dock Rd.
BS20: P'bry 5A 36
Royal Rd. BS16: Mang 5C 46
Royal Victoria Pk. BS10: Bren 1D 41
Royal York Cres. BS8: Clif 3B 66
Royal York M. BS8: Clif 3C 66
Royal York Vs. BS8: Clif 3C 66
Royate Hill BS5: Eastv 4F 59
Roycroft Rd. BS34: Fil 1D 43
Roy Kings Gdns. BS30: C Hth 3E 73
Royston Wlk. BS10: S'mead 1F 41
Rozel Rd. BS7: Hor 1A 58
Rubens Cl. BS31: Key 2C 90
Ruby St. BS3: Bedm 1D 77
Rudford Cl. BS34: Pat 4D 9
Rudge Cl. BS15: Soun 4B 62
Rudgeway Rd. BS5: S'wll 5A 60
Rudgewood Cl. BS13: Hart 3F 85
Rudgleigh Av. BS20: Pill 2E 53
Rudgleigh Rd. BS20: Pill 2E 53
Rudhall Gro. BS10: Hor 4A 42
Rudmore Pk. BA1: Bath 3C 102
Rudthorpe Rd. BS7: Hor 1A 58
Ruffet Rd. BS36: Coal H 5C 28
Rugby Rd. BS4: Brisl 1F 79
Runnymead Av. BS4: Brisl 3F 79
Runnymeade BS15: K'wd 5A 62
Runswick Rd. BS4: Brisl 1E 79
Rupert St. BS1: Bris 2B 4 (2F 67)
BS5: Redf 2D 69
Rush Cl. BS32: Brad S 3F 9
RUSH HILL 3E 109
Rush Hill BA2: Bath 3D 109
Rushy BS30: C Hth 5C 72
Rushy Way BS16: Emer G 2C 46
Ruskin Gro. BS7: Hor 3C 42
Russell Av. BS15: K'wd 2A 72
Russell Gro. BS6: Henle 1E 57
Russell Rd. BS6: Henle 2D 57
BS16: Fish 4D 61
Russell St. BA1: Bath 1B 6 (3B 104)
RUSSELL TOWN 2D 69
Russell Town Av. BS5: E'tn 1D 69

Russell Town Av. Ind. Cen.
BS5: Redf 2E 69
(off Russell Town Av.)
Russel M. BS37: Chip S 4D 17
Russets, The BS20: P'head 2B 50
Russ St. BS2: Bris 3F 5 (3B 68)
Ruston Dr. BS36: Coal H 1F 29
Rutherford Cl. BS30: L Grn 1C 82
Ruthven Rd. BS4: Know 4A 78
Rutland Av. BS30: Will 2C 82
Rutland Rd. BS7: B'stn 3A 58
Ryde Rd. BS4: Know 2D 79
Rye Cl. BS13: Bis 1A 84
Ryecroft Ri. BS41: L Ash 3D 75
Ryecroft Rd. BS36: Fram C 5E 13
Ryedown La. BS30: Bit 3E 83
Ryland Pl. BS2: Bris 4C 58
Rylestone Cl. BS36: Fram C 5B 12
Rylestone Gro. BS9: W Trym 1B 56
Rysdale Rd. BS9: W Trym 5B 40

S

Sabrina Way BS9: Stok B 2E 55
Saco Ho. BS1: Bris 4E 5 (3A 68)
Sadlers Cl. BS15: K'wd 5F 61
Sadlier Cl. BS11: Law W 3B 38
Saffron Cl. BA1: Bath 1E 69
Saffron St. BS5: W'hall 1E 69
Sage Cl. BS20: P'head 2A 48
Sages Mead BS32: Brad S 5F 9
St Agnes Av. BS4: Know 2B 78
St Agnes Gdns. BS4: Know 2B 78
St Agnes Wlk. BS4: Know 2B 78
St Aidans Cl. BS5: St G 3D 71
St Aidans Rd. BS5: St G 3C 70
St Albans Rd. BS6: Henle 2D 57
St Aldwyn's Cl. BS7: Hor 3B 42
ST ANDREWS 3A 58
St Andrews BS30: Warm 3D 73
BS37: Yate 5A 16
St Andrews Ga. Rdbt.
BS11: A'mth 1D 37
St Andrews Ho. BS11: A'mth 1C 36
St Andrew's Rd. BS6: Bris 5A 58
BS11: A'mth 1D 37
St Andrew's Road Station (Rail) . . .4D 19
St Andrews Ter.
BA1: Bath 2B 6 (3B 104)
St Andrews Trad. Est.
BS11: A'mth 1E 37
St Andrew's Wlk. BS8: Clif 3C 66
ST ANNE'S 4F 69
St Annes Av. BS31: Key 1F 89
St Annes Cl. BS5: St G 3B 70
BS30: C Hth 5D 73
St Anne's Ct. BS4: St Ap 4F 69
BS31: Key 1F 89
St Annes Dr. BS30: Old C 2E 83
BS36: Coal H 3E 29
ST ANNE'S PARK 4A 70
St Annes Pk. Rd. BS4: St Ap 4A 70
St Anne's Rd. BS4: St Ap 3F 69
BS5: St G 3D 71
St Anne's Ter. BS4: St Ap 4A 70
St Ann's Pl. BA1: Bath 3A 6
St Ann's Way BA2: Bath 3B 7 (4E 105)
St Aubin's Av. BS4: Brisl 1B 80
St Augustine's Cl. BS20: P'head 2A 48
St Augustine's Pde.
BS1: Bris 3B 4 (3F 67)
St Augustine's Pl. BS1: Bris 3B 4
St Barnabas Cl. BS4: Know 3B 78
BS30: Warm 2E 73
St Bartholomew's Rd. BS7: Bris 3B 58
St Bede's Rd. BS15: K'wd 4E 61
St Bernards Rd. BS11: Shire 5A 38
St Blaise's Chapel (site of) 2F 39
St Brelades Gro. BS4: St Ap 4A 70
St Brendans Rdbt. BS11: A'mth 2D 37
St Brendans Trad. Est.
BS11: A'mth 1D 37
St Brendans Way BS11: A'mth 2D 37
St Briavels Dr. BS37: Yate 5F 15
St Cadoc Ho. BS31: Key 2B 90
St Catherine's Cl.
BA2: Bath 3F 7 (4E 105)
St Catherine's Ct. BS3: Bedm 1F 77

St Catherine's Ind. Est.
  BS3: Bedm 5F **67**
           (off Whitehouse La.)
St Catherine's Mead BS20: Pill . . .3F **53**
St Catherine's Pl. BS3: Bedm 5F **67**
St Catherine's Ter. BS3: Bedm 1F **77**
           (off Church La.)
St Christopher's Cl. BA2: Bath . . .3E **105**
St Clements Ct. BS16: Soun 3F **61**
  BS31: Key 3A **90**
St Clement's Rd. BS31: Key 2A **90**
          (not continuous)
St David's Av. BS30: C Hth 4C **72**
St David's Cres. BS4: St Ap 3B **70**
St Davids M. BS1: Bris 4A **4**
St Dunstans Cl. BS31: Key 1A **90**
St Dunstan's Rd. BS3: Bedm 2E **77**
St Edward's Rd. BS8: Clif 3D **67**
St Edyth's Rd. BS9: Sea M 5D **39**
St Fagans Ct. BS30: Will 2D **83**
St Francis Dr. BS36: Wint 2B **28**
St Francis Rd. BS3: Ash G 5C **66**
  BS31: Key 1E **89**
St Gabriel's Bus. Pk. BS5: E'tn 1D **69**
St Gabriel's Rd. BS5: E'tn 1D **69**
ST GEORGE 1C **70**
St Georges Av. BS5: St G 3B **70**
St Georges Bldgs. BA1: Bath 3A **104**
         (off Up. Bristol Rd.)
St Georges Heights BS5: Redf 2F **69**
St Georges Hill BA2: B'ptn 2F **105**
  BS20: Eas 3C **52**
St Georges Ho. BS5: St G 1A **70**
  BS8: Clif 3D **67**
         (off St George's Rd.)
St Georges Ind. Est. BS11: A'mth . .5D **19**
St Georges Pl. BA1: Bath 3A **104**
         (off Up. Bristol Rd.)
St Georges Rd. BS1: Bris . . .4A **4** (3D **67**)
  BA2: P'bry 4A **36**
  BS31: Key 1F **89**
St Gregory's Rd. BS7: Hor 3B **42**
St Gregory's Wlk. BS7: Hor 3B **42**
St Helena Rd. BS6: Henle 2D **57**
St Helens Dr. BS30: Old C 2E **83**
St Helen's Wlk. BS5: St G 5C **60**
St Helier Av. BS4: Brisl 5B **70**
St Hilary Cl. BS9: Stok B 1F **55**
St Ivel Way BS30: Warm 3E **73**
St James' Barton
  BS1: Bris 1D **5** (1A **68**)
St James Ct. BS1: Bris 1C **4**
  BS32: Brad S 2E **9**
St James' Pde. BS1: Bris 1C **4** (2F **67**)
St James Pl. BS16: Mang 1C **62**
St James's Pde.
  BA1: Bath 4B **6** (4B **104**)
St James's Pk. BA1: Bath 2B **104**
St James's Pl. BA1: Bath . . .1A **6** (2B **104**)
St James's Sq. BA1: Bath 2A **104**
St James's St. BA1: Bath . . .1A **6** (2B **104**)
St James St. BS16: Mang 1C **62**
St John's BA1: Bath 2D **103**
St John's Bldgs. BS3: Bedm 5F **67**
St Johns Ct. BA2: Bath 1C **6** (3C **104**)
  BS16: Fish 3C **60**
  BS31: Key 1A **90**
St John's Cres. BS3: Wind H 2A **78**
St John's La. BS3: Bedm, Wind H . . .1E **77**
St John's Pl. BA1: Bath 3B **6** (4B **104**)
St John's Rd. BA1: Bath 3E **103**
  BA2: Bath 2C **6** (3C **104**)
  BS3: Bedm 5F **67**
         (Lombard St.)
  BS3: Bedm 1E **77**
         (St John's St.)
  BS8: Clif 5C **56**
St John's Steep BS1: Bris 2C **4**
         (off All Saints St.)
St John's St. BS3: Bedm 1E **77**
St John's Way BS37: Chip S 3D **17**
St Joseph's Rd. BS10: Bren 5D **23**
St Keyna Ct. BS31: Key 2B **90**
St Keyna Rd. BS31: Key 2A **90**
St Kilda's Rd. BA2: Bath 5F **103**
St Ladoc Rd. BS31: Key 2F **89**
St Laud Cl. BS9: Stok B 1F **55**
St Leonard's Rd. BS5: E'tn 4E **59**
  BS7: Hor 5A **42**
St Loe Cl. BS14: Whit 4B **86**

St Lucia Cl. BS7: Hor 4A **42**
St Lucia Cres. BS7: Hor 4A **42**
St Lukes Cl. BS16: Emer G 4E **47**
St Luke's Cl. BS3: Bedm 5A **68**
St Luke's Cres. BS3: Wind H 5B **68**
St Lukes Gdns. BS4: Brisl 2A **80**
St Lukes Ho. BS16: Emer G 4E **47**
St Luke's Rd. BA2: Bath 2B **110**
  BS3: Bris, Wind H 5A **68**
St Luke's Steps BS3: Wind H 5A **68**
St Luke St. BS5: Bar H 2D **69**
St Margaret's Cl. BS31: Key 1F **89**
St Margaret's Dr. BS9: Henle 1E **57**
St Mark's Av. BS5: E'tn 4E **59**
St Marks Cl. BS31: Key 1A **90**
St Marks Gdns.
  BA2: Bath 5C **6** (5C **104**)
St Mark's Gro. BS5: E'tn 5D **59**
St Mark's Rd. BA2: Bath . . .5C **6** (5C **104**)
  BS5: E'tn 5D **59**
St Mark's Ter. BS5: E'tn 5D **59**
St Martins BS41: L Ash 3C **74**
St Martin's Cl. BS4: Know 2D **79**
St Martin's Ct. BA2: Odd D 4A **110**
St Martin's Gdns. BS4: Know 3D **79**
St Martin's Rd. BS4: Know 2D **79**
St Martin's Wlk. BS4: Know 3D **79**
St Mary's Bldgs.
  BA2: Bath 5B **6** (5B **104**)
St Marys Cl. BA2: Bath 3F **7** (4D **105**)
  BS30: C Hth 3D **73**
St Mary's Pk. Rd. BS20: P'head 2E **49**
St Marys Redcliffe Church 5D **5**
St Mary's Rd. BS8: L Wds 3F **65**
  BS11: Shire 4E **37**
  BS20: P'head 2E **49**
St Mary's Wlk. BS11: Shire 5F **37**
St Mary's Way BS37: Yate 3B **16**
St Matthews Av. BS6: Bris 5F **57**
St Matthews Pl. BA2: Bath 5E **7**
St Matthew's Rd. BS6: Bris 1F **67**
St Matthias Ho. BS2: Bris 1F **5**
St Matthias Pk. BS2: Bris . . .1F **5** (2B **68**)
St Michaels Cl. BA2: Mon C 5F **111**
  BS36: Wint 1A **28**
St Michael's Hill BS2: Bris . . .1A **4** (1E **67**)
  BS15: K'wd 1D **71**
St Michael's Pk. BS2: Bris . . .1A **4** (1E **67**)
St Michael's Pl.
  BA1: Bath 4B **6** (4B **104**)
St Michael's Rd. BA1: Bath 3F **103**
  BA2: Bath 5C **102**
St Monica Ct. BS9: W Trym 1C **56**
St Nicholas Cl. BA2: B'ptn 1B **106**
St Nicholas Mkt. BS1: Bris . . .3C **4** (3F **67**)
St Nicholas Pk. BS5: E'tn 5D **59**
St Nicholas Rd. BS2: Bris 5B **58**
  BS14: Whit 3E **87**
St Nicholas St. BS1: Bris 3C **4** (3F **67**)
St Oswald's Ct. BS6: Redl 3D **57**
St Oswald's Rd. BS6: Redl 3D **57**
St Patrick's Ct. BA2: Bath . . .3F **7** (4D **105**)
  BS31: Key 2A **90**
ST PAUL'S 1C **68**
St Pauls Pl. BA1: Bath 3A **6**
St Paul's Rd. BS3: Bedm 5F **67**
  BS8: Clif 2D **67**
St Paul St. BS2: Bris 1A **68**
St Peters Cl. BS3: Bedm 5F **67**
         (off Bedminster Pde.)
St Peter's Cres. BS36: Fram C 5D **13**
St Peter's Ho. BS8: Clif 3D **67**
         (off Jacob's Wells Rd.)
St Peter's Ri. BS13: Bis 5C **76**
St Peter's Rd. BS20: P'head 2F **49**
St Peter's Ter. BA2: Bath 4F **103**
St Peter's Wlk. BS9: Henle 5D **41**
St Philips C'way. BS5: Bar H 2C **68**
  BS2: Bris 2C **68**
St Philips Central Ind. Est.
  BS2: Bris 4C **68**
ST PHILIP'S MARSH 4D **69**
St Philips Rd. BS2: Bris 2B **68**
St Pierre Dr. BS30: Warm 3D **73**
St Ronan's Av. BS6: Cot 5E **57**
St Saviours Ho. BS4: Know 2B **78**
St Saviours Ri. BS36: Fram C 2D **29**
St Saviours Rd. BA1: Bath, Swa . . .1D **105**
St Saviour's Ter. BA1: Bath 1D **105**

St Saviours Way BA1: Bath 1E **105**
St Stephen's Av. BS1: Bris . . .3B **4** (3F **67**)
St Stephens Bus. Cen.
  BS30: Old C 4E **73**
         (off Poplar Rd.)
St Stephen's Cl. BA1: Bath 1B **104**
  BS10: S'mead 1E **41**
  BS16: Soun 3A **62**
St Stephen's Ct. BA1: Bath 2B **104**
St Stephen's Pl. BA1: Bath 2B **104**
         (off St Stephen's Rd.)
St Stephen's Rd. BA1: Bath 2B **104**
  BS16: Soun 3A **62**
St Stephen's St.
  BS1: Bris 2B **4** (2F **67**)
St Swithin's Pl. BA1: Bath 2C **104**
St Swithin's Yd. BA1: Bath 1C **6**
St Thomas Pl. BS1: Bris 4D **5** (3A **68**)
St Thomas St. BS1: Bris 3D **5** (3A **68**)
St Thomas St. E.
  BS1: Bris 4D **5** (3A **68**)
St Vincent's Hill BS6: Redl 4C **56**
St Vincents Rd. BS8: Clif 3C **66**
St Vincents Trad. Est. BS2: Bris 3E **69**
Saint Way BS34: Stok G 4C **26**
St Werburghs City Farm 3B **58**
St Werburgh's Pk. BS2: Bris 4C **58**
St Werburgh's Rd. BS2: Bris 4B **58**
St Whytes Rd. BS4: Know 4F **77**
St Winifred's Dr. BA2: C Down 3F **111**
St Wulfstan Av. BS10: W Trym 3C **40**
Salcombe Rd. BS4: Know 3B **78**
Salem Rd. BS36: Wint 1B **28**
Salisbury Av. BS15: K'wd 1D **71**
Salisbury Dr. BS16: Down 5A **46**
Salisbury Gdns. BS16: Down 1A **62**
Salisbury Pk. BS16: Down 5A **46**
Salisbury Rd. BA1: Bath 5D **97**
  BS4: St Ap 4F **69**
  BS6: Redl 4F **57**
  BS16: Down 5A **46**
Salisbury St. BS5: Bar H 3D **69**
  BS5: St G 2A **70**
Sally Barn Cl. BS30: L Grn 2A **82**
Sally Hill BS20: P'head 4D **35**
Sally Lunn's House 4C **6** (4C **104**)
Sallysmead Cl. BS13: Hart 3D **85**
Sallys Way BS36: Wint 1B **28**
Salmons Way BS16: Emer G 3C **46**
SALTFORD .4A **92**
Saltford Ct. BS31: Salt 4A **92**
Salthrop Rd. BS7: B'stn 2A **58**
Saltmarsh Dr. BS11: Law W 2C **38**
Saltwell Av. BS14: Whit 2E **87**
Sambourne La. BS20: Pill 1E **53**
Samian Way BS34: Stok G 3A **26**
Sampson Ho. Bus. Pk.
  BS10: H'len 1F **21**
Sampsons Rd. BS13: Hart 3F **85**
Samuel St. BS5: Redf 1E **69**
Samuel White Rd. BS15: Han 1D **81**
Samuel Wright Cl. BS30: Old C 4F **73**
Sanctuary, The BS20: Pill 2A **54**
Sanctuary Gdns. BS9: Stok B 3F **55**
Sandbach Rd. BS4: Brisl 5F **69**
Sandbed Rd. BS2: Bris 4C **58**
Sandburrows Rd. BS13: Bis 1A **84**
Sandburrows Wlk. BS13: Bis 1B **84**
Sandcroft BS14: H'gro 1B **86**
Sandford Rd. BS8: Clif 4C **66**
Sandgate Rd. BS4: Brisl 1F **79**
Sand Hill BS4: Brisl 5E **69**
Sandholme Cl. BS16: Down 3A **46**
Sandholme Rd. BS4: Brisl 5E **69**
Sandhurst Cl. BS34: Pat 4D **9**
Sandhurst Rd. BS4: Brisl 5F **69**
Sandling Av. BS7: Hor 4C **42**
Sandown Cl. BS16: Down 2B **46**
Sandown Rd. BS4: Brisl 5F **69**
  BS34: Fil 5E **25**
Sandringham Av. BS16: Down 3A **46**
Sandringham Pk. BS16: Down 3A **46**
Sandringham Rd. BS4: Brisl 1F **79**
  BS30: L Grn 2B **82**
  BS34: Stok G 3F **25**
Sands La. BS36: Fram C 4B **12**
Sandstone Ri. BS36: Wint 4A **28**
Sandwich Rd. BS4: Brisl 5F **69**
Sandy Cl. BS32: Brad S 2A **26**

Sandy La. BS5: Eastv 3E 59
BS8: Abb L 2A 64
BS8: Fail 5C 52
(not continuous)
Sandyleaze BS9: W Trym 4A 40
Sandy Lodge BS37: Yate 5A 16
Sandy Pk. Rd. BS4: Brisl 5E 69
Saracens, The BS7: Hor 1A 58
Saracen St. BA1: Bath 2C 6 (3C 104)
Sarah St. BS5: Bar H 2D 69
Sargent St. BS3: Bedm 5A 68
Sarum Cl. BS16: Emer G 5E 47
Sarum Cres. BS10: S'mead 2E 41
Sassoon Ct. BS30: Bar C 4B 72
Satchfield Cl. BS10: Hen 1B 40
Satchfield Cres. BS10: Hen 1B 40
Satellite Bus. Pk. BS5: St G 2F 69
Sates Way BS9: Henle 5E 41
Saunders Rd. BS16: Stap H 2A 62
Saunton Wlk. BS4: Know 4A 78
Savages Wood Rd. BS32: Brad S . . .5F 9
Saville Ga. Cl. BS9: Stok B 2B 56
Saville M. BS6: Bris 1F 67
Saville Pl. BS8: Clif 3C 66
Saville Rd. BS9: Stok B 3B 56
Saville Row BA1: Bath 1B 6 (3B 104)
Savoy Rd. BS4: Brisl 5F 69
Saw Cl. BA1: Bath 3B 6 (4B 104)
Sawmills St. BS20: Eas 5B 36
Saxon Rd. BS2: Bris 4C 58
Saxon Way BS32: Brad S 4E 9
Say Wlk. BS30: B'yte 2F 73
Scandrett Cl. BS10: Hen 1A 40
Scantleberry Cl. BS16: Down 2F 45
School Cl. BS5: Eastv 3F 59
BS14: Whit 3B 86
BS34: Pat 5E 9
School Ct. BS34: Stok G 4C 26
School La. BA1: Bathe 3B 98
BS16: Stap 1A 60
School Rd. BS4: Brisl 2A 80
BS4: Wind H 1C 78
BS15: K'wd 1E 71
BS30: C Hth 5C 72
BS30: Old C 1D 83
BS36: Fram C 5B 12
School Wlk. BS5: W'hall 5F 59
BS37: Yate 3A 16
Scop, The BS32: Alm 1C 8
Scotland La. BS4: Brisl 4B 80
BS14: Brisl 1B 88
Scott Ct. BS30: Bar C 4B 72
Scott Lawrence Cl. BS16: B'hll 4C 44
Scott Wlk. BS30: B'yte 2F 73
Scott Way BS37: Yate 5B 16
Sea Bank Rd. BS20: P'bry 3A 36
Seagry Cl. BS10: S'mead 2A 42
SEA MILLS 5E 39
Sea Mills La. BS9: Sea M 2E 55
Sea Mills Station (Rail) 2D 55
Searle Ct. Av. BS4: Brisl 5A 70
Seaton Rd. BS5: E'tn 5E 59
Seaview Rd. BS20: P'head 2B 48
Seawalls BS9: Stok B 4F 55
Seawalls Rd. BS9: Stok B 4F 55
Second Av. BA2: Bath 1F 109
BS14: H'gro 5D 79
Second Way BS11: A'mth 2F 37
Seddon Rd. BS2: Bris 4C 58
Sedgefield Gdns. BS16: Down 2B 46
Sedgemoor Rd. BA2: C Down 4B 110
Sedgemoor Ter. BA2: C Down 3C 110
Sedgewick Ho. BS11: Shire 4A 38
Sefton Pk. Rd. BS7: B'stn 3A 58
Selborne Rd. BS7: Hor 1B 58
Selbourne Cl. BA1: Bath 2C 102
Selbrooke Cres. BS16: Fish 5D 45
Selby Rd. BS5: S'wll 5B 60
Selden Rd. BS14: Stoc 2A 88
Selkirk Rd. BS15: K'wd 5E 61
Selley Wlk. BS13: Bis 2C 84
Selworthy BS15: K'wd 2A 72
Selworthy Cl. BS31: Key 2F 89
Selworthy Ho. BA2: C Down 3B 110
Selworthy Rd. BS4: Know 2D 79
Selworthy Ter. BA2: C Down 3B 110
Seneca Pl. BS5: St G 2F 69
Seneca St. BS5: St G 2F 69
Septimus Bldgs. BS14: Hart 2F 85
(off Hawkfield Cl.)

Serbert Cl. BS20: P'head 1A 50
Serbert Rd. BS20: P'head 1A 50
Serbert Way BS20: P'head 1A 50
Serridge La. BS36: Coal H 4E 29
Seven Acres La. BA1: Bathe 2B 98
Seven Dials BA1: Bath 3B 6 (4B 104)
Seventh Av. BS7: Hor 2D 43
BS14: H'gro 5C 78
Severn Grange BS10: Hen 5F 21
Severn Ho. BS10: Hen 5F 21
Severn Leigh Gdns. BS9: Stok B . . .3B 56
Severnmead BS20: P'head 1B 48
Severn Rd. BS10: H'len 2D 21
BS11: Chit 1B 20
BS11: Shire 5F 37
BS20: P'head 1E 49
BS20: Pill 1E 53
Severnside Trad. Est.
BS11: A'mth 3E 19
Severn Vw. BS11: Law W 2E 39
Severn Way BS31: Key 3B 90
BS34: Pat 4B 8
Sevier St. BS2: Bris 4B 58
Seville Ct. BS20: P'head 4D 35
Seville Rd. BS20: P'head 4D 35
Seymour Av. BS7: B'stn 2A 58
Seymour Rd. BA1: Bath 2C 104
BS5: E'tn 5C 58
BS7: B'stn 2A 58
BS15: K'wd 5F 61
BS16: Stap 2F 61
Seyton Wlk. BS34: Stok G 3A 26
Shackel Hendy M. BS16: Emer G . . .1E 63
Shackleton Av. BS37: Yate 5B 16
Shaftesbury Av. BA1: Bath 3E 103
BS6: Bris 5A 58
Shaftesbury M. BA2: Bath 5F 103
Shaftesbury Rd. BA2: Bath 5F 103
Shaftesbury Ter. BS5: St G 2F 69
Shaft Rd. BA2: C Down, Mon C . . .3F 111
Shakespeare Av. BA2: Bath 1B 110
BS7: Hor 3C 42
Shaldon Rd. BS7: L'lze 2C 58
Shallows, The BS31: Salt 4B 92
Sham Castle La.
BA2: Bath 2F 7 (3D 105)
Shamrock Rd. BS5: Eastv 3F 59
Shanklin Dr. BS34: Fil 5D 25
Shannon Ct. BS1: Bris 3C 4
Shannon Wlk. BS20: P'head 5E 35
Shapcott Cl. BS4: Know 3D 79
Shaplands BS9: Stok B 2B 56
Sharland Cl. BS9: Stok B 3A 56
Sharland Gro. BS13: Hart 3E 85
Shaw Cl. BS5: E'tn 1D 69
BS16: Mang 3D 63
Shaw Gdns. BS14: H'gro 4C 78
Shaws Way BA2: Bath 4B 102
Shearmore Cl. BS7: Hor 4C 42
Shearwater Ct. BS16: B'hll 5B 44
(off Begbrook La.)
Sheene Ct. BS3: Bedm 1E 77
Sheene Rd. BS3: Bedm 1E 77
Sheene Way BS3: Bedm 1E 77
Sheephouse Cvn. Pk. BS20: Eas . . .4A 36
Sheepscroft BS13: Withy 3C 84
SHEEPWAY 1D 51
Sheepway BS20: P'bry, P'head 2B 50
Sheepway La. BS20: P'bry 1E 51
Sheepwood Cl. BS10: Hen 1C 40
Sheepwood Rd. BS10: Hen 1C 40
Sheldare Barton BS5: St G 2D 71
Sheldrake Dr. BS16: B'hll 5A 44
Shellard Rd. BS34: Fil 1C 42
Shellards Rd. BS30: L Grn 1B 82
Shelley Cl. BS5: St G 1B 70
Shelley Rd. BA2: Bath 5B 104
Shelley Way BS7: Hor 3C 42
Shellmor Av. BS34: Pat 4D 9
Shellmor Cl. BS34: Pat 4E 9
Shepherds Cl. BS16: Stap H 1A 62
Shepherds Wlk. BA2: C Down 4B 110
(not continuous)
BS32: Brad S 4F 9
Sheppard Rd. BS16: Fish 5E 45
Sheppards Gdns. BA1: W'ton 5D 95
Shepton Wlk. BS3: Bedm 2E 77
Sherbourne Av. BS32: Brad S 2A 26
Sherbourne Cl. BS15: Soun 4B 62

Sherbourne St. BS5: St G 1A 70
Sheridan Rd. BA2: Bath 5B 102
BS7: Hor 2C 42
Sheridan Way BS30: L Grn 2C 82
Sherrings, The BS34: Pat 5D 9
Sherrin Way BS13: Withy 3A 84
Sherston Cl. BS16: Fish 1D 61
Sherston Rd. BS7: Hor 3A 42
Sherwell Rd. BS4: Brisl 1A 80
Sherwood Cl. BS31: Key 2A 90
Sherwood Rd. BS15: K'wd 5D 61
BS31: Key 2A 90
Shetland Rd. BS10: S'mead 2F 41
Shickle Gro. BA2: Odd D 4E 109
Shield Retail Cen. BS34: Fil 5C 24
Shields Av. BS7: Hor 1C 42
Shiels Dr. BS32: Brad S 1F 25
Shilton Cl. BS15: K'wd 2B 72
Shimsey Cl. BS16: Fish 5E 45
Shipham Cl. BS14: Whit 2D 87
Ship Hill BS15: Han 4D 71
Ship La. BS1: Bris 5D 5 (4A 68)
Shipley Mow BS16: Emer G 5D 47
Shipley Rd. BS9: W Trym 3C 40
Shire Gdns. BS11: Shire 3F 37
SHIREHAMPTON 5A 38
Shirehampton Rd.
BS9: Sea M, Stok B 4D 39
BS11: Shire 5B 38
Shirehampton Station (Rail) 1F 53
Shirehampton Swimming Pool 5A 38
Shires Yd. BA1: Bath 2B 6 (3B 104)
Shire Way BS37: Yate 1E 31
SHOCKERWICK 1F 99
Shockerwick La. BA1: Bathf, Sho . . .3D 99
Shophouse Rd. BA2: Bath 4D 103
Shorland Ct. BS8: Clif 5C 56
Shorthill Rd. BS37: W'lgh 4E 31
Shortlands Rd. BS11: Law W 2C 38
Short La. BS41: L Ash 2C 74
Short St. BS2: Bris 4C 68
SHORTWOOD 1F 63
Shortwood Hill BS16: Short 1F 63
Shortwood Rd. BS13: Hart 4A 86
Shortwood Vw. BS15: K'wd 1B 72
Shortwood Wlk. BS13: Hart 4A 86
Showcase Cinema 4E 69
Showering Cl. BS14: Stoc 2F 87
Showering Rd. BS14: Stoc 2F 87
Shrubbery, The BA1: Bath 2B 104
Shrubbery Av. BS30: Stap H 1F 61
Shrubbery Ct. BS16: Stap H 1F 61
Shrubbery Rd. BS16: Stap H 1F 61
Shuter Rd. BS13: Withy 2B 84
Sidcot BS4: Brisl 2C 80
Sideland Cl. BS14: Stoc 1A 88
Sidelands Rd. BS16: Fish 5E 45
Sidings, The BS34: Fil 1E 43
Sidmouth Gdns. BS3: Wind H 2F 77
Sidmouth Rd. BS3: Wind H 2F 77
Signal Rd. BS16: Stap H 2A 62
Silbury Ri. BS31: Key 5C 90
Silbury Rd. BS3: Ash V 2A 76
Silcox Rd. BS13: Hart 3E 85
Silklands Gro. BS9: Sea M 5E 39
Silverbirch Cl. BS34: Lit S 1F 25
Silverhill Rd. BS10: Hen 5A 22
Silver St. BS1: Bris 1C 4 (2F 67)
BS20: Wes 5A 48
Silverthorne La. BS2: Bris 4C 68
Silverthorne Wharf BS2: Bris 3C 68
Silverton Ct. BS4: Know 3B 78
Simmonds Vw. BS34: Stok G 3B 26
Simplex Ind. Est. BS30: Old C 5E 73
Sinclair Ho. BS8: Clif 3D 67
SION HILL 1A 104
Sion Hill BA1: Bath 1A 104
BS8: Clif 2B 66
Sion Hill Pl. BA1: Bath 1A 104
Sion La. BS8: Clif 2B 66
Sion Pl. BA2: Bath 3F 7
BS8: Clif 2B 66
Sion Rd. BA1: Bath 1A 104
BS3: Bedm 1E 77
Sir John's La. BS5: Eastv 2D 59
(not continuous)
BS16: L'lze 2D 59
Siston Cen., The BS15: Soun 4C 62
Siston Cl. BS15: Soun 4C 62
SISTON COMMON 4C 62

Siston Comn. BS15: Sis 4C **62**
(not continuous)
BS30: Sis 4C **62**
Siston Hill BS30: Sis 5C **62**
(not continuous)
Siston La. BS30: W Hth 1F **73**
Siston Pk. BS15: Soun 4C **62**
Sixth Av. BS7: Hor 2D **43**
BS14: H'gro 5C **78**
Skippon Ct. BS15: Han 4A **72**
SLADEBROOK 2E **109**
Sladebrook Av. BA2: Bath 2E **109**
Sladebrook Ct. BA2: Bath 2E **109**
Sladebrook Rd. BA2: Bath 1D **109**
Slade Rd. BS20: P'head 1F **49**
Sleep La. BS14: Whit 4F **87**
Slimbridge Cl. BS37: Yate 1B **32**
Sloan St. BS5: St G 1F **69**
Slymbridge Av. BS10: Bren 5C **22**
Small La. BS16: Stap 1A **60**
(not continuous)
Small St. BS1: Bris 2B **4** (2F **67**)
BS2: Bris 4C **68**
Smarts Grn. BS37: Chip S 5E **17**
Smeaton Rd. BS1: Bris 4B **66**
Smithcourt Dr. BS34: Lit S 2E **25**
Smithmead BS13: Hart 2D **85**
Smoke La. BS11: A'mth, Chit 2E **19**
Smythe Cft. BS14: Whit 4C **86**
Smyth Rd. BS3: Bedm 1C **76**
Smyths Cl. BS11: A'mth 2D **37**
SNEYD PARK 3F **55**
Snowberry Cl. BS32: Brad S 5A **10**
Snowberry Wlk. BS5: W'hall 1A **70**
Snowdon Cl. BS16: Fish 2B **60**
Snowdon Rd. BS16: Fish 1B **60**
Snow Hill BA1: Bath 2C **104**
Snow Hill Ho. BA1: Bath 2C **104**
Soaphouse Ind. Est. BS5: St G . . .1A **70**
Sodbury La. BS37: W'lgh 3A **32**
Solsbury Ct. BA1: Bathe 3B **98**
BA2: Clav D 4B **106**
Solsbury La. BA1: Bathe 3A **98**
Solsbury Va. BA2: B'ptn 1B **106**
Solsbury Way BA1: Bath 5B **96**
(not continuous)
Somerby Cl. BS32: Brad S 1F **25**
SOMERDALE 5B **82**
Somerdale Av. BA2: Odd D 3E **109**
BS4: Know 4B **78**
Somerdale Rd. BS31: Key 1B **90**
Somerdale Rd. Nth. BS31: Key . . .5B **82**
Somerdale Vw. BA2: Bath 3E **109**
Somermead BS3: Bedm 3E **77**
Somerset Av. BS37: Yate 2B **16**
Somerset Cres. BS34: Stok G 3B **26**
Somerset Ho. BA2: Bath 2F **109**
BS2: Bris 2B **68**
(off Lawfords Ga.)
Somerset La. BA1: Bath 1A **104**
Somerset Pl. BA1: Bath 1A **104**
Somerset Rd. BS4: Know 1C **78**
BS20: P'head 1B **48**
Somerset Sq. BS1: Bris 5D **5** (4A **68**)
Somerset St. BA1: Bath 5C **6** (5C **104**)
BS1: Bris 5E **5** (4A **68**)
BS2: Bris 1F **67**
Somerset Ter. BS3: Wind H 1F **77**
Somerton Cl. BS15: K'wd 2A **72**
Somerton Rd. BS7: Hor 5A **42**
Somerville Cl. BS31: Salt 5A **92**
Somerville Rd. BS6: Bris 3B **58**
BS7: B'stn, Bris 3A **58**
Sommerville Rd. Sth. BS6: Bris . .4B **58**
Soper Gdns. BS4: Know 5F **77**
SOUNDWELL 3B **62**
Soundwell Rd. BS15: K'wd 5E **61**
BS16: Soun 4F **61**
Southampton Gdns. BS7: B'stn . . .1B **58**
Southampton M. BS7: B'stn 1B **58**
South Av. BA2: Bath 5F **103**
BS20: P'head 5C **34**
BS37: Yate 4D **15**
Southblow Ho. BS3: Ash G 1C **76**
Southbourne Gdns. BA1: Bath . .1D **105**
South Bristol Crematorium & Cemetery
BS13: Bis 4B **76**
Sth. Bristol Retail Pk.
BS3: Ash G 1B **76**
Sth. Bristol Trade Pk. BS3: Ash V . .1B **76**

Southcot Pl. BA2: Bath 5D **7** (5C **104**)
South Ct. BS32: Brad S 2F **9**
South Cft. BS9: Henle 4E **41**
South Dene BS9: Stok B 5A **40**
SOUTH DOWN 2D **109**
Southdown Av. BA2: Bath 2D **109**
Southdown Rd. BA2: Bath 1D **109**
BS9: W Trym 3B **40**
Southdowns BS8: Clif 5C **56**
Southernhay BS8: Clif 3D **67**
Stap South H 2E **61**
Southernhay Av. BS8: Clif 3D **67**
Southernhay Cres. BS8: Clif 3D **67**
Southey Av. BS15: K'wd 5A **62**
Southey Rd. BS15: K'wd 5F **61**
Southey St. BS2: Bris 4B **58**
Southfield Av. BS15: K'wd 5A **62**
Southfield Ct. BS9: W Trym 4C **40**
Southfield Rd. BS6: Cot 5F **57**
BS9: W Trym 4C **40**
Southfield Way BS37: Yate 1C **16**
Southgate BA1: Bath 4C **6** (5C **104**)
South Grn. St. BS8: Clif 3B **66**
South Gro. BS6: Henle 1E **57**
BS20: Pill 2E **53**
South Hayes BS5: Eastv 2D **59**
Southlands BA1: W'ton 5C **94**
(not continuous)
BS9: Know 3D **79**
Sth. Lea Rd. BA1: Bath 2C **102**
Southleigh Rd. BS8: Clif 1D **67**
Sth. Liberty La.
BS3: Ash V, Bedm 3A **76**
South Lodge BS9: Stok B 5F **39**
SOUTH LYNCOMBE 2B **110**
SOUTHMEAD 2E **41**
Southmead Rd.
BS10: S'mead, W Trym 4E **41**
BS34: Fil 4E **41**
Southmead Way BS10: S'mead . .3F **41**
Southover Cl. BS9: W Trym 3C **40**
South Pde. BA2: Bath 4D **7** (4C **104**)
BS8: Clif 1D **67**
BS37: Yate 4A **16**
South Pde. Cotts. BA2: C Down . .4E **111**
(off Tyning Rd.)
South Quay BS1: Bris 3E **5** (3A **68**)
South Rd. BS3: Bedm 1E **77**
BS6: Redl 4E **57**
BS15: K'wd 1F **71**
BS20: P'head 5C **34**
Southsea Rd. BS34: Pat 1C **24**
Southside Cl. BS9: C Din 3D **39**
SOUTH STOKE 5B **110**
Southstoke La. BA2: S'ske 5B **110**
Southstoke Rd. BA2: C Down 4B **110**
South St. BS3: Bedm 1D **77**
BS37: Yate 4D **57**
South Ter. BS6: Redl 4D **57**
SOUTH TWERTON 5F **103**
South Vw. BA1: Bath 1C **104**
(off Camden Rd.)
BA2: Mon C 4F **111**
BS2: Bris 1F **67**
(off Marlborough Hill Pl.)
BS16: Stap H 1A **62**
BS20: P'head 4C **34**
BS36: Fram C 1D **29**
South Vw. Cres. BS36: Coal H . . .2F **29**
South Vw. Pl. BA2: Odd D 5E **109**
South Vw. Ri. BS36: Coal H 2E **29**
South Vw. Rd. BA2: Bath 4F **103**
SOUTHVILLE 5E **67**
Southville Pl. BS3: Bedm 5F **67**
Southville Rd. BS3: Bedm 5F **67**
Southville Ter. BA2: Bath 1D **111**
South Wlk. BS37: Yate 4A **16**
Southway Dr. BS30: Old C 4F **73**
Southwell St. BS2: Bris 1A **4** (1E **67**)
Southwood Av. BS9: C Din 3E **39**
Southwood Dr. BS9: C Din 4D **39**
Southwood Dr. E. BS9: C Din 3E **39**
Spa La. BA1: Swa 5E **97**
Spalding Cl. BS7: Eastv 3C **58**
Spar Rd. BS37: Yate 3F **15**
Spartley Dr. BS13: Bis 1B **84**
Spartley Wlk. BS13: Bis 1B **84**
Spa Vis. Cen. 4D **7**
(off Clarence Rd.)
Spectrum Ho. BS2: Bris 1E **5** (1A **68**)
SPEEDWELL 5C **60**

Speedwell Av. BS5: St G 2F **69**
Speedwell Rd. BS5: S'wll 5B **60**
BS15: K'wd 5D **61**
Speedwell Swimming Pool 5B **60**
Spencer Ho. BS1: Bris 4A **68**
(off Mede Cl.)
Spencers Belle Vue BA1: Bath . . .2B **104**
Spinney, The BS20: P'head 2E **49**
BS32: Brad S 1A **26**
BS36: Fram C 1D **29**
Spinney Cft. BS13: Withy 2B **84**
Spires Vw. BS16: Stap 1A **60**
Sprigg Dr. BS20: Wes 5B **48**
Spring Cres. BA2: Bath 4D **7** (4C **104**)
Springfield Av. BS7: Hor 1B **58**
BS11: Shire 5F **37**
BS16: Mang 5C **46**
Springfield Cl. BA2: Bath 5D **103**
BS16: Mang 4C **46**
Springfield Gro. BS6: Henle 1D **57**
Springfield Ho. BS6: Cot 1E **67**
Springfield Lawns BS11: Shire . . .5F **37**
Springfield Pl. BA1: Bath 1B **104**
Springfield Rd. BS6: Henle 5F **57**
BS16: Mang 4C **46**
BS20: P'head 1D **49**
BS20: Pill 2E **53**
Springfields BS34: Fil 1C **42**
Spring Gdns. BS4: Know 3C **78**
Spring Gdns. Rd.
BA2: Bath 3D **7** (4C **104**)
(Argyle St.)
BA2: Bath 5D **7** (5C **104**)
(Ferry La.)
Spring Hill BS2: Bris 1F **67**
(not continuous)
BS15: K'wd 4A **62**
Spring La. BA1: Bath 5D **97**
Springleaze BS4: Know 3C **78**
BS16: Mang 4C **46**
Springly Ct. BS15: K'wd 1C **72**
Spring Ri. BS20: P'head 3E **49**
Spring St. BS3: Bedm 5A **68**
Spring St. Pl. BS3: Bedm 5A **68**
Spring Va. BA1: Bath 5D **97**
Springville Cl. BS30: L Grn 1C **82**
Springwater Pk. Trad. Est.
BS5: St G 2A **70**
Springwood Dr. BS10: Hen 5F **21**
Spruce Way BA2: Odd D 5A **110**
BS34: Pat 1A **24**
Spryngham Ho. BS13: Withy 3C **84**
Square, The BA2: Bath 5A **6** (5B **104**)
BS1: Bris 4F **5** (3B **68**)
BS4: Brisl 2F **79**
BS4: Know 3C **78**
BS16: Stap H 2A **62**
Squires Ct. BS30: L Grn 5B **72**
SS Great Britain 4D **67**
Stable Yd. BA2: Bath 4F **103**
Stackpool Rd. BS3: Bris 5D **67**
Stadium Rd. BS6: Henle 1E **57**
Stafford Rd. BS2: Bris 4C **58**
BS20: P'head 2A **50**
Staffords Ct. BS30: C Hth 3C **72**
Stafford St. BS3: Bedm 5F **67**
Stainer Cl. BS4: Know 1F **85**
Stall St. BA1: Bath 4C **6** (4C **104**)
STAMBRIDGE 4B **98**
Stambrook Pk. BA1: Bathe 2B **98**
Stanbridge Cl. BS16: Down 5B **46**
Stanbridge Rd. BS16: Down 5B **46**
Stanbury Av. BS16: Fish 1E **61**
Stanbury Rd. BS3: Wind H 1A **78**
Standfast Rd. BS10: Hen 5B **22**
Standish Av. BS34: Pat 4D **9**
Standish Cl. BS10: Hen 2B **40**
Standon Way BS10: S'mead 1E **41**
Stane Way BS11: A'mth 4E **37**
Stanfield Cl. BS7: L'lze 5D **43**
Stanford Cl. BS36: Fram C 5B **12**
Stanford Rd. BS4: Know 5F **77**
Stanhope Pl. BA1: Bath 3A **6** (4A **104**)
Stanhope Rd. BS30: L Grn 2B **82**
Stanhope St. BS2: Bris 4C **68**
Stanier Rd. BA1: Bath 4A **104**
BA2: Bath 4A **104**
Stanley Av. BS7: B'stn 3A **58**
BS34: Fil 1D **43**
Stanley Chase BS5: S'wll 4F **59**

Stanley Cres.—Sunnyvale Dr.

Stanley Cres. BS34: Fil 1D **43**
Stanley Gdns. BS30: Old C 5D **73**
Stanley Hill BS4: Wind H 5C **68**
Stanley Mead BS32: Brad S 3A **10**
Stanley Pk. BS5: E'tn 5E **59**
Stanley Pk. Rd. BS16: Soun 3A **62**
Stanley Rd. BS6: Redl 4E **57**
BS15: Warm 1D **73**
Stanley Rd. W. BA2: Bath 5F **103**
Stanley St. BS3: Bedm 1E **77**
Stanley St. Nth. BS3: Bedm 1E **77**
Stanley St. Sth. BS3: Bedm 1E **77**
Stanley Ter. BS3: Bedm 2E **77**
Stanley Vs. *BA1: Bath 1C **104***
(off Camden Rd.)
Stanshaw Cl. BS16: B'hll 4C **44**
STANSHAWE **5A 16**
Stanshawe Cres. BS37: Yate 4A **16**
Stanshawes Ct. Dr. BS37: Yate 5A **16**
Stanshawes Dr. BS37: Yate 4F **15**
Stanshaw Rd. BS16: B'hll 4C **44**
Stanshaws Cl. BS32: Brad S 3D **9**
Stanton Cl. BS15: K'wd 5B **62**
Stanton Rd. BS10: S'mead 2F **41**
Stanway BS30: Bit 3E **83**
Stanway Cl. BA2: Odd D 4F **109**
Staple Gro. BS31: Key 2F **89**
Staplegrove Cres. BS5: St G 2C **70**
STAPLE HILL **2F 61**
Staplehill Rd. BS16: Fish 2D **61**
Staples Rd. BS37: Yate 3F **15**
STAPLETON **1E 59**
Stapleton Cl. BS16: Stap 1F **59**
Stapleton Rd. BS5: Eastv 4D **59**
BS5: E'tn, Eastv 1C **68**
Stapleton Road Station (Rail) **5D 59**
Star Apartments BS16: Fish 3B **60**
Star Av. BS34: Stok G 4C **26**
Star Barn Rd. BS36: Wint 1A **28**
Star La. BS16: Fish 3B **60**
BS20: Pill 2E **53**
Starveall Cl. BS5: S'wll 5C **60**
Station App. Rd. BS1: Bris . . .5F **5** (4B **68**)
Station Av. BS16: Fish 2C **60**
Station Av. Sth. BS16: Fish 2C **60**
Station Cl. BS15: Warm 1E **73**
BS37: Chip S 5F **17**
Station Ct. BA1: Bath 3E **103**
Station La. BS7: Hor 2C **58**
Station Rd. BA1: Bath 3E **103**
BA2: B'ptn 5B **98**
BS4: Brisl 2F **79**
BS4: St Ap 4A **70**
BS6: Bris 4F **57**
BS7: B'stn 2B **58**
BS10: Hen 1A **40**
BS11: Shire 1F **53**
BS15: Soun 2A **62**
BS16: Fish 2C **60**
BS20: P'bry 3F **51**
BS20: P'head 5C **34**
BS20: Pill 2E **53**
BS30: Warm 2E **73**
BS31: Key 1A **90**
BS34: Fil 1C **42**
(not continuous)
BS34: Lit S, Pat 5D **9**
BS36: Coal H 3E **29**
BS36: Wint D 4A **28**
BS37: Iron A 2F **13**
BS37: Yate 3E **15**
Station Rd. Bus. Cen.
BS15: Soun 3C **62**
Station Rd. Workshops
BS15: Soun 3C **62**
Station Yd. BS36: Wint 4A **28**
Staunton Flds. BS14: Whit 4E **87**
Staunton La. BS14: Whit 3E **87**
Staunton Way BS14: Whit 4F **87**
Staveley Cres. BS10: S'mead 1E **41**
Staverton Cl. BS34: Pat 4D **9**
Staverton Way BS15: K'wd 2C **72**
Stavordale Gro. BS14: H'gro 1D **87**
Staynes Cres. BS15: K'wd 1A **72**
Stean Bri. Rd. BS32: Brad S 2F **25**
Steel Ct. BS30: L Grn 1B **82**
Steel Mills BS31: Key 3B **90**
Stella Gro. BS3: Bedm 2C **76**
Stephen's Dr. BS30: Bar C 4B **72**
Stephen St. BS5: Redf 1E **69**
Stepney Rd. BS5: W'hall 5E **59**
Stepney Wlk. BS5: W'hall 5E **59**
Stepping Stones, The BS4: St Ap . . .3A **70**
Steps, The BS41: Dun 5A **84**
Sterncourt Rd. BS16: B'hll 4C **44**
Steven's Cres. BS3: Wind H 5B **68**
Stevens Wlk. BS32: Brad S 5F **9**
Steway La. BA1: Bathe 2C **98**
Stibbs Ct. BS30: L Grn 5B **72**
Stibbs Hill BS5: St G 2C **70**
STIDHAM **2E 91**
Stidham La. BS31: Key 1D **91**
Stile Acres BS11: Law W 2C **38**
Stillhouse La. BS3: Bedm 5F **67**
Stillingfleet Rd. BS13: Hart 2E **85**
Stillman Cl. BS13: Withy 3A **84**
Stinchcombe BS37: Yate 4A **16**
Stirling Cl. BS37: Yate 1F **15**
Stirling Rd. BS4: Brisl 5E **69**
Stirling Way BS31: Key 3A **90**
Stirtingale Av. BA2: Bath 2E **109**
Stirtingale Rd. BA2: Bath 2E **109**
Stockton Cl. BS14: Whit 3B **86**
BS30: L Grn 1D **83**
Stockwell Av. BS16: Mang 5C **46**
Stockwell Cl. BS16: Mang 4B **46**
Stockwell Dr. BS16: Mang 5C **46**
Stockwell Glen BS16: Mang 4B **46**
STOCKWOOD **2A 88**
Stockwood Cres. BS4: Know 2B **78**
Stockwood Hill BS31: Key 5E **81**
Stockwood La. BS14: Key, Stoc 3A **88**
BS14: Whit 3F **87**
BS31: Key 1B **88**
Stockwood M. BS4: St Ap 4B **70**
Stockwood Open Space Nature Reserve
. . . .**5A 80**
Stockwood Rd. BS4: Brisl 3B **80**
BS14: Stoc 2F **87**
STOCKWOOD VALE **1E 89**
Stockwood Va. BS31: Key 2D **89**
STOKE BISHOP **2A 56**
Stoke Bri. Av. BS34: Lit S 2F **25**
Stoke Cotts. BS9: Stok B 2A **56**
STOKE GIFFORD **4B 26**
Stoke Gro. BS9: W Trym 5A **40**
Stoke Hamlet BS9: W Trym 4B **40**
Stoke Hill BS9: Stok B 2A **56**
Stoke La. BS9: W Trym 1A **56**
BS16: B'hll, Stap 4A **44**
BS34: Pat 5D **9**
Stokeleigh Wlk. BS9: Sea M 1E **55**
Stokemead BS34: Pat 5E **9**
Stoke Mdws. BS32: Brad S 5F **9**
Stoke Paddock Rd. BS9: Stok B 5F **39**
Stoke Pk. Rd. BS9: Stok B 2A **56**
Stoke Pk. Rd. Sth. BS9: Stok B 3A **56**
Stoke Rd. BS9: Stok B 3B **56**
BS20: P'head 1F **49**
Stokes Ct. BS30: Bar C 5C **72**
Stokes Cft. BS1: Bris 1A **68**
Stoke Vw. BS34: Fil 5C **24**
Stoke Vw. Bus. Pk. BS16: Fish 3B **60**
Stoke Vw. Rd. BS16: Fish 3B **60**
Stoneberry Rd. BS14: Whit 4D **87**
Stonebridge Pk. BS5: Eastv 4F **59**
Stonechat Gdns. BS16: B'hll 5A **44**
STONE HILL **5A 72**
Stonehill BS15: Han 5F **71**
BS30: Han 5A **72**
Stonehouse Cl. BA2: C Down 3D **111**
Stonehouse La. BA2: C Down 3D **111**
Stone La. BS36: Wint D 5B **28**
Stoneleigh Ct. BA1: L'dwn 4A **96**
Stoneleigh Cres. BS4: Know 2C **78**
Stoneleigh Dr. BS30: Bar C 4B **72**
Stoneleigh Ho. *BS8: Clif 2D **67***
(off Jacob's Wells Rd.)
Stoneleigh Rd. BS4: Know 2C **78**
Stoneleigh Wlk. BS4: Know 2C **78**
Stones Cotts. BS10: H'len 4E **21**
Stoneyfield Cl. BS20: Eas 2D **53**
Stoneyfields BS20: Eas 2D **53**
Stoney Hill BS1: Bris 2A **4** (2E **67**)
Stoney La. BS7: B'stn 3B **58**
Stoney Steep BS20: P'head 5B **34**
Stony La. BA2: New L 4A **102**
Stothard Rd. BS7: L'lze 4D **43**
Stottbury Rd. BS7: Eastv 3C **58**
Stoulton Gro. BS10: Bren 5C **22**
Stourden Cl. BS16: B'hll 4C **44**
Stourton Dr. BS30: Bar C 5B **72**
STOVER **3D 15**
Stover Rd. BS37: Yate 3D **15**
Stover Trad. Est. BS37: Yate 3D **15**
Stow Ho. BS11: Shire 1A **54**
Stowick Cres. BS11: Law W 2E **39**
Stradbrook Av. BS5: St G 2D **71**
Stradling Rd. BS11: Law W 1E **39**
Straight St. BS2: Bris 3F **5** (3B **68**)
Straits Pde. BS16: Fish 1D **61**
Stratford Cl. BS14: Whit 4B **86**
Stratford Mill **2A 40**
Strathearn Dr. BS10: Bren 1D **41**
Strathmore Rd. BS7: Hor 5A **42**
Stratton Cl. BS34: Lit S 1E **25**
Stratton Pl. BS30: L Grn 2B **82**
Stratton Rd. BS31: Salt 4F **91**
Stratton St. BS2: Bris 1E **5** (1A **68**)
Strawberry Cres. BS5: St G 2A **70**
Strawberry La. BS5: St G 2A **70**
BS13: Withy 4A **84**
BS41: Dun 4A **84**
Strawbridge Rd. BS5: Bar H 2D **69**
Stream, The BS16: Ham 1D **45**
Stream Cl. BS10: Bren 5F **23**
Streamside BS16: Mang 5B **46**
Streamside Rd. BS37: Chip S 4C **16**
Streamside Wlk. BS4: Brisl 1A **80**
Stretford Av. BS5: W'hall 1F **69**
Stretford Rd. BS5: W'hall 1F **69**
Stroud Rd. BS11: Shire 1A **54**
BS34: Pat 5A **8**
Stuart Pl. BA2: Bath 4F **103**
Stuart St. BS5: Redf 2E **69**
Studland Ct. BS9: Henle 5D **41**
Sturden La. BS16: Ham 5E **27**
Sturdon Rd. BS3: Bedm 1C **76**
Sturmer Cl. BS37: Yate 1A **16**
Sturmey Way BS20: Pill 3A **54**
Sturminster Cl. BS14: Stoc 1F **87**
Sturminster Lodge BS14: Stoc 1F **87**
Sturminster Rd. BS14: Stoc 4E **79**
Sulis Manor Rd. BA2: Odd D 5E **109**
Sullivan Cl. BS4: Know 1F **85**
Summerfield Cotts. *BA1: Bath 1D **105***
(off Tyning La.)
Summerfield Rd. BA1: Bath 1C **104**
Summerfield Ter. BA1: Bath 1C **104**
Summerhayes BS30: Old C 4F **73**
Summer Hill BS4: Wind H 5C **68**
Summerhill Rd. BA1: Bath 1F **103**
BS5: St G 1A **70**
Summerhill Ter. BS5: St G 2B **70**
Summerhouse Way BS30: Warm . . .2D **73**
Summer La.
BA2: C Down, Mon C 4D **111**
Summerlays Ct.
BA2: Bath 4E **7** (4D **105**)
Summerlays Pl. BA2: Bath 4E **7**
Summerleaze BS16: Fish 3E **61**
BS31: Key 5A **82**
Summers Mead BS37: Yate 1A **16**
Summers Rd. BS2: Bris 5C **58**
Summers Ter. BS2: Bris 5C **58**
Summer St. BS3: Bedm 5E **67**
Sundays Hill BS32: Alm 1C **8**
Sunderland Pl. BS8: Clif 2D **67**
Sunderland St.
BA2: Bath 2D **7** (3C **104**)
Sundridge Pk. BS37: Yate 1A **32**
Sunningdale BS8: Clif 1D **67**
BS37: Yate 5A **16**
Sunningdale Dr. BS30: Warm 3D **73**
Sunny Bank BS15: K'wd 5D **61**
Sunnybank BA2: Bath 1D **111**
BS16: Down 5A **46**
Sunnydene BS4: Brisl 5F **69**
Sunny Hill BS9: Sea M 4D **39**
Sunnyhill Dr. BS11: Shire 5A **38**
Sunnyhill Ho. E. *BS11: Shire 5A **38***
(off Sunnyhill Dr.)
Sunnyhill Ho. W. *BS11: Shire 5A **38***
(off Sunnyhill Dr.)
Sunnymead BS31: Key 4B **90**
Sunnyside BS9: Stok B 1A **56**
BS36: Fram C 1D **29**
Sunnyside La. BS16: Ham 1E **45**
BS37: Yate 4E **15**
Sunnyvale Dr. BS30: L Grn 1D **83**

Sunny Wlk. BS15: K'wd 5D 61
Sunridge BS16: Down 5F 45
Sunrise Gro. BS4: Brisl 5F 69
Surrey Rd. BS7: B'stn 3A 58
Surrey St. BS2: Bris 1A 68
Suspension Bri. Rd. BS8: Clif 2B 66
Sussex Pl. BA2: Bath 5D 7 (5C 104)
   BS2: Bris 5B 58
Sussex St. BS2: Bris 3C 68
Sutherland Av. BS16: Down 4A 46
   BS37: Yate 1F 15
Sutherland Pl. BS8: Clif 4C 66
Sutton Av. BS4: Brisl 5A 70
             (not continuous)
Sutton St. BA2: Bath 1E 7 (3D 105)
SWAINSWICK 2E 97
Swainswick BS14: H'gro 1B 86
Swainswick Gdns. BA1: Swa 5E 97
Swainswick La. BA1: Swa 2E 97
Swaish Dr. BS30: Bar C 5B 72
Swallow Ct. BS: Key 1C 88
Swallow Dr. BS34: Pat 5A 8
Swallows St. BS34: Stok G 4A 26
Swallow St. BA1: Bath 4C 6 (4C 104)
Swancombe BS20: Clap G 5A 50
Swane Rd. BS14: Stoc 1B 88
Swan Fld. BS37: Yate 3B 16
Swan La. BS36: Wint 4D 11
Swanmoor Cres. BS10: Bren 4C 22
Sweets Cl. BS15: K'wd 4A 62
Sweets Rd. BS15: K'wd 4A 62
SWINEFORD 1C 92
Swiss Dr. BS3: Ash V 2B 76
Swiss Rd. BS3: Ash V 2B 76
Sycamore Cl. BS5: W'hall 5A 60
   BS15: Han 1D 81
Sycamore Ct. BS7: B'stn 3A 58
Sycamore Dr. BS34: Pat 1A 24
Sycamore Rd. BS16: Fish 5E 45
         (off Partridge Dr.)
Sydenham Bldgs. BA2: Bath 5A 104
Sydenham Hill BS6: Cot 5F 57
Sydenham La. BS6: Bris 5F 57
Sydenham Pl. BA2: C Down 5F 57
        (off Alexandra Pl.)
Sydenham Rd. BA2: Bath 4A 6 (4A 104)
   BS4: Know 1C 78
   BS6: Bris, Cot 5F 57
Sydenham Ter. BA2: C Down 4E 111
Sydenham Way BS15: Han 1E 81
Sydney Bldgs. BA2: Bath . . .3F 7 (4D 105)
Sydney Ct. BA2: New L 5D 101
Sydney M. BA2: Bath 2E 7 (3D 105)
Sydney Pl. BA2: Bath 1E 7 (3D 105)
Sydney Rd. BA2: Bath 2F 7 (3D 105)
Sydney Row BS1: Bris 4D 67
   BS3: Bedm 1F 77
Sydney Wharf BA2: Bath . . .3F 7 (4D 105)
Sylvan Way BS9: Sea M 5D 39
Sylvia Av. BS3: Wind H 1B 78
Symes Av. BS13: Hart 3E 85
Symes Pk. BA1: W'ton 5C 94
Symington Rd. BS16: Fish 1D 61
Syston Vw. BS15: K'wd 1C 72
Syston Way BS15: K'wd 5F 61

T

Tabernacle Rd. BS15: Han 3E 71
Tackley Rd. BS5: Eastv 3D 59
Tadwick La. BA1: Up Swa 1B 96
Tailor's Ct. BS1: Bris 2C 4 (2F 67)
Talbot Av. BS15: K'wd 5D 61
Talbot Rd. BS4: Brisl, Know 2D 79
Talgarth Rd. BS7: B'stn 2B 58
Tallis Gro. BS4: Know 1F 85
Tamar Dr. BS31: Key 3C 90
Tamar Rd. BS2: Bris 3E 69
Tamsin Ct. BS31: Key 2A 90
Tamworth Rd. BS31: Key 3A 90
Tankard's Cl. BS2: Bris 1A 4
   BS8: Clif 1A 4 (2E 67)
Tanner Cl. BS30: Bar C 4B 72
Tanner Ct. BS30: Bar C 4B 72
Tanners Ct. BS16: Fren 2D 45
Tanners Wlk. BA2: Bath 5B 102
Tanorth Cl. BS14: Whit 4B 86
Tanorth Rd. BS14: Whit 4B 86
Tansey La. BS20: P'head 1B 50

Tanyard, The BS30: Will 2D 83
Tapsters BS30: C Hth 5C 72
Tara Cl. BS36: Fram C 4B 12
Tarn Ho. BS34: Pat 5C 8
Tarragon Pl. BS32: Brad S 1B 26
Taunton Wlk. BS7: Hor 4C 42
Taverner Cl. BS4: Know 5F 77
Tavistock Rd. BS4: Know 3B 78
Tavistock Wlk. BS4: Know 3B 78
Taylor Gdns. BS13: Withy 3B 84
Tayman Cl. BS10: Hor 5A 42
Tayman Ridge BS30: Bit 4F 83
Taynton Cl. BS30: Bit 2E 83
Teal Cl. BS32: Brad S 3F 9
Teasel Mead BS32: Brad S 1A 26
Teddington Cl. BA2: Bath 1E 109
Teewell Av. BS16: Stap H 2A 62
Teewell Cl. BS16: Stap H 2A 62
Teewell Ct. BS16: Stap H 2A 62
Teewell Hill BS16: Stap H 2A 62
Teignmouth Rd. BS4: Know 3B 78
Telephone Av. BS1: Bris 3B 4 (3F 67)
Telford Ho. BA2: Bath 2F 109
Telford Wlk. BS5: St G 5C 60
Templar Rd. BS37: Yate 2A 16
Temple Back BS1: Bris 3E 5 (3A 68)
Temple Back E. BS1: Bris 4F 5 (3B 68)
Temple Church 4E 5 (3A 68)
Temple Circus BS1: Bris 4E 5 (3A 68)
Temple Cl. BA2: New L 5D 101
   BS31: Key 2A 90
Temple Ga. BS1: Bris 5E 5 (4A 68)
Temple Ga. Ho. BS1: Bris . . .5E 5 (4A 68)
Templeland Rd. BS13: Withy 2B 84
Temple Meads Station (Rail)
                 .5F 5 (4B 68)
Temple Quay Ho.
   BS1: Bris 4F 5 (3B 68)
Temple Rose St. BS1: Bris . . .4E 5 (3A 68)
Temple St. BS1: Bris 3D 5 (3A 68)
           (not continuous)
   BS3: Bedm 2D 77
   BS31: Key 2A 90
Temple Trad. Est. BS2: Bris 4E 69
Temple Way BS1: Bris 4E 5 (3A 68)
   BS2: Bris 4E 5 (3A 68)
Templeway Ho. BS2: Bris . . .3E 5 (3A 68)
Tenby Rd. BS31: Key 3F 89
Tenby St. BS5: Bar H 2D 69
Tennessee Gro. BS6: Henle 1E 57
Tenniscourt Rd. BS15: K'wd 5C 62
Tennis Rd. BS4: Know 2C 78
Tennyson Cl. BS31: Key 1B 90
Tennyson M. BS10: Bren 1D 41
Tennyson Rd. BA1: Bath 3F 103
   BS7: Hor .1A 58
Tenth Av. BS7: Hor 2D 43
Tereslake Grn. BS10: Bren 4F 23
Terrace Wlk. BA1: Bath 4C 6 (4C 104)
Terrell Gdns. BS5: St G 2F 69
Terrell St. BS2: Bris 1B 4 (1F 67)
Terry Ho. BS1: Bris 2A 4
Tetbury Cl. BS34: Lit S 5E 9
Tetbury Rd. BS15: K'wd 1D 71
Teviot Rd. BS31: Key 3C 90
Tewkesbury Rd. BS2: Bris 4C 58
Tewther Rd. BS13: Hart 4E 85
Teyfant Rd. BS13: Hart 3A 86
Teyfant Wlk. BS13: Hart 3A 86
Thackeray BS7: Hor 3C 42
Thanet Rd. BS3: Bedm 2D 77
Thatcher Cl. BS20: P'head 2F 49
Thatchers Cl. BS5: St G 2D 71
Theatre Royal 3B 4 (3F 67)
Theatre Royal (Ustinov Studio) 3B 6
There & Back Again La. BS8: Clif 2E 67
Theresa Av. BS7: B'stn 2A 58
Theynes Cft. BS41: L Ash 3D 75
Thicket Av. BS16: Fish 4D 61
Thicket Rd. BS16: Fish 2E 61
Thiery Rd. BS4: Brisl 2E 79
Thingwall Pk. BS16: Fish 3A 60
Third Av. BA2: Bath 5F 103
   BS7: Hor .2C 42
   BS14: H'gro 5D 79
Third Way BS11: A'mth 1D 37
Thirlmere Cl. BS30: Old C 3F 73
Thirlmere Rd. BS34: Pat 5C 8
Thistle St. BS3: Bedm 1D 77

Thomas Av. BS16: Emer G 3D 47
Thomas La. BS1: Bris 4D 5 (3A 68)
Thomas Pring Wlk. BS5: St G 5C 60
Thomas St. BA1: Bath 2C 104
   BS1: Bris .1A 68
   BS2: Bris .5B 58
   BS5: Bar H 2D 69
Thomas St. Nth. BS2: Bris 5F 57
Thomas Way BS16: Stap 4A 44
Thompson Rd. BS14: Stoc 1A 88
Thomson Rd. BS5: E'tn 1D 69
Thornbank Gdns.
   BA2: Bath 5A 6 (5B 104)
Thornbank Pl. BA2: Bath . . .5A 6 (5A 104)
Thorn Cl. BS37: Yate 4F 15
Thorndale BS8: Clif 1C 66
Thorndale Ct. BS8: Clif 5C 56
Thorndale M. BS8: Clif 1C 66
Thorneycroft Cl. BS7: L'lze 4D 43
Thornhayes Cl. BS36: Fram C 5C 12
Thornhills, The BS16: Fish 5D 45
Thornleigh Rd. BS7: Hor 1A 58
Thornmead Gro. BS10: Bren 5C 22
Thorns Farm BS37: Yate 4A 16
Three Brooks La. BS32: Brad S 5A 10
Three Oaks Cl. BS16: Fish 2E 61
Three Queens' La.
   BS1: Bris 4D 5 (3A 68)
Three Wells Rd. BS13: Withy 3B 84
Thrissell St. BS5: E'tn 1C 68
Throgmorton Rd. BS4: Know 4B 78
Thunderbolt Steps BS4: Wind H 5C 68
Thurlestone BS14: H'gro 1B 86
Thurlow Rd. BS5: E'tn 4E 59
Thurston's Barton BS5: W'hall 5A 60
Thyme Cl. BS20: P'bry, P'head 1B 50
Tibberton BS15: K'wd 1C 72
Tibbott Rd. BS14: Stoc 2F 87
Tibbott Wlk. BS14: Stoc 2F 87
Tichborne Rd. BS5: Redf 2E 69
Tide Gro. BS11: Law W 3C 38
Tidenham Way BS34: Pat 4B 8
Tiffany Cl. BS1: Bris 5E 5 (4A 68)
Tilley Cl. BS31: Key 5C 90
Tilling Rd. BS10: Hor 4A 42
Tilling Wlk. BS10: Hor 4A 42
Timber Dene BS16: Stap 2F 59
Timberscombe Wlk. BS14: Whit 2D 87
Timsbury Rd. BS3: Know 2A 78
Timsbury Wlk. BS3: Know 2A 78
Tindell Ct. BS30: L Grn 5B 72
Tintagel Cl. BS31: Key 3F 89
Tintern Av. BS5: St G 1F 69
Tintern Cl. BS30: Bar C 3B 72
Tippetts Rd. BS15: K'wd 3F 71
Titan Barrow BA1: Bathf 5E 99
Tiverton Wlk. BS16: Fish 4C 60
Tobacco Factory, The 5C 66
Toddington Cl. BS37: Yate 5F 15
Toll Bri. Rd. BA1: Bathe 4A 98
Tollgate Ho. BS2: Bris 1F 5 (1B 68)
Toll Ho. Ct. BS3: Ash G 5C 66
Tormarton Cres. BS10: Hen 4B 22
Toronto Rd. BS7: Hor 3B 42
Torpoint Rd. BS3: Wind H 3F 77
Torrance Cl. BS30: Old C 3F 73
Torridge Rd. BS31: Key 3C 90
Torrington Av. BS4: Know 4B 78
Tortworth Rd. BS7: Hor 1A 58
Totshill Dr. BS13: Hart 4A 86
Totshill Gro. BS13: Hart 3A 86
Tottenham Pl. BS8: Clif 2D 67
TOTTERDOWN 5B 68
Totterdown Bri. Trad. Est.
   BS2: Bris 5C 68
Touchstone Av. BS34: Stok G 3B 26
Tourist Info. Cen.
   Bath 4C 6 (4C 104)
   Bristol 4A 4 (3E 67)
Tower BS1: Bris 3D 5 (3A 68)
Tower Hill BS2: Bris 3E 5 (2A 68)
Tower La. BS1: Bris 2C 4 (2F 67)
           (not continuous)
   BS30: Warm 3C 72
Towerleaze BS9: Stok B 3F 55
Tower Rd. BS15: K'wd 5E 61
   BS20: P'head 2C 48
Tower Rd. Nth. BS30: Warm 2D 73
Tower Rd. Sth. BS30: C Hth 3D 73
Tower St. BS1: Bris 4E 5 (3A 68)

Townsend BS32: Alm 1B **8**
Townsend Cl. BS14: Stoc 2B **88**
Townsend La. BS32: Alm 1B **8**
Townsend Rd. BS14: Stoc 2B **88**
Tozer's Hill BS4: Know 2E **79**
Tracy Cl. BS14: H'gro 5B **78**
. . . . (not continuous)
Trafalgar Rd. BA1: W'ton 1D **103**
Trafalgar Ter. BS3: Bedm 2D **77**
Trafalgar Wlk. BS1: Bris 1C **4** (2F **67**)
Tralee Wlk. BS4: Know 3F **77**
Tramshed, The BA1: Bath . . .2C **6** (3C **104**)
Tramway Rd. BS4: Brisl 1E **79**
Tranmere Av. BS10: Bren 4C **22**
Tranmere Gro. BS10: Bren 5C **22**
Tratman Wlk. BS10: Hen 5B **22**
Travers Cl. BS4: Know 1F **85**
Travers Wlk. BS34: Stok G 3B **26**
Tredegar Rd. BS16: Fish 3D **61**
Treefield Pl. BS2: Bris 4C **58**
Tree Leaze BS7: Yate 3B **16**
Tregarth Rd. BS3: Ash V 3B **76**
Trelawney Av. BS5: St G 1F **69**
Trelawney Pk. BS4: Brisl 1F **79**
Trelawney Rd. BS6: Cot 5E **57**
Trellick Wlk. BS16: Stap 3A **44**
Trenchard Rd. BS31: Salt 4F **91**
Trenchard St. BS1: Bris 2B **4** (2E **67**)
Trench La. BS32: Alm 3A **10**
  BS36: Wint 3A **10**
Trendlewood Pk. BS16: Stap 2A **60**
Trent Gro. BS31: Key 3C **90**
Trentham Cl. BS2: Bris 4C **58**
Trescothick Cl. BS31: Key 1F **89**
Trescothick Dr. BS30: Old C 5F **73**
Tresham Cl. BS32: Brad S 3F **9**
Trevelyan Wlk. BS10: Hen 5B **22**
  BS34: Stok G 3C **26**
Trevenna Rd. BS3: Ash V 3B **76**
Treverdowe Wlk. BS10: Hen 5F **21**
Trevisa Gro. BS10: Bren 4E **23**
Trevithin Cl. BS15: K'wd 2E **71**
Trewint Gdns. BS4: Know 4B **78**
Triangle, The BS20: P'head 1D **49**
Triangle E. BA2: Bath 5F **103**
Triangle Nth. BA2: Bath 4F **103**
Triangle Sth. BS8: Clif 2D **67**
Triangle Vs. BA2: Bath 5F **103**
Triangle W. BA2: Bath 5F **103**
  BS8: Clif 2D **67**
Trident Cl. BS16: Down 2C **46**
Trim Bri. BA1: Bath 3B **6** (4B **104**)
Trim St. BA1: Bath 3B **6** (4B **104**)
Trinder Rd. BS20: Eas 2D **53**
Trinity Cl. BA1: Bath 4A **6** (4B **104**)
Trinity M. BS2: Bris 2F **5**
Trinity Pl. BA1: Bath 3A **6**
Trinity Quay BS2: Bris 3F **5** (3B **68**)
Trinity Rd. BA2: C Down 3D **111**
  BS2: Bris 2C **68**
Trinity St. BA1: Bath 4B **6** (4B **104**)
  BS1: Bris 4A **4** (3E **67**)
  BS2: Bris 2C **68**
Trinity Theological College 2A **56**
Trinity Wlk. BS2: Bris 2B **68**
Trin Mills BS1: Bris 5C **4** (4F **67**)
Troon BS37: Yate 5A **16**
Troon Dr. BS30: Warm 3D **73**
Trooper's Hill Rd. BS5: St G 3B **70**
Trossachs Dr. BA2: Bath 2F **105**
Trowbridge Rd. BS10: S'mead 2E **41**
Trowbridge Wlk. BS10: S'mead 2E **41**
Truro Rd. BS3: Ash G 1D **77**
Trym Cross Rd. BS9: Sea M 1E **55**
Trym Leaze BS9: Sea M 1E **55**
Trym Rd. BS9: W Trym 3C **40**
Trym Side BS9: Sea M 1E **55**
Trymwood Cl. BS10: Hen 1B **40**
Trymwood Pde. BS9: Stok B 5F **39**
Tucker St. BS2: Bris 1F **5** (2B **68**)
Tuckett Ho. BS16: Fren 4E **45**
Tuckett La. BS16: Fren 4E **45**
Tudor Cl. BS30: Old C 1E **83**
Tudor Rd. BS5: E'tn 5B **58**
  BS5: E'tn 5E **59**
  BS15: Han 4E **71**
  BS20: P'head 2A **50**
Tuffley Rd. BS10: W Trym 3E **41**
Tufton Av. BS11: Law W 3C **38**
Tugela Rd. BS13: Bis 5B **76**

Tumps Nature Area, The 4B **8**
Tunbridge Way BS16: Emer G 3C **46**
Tunstall Cl. BS9: Stok B 2A **56**
Turley Rd. BS5: E'tn 5F **59**
Turnberry BS30: Warm 3D **73**
  BS37: Yate 5A **16**
Turnham Wlk. BS4: Brisl 3F **79**
Turnbridge Cl. BS10: Bren 5E **23**
Turnbridge Rd. BS10: Bren 4E **23**
Turner Cl. BS31: Key 2C **90**
Turner Dr. BS37: Yate 4D **15**
Turner Gdns. BS7: L'lze 5D **43**
Turners Ct. BS30: L Grn 5B **72**
Turnpike Cl. BS37: Yate 3A **16**
Turtlegate Av. BS13: Withy 3A **84**
Turtlegate Wlk. BS13: Withy 3A **84**
Turville Dr. BS7: Hor 5C **42**
Tuscany Ho. BS6: Redl 3C **56**
TWERTON 5E **103**
Twenty Acres Rd. BS10: S'mead 1D **41**
TWERTON 5E **103**
Twerton Farm Cl. BA2: Bath 4D **103**
TWERTON HILL 2C **108**
Twerton Pk. 4D **103**
Twickenham Rd. BS6: Henle 1E **57**
Twinnell Ho. BS5: E'tn 1C **68**
Two Acres Rd. BS14: H'gro 4C **78**
Two Mile Ct. BS15: K'wd 1D **71**
TWO MILE HILL 1D **71**
Two Mile Hill Rd. BS15: K'wd 1C **70**
Two Stones La. BS37: Chip S 5E **17**
Twynings, The BS15: K'wd 4A **62**
Tybalt Way BS34: Stok G 3A **26**
Tydeman Rd. BS20: P'head 1B **50**
Tyler Cl. BS15: Han 4A **72**
Tylers Farm BS37: Yate 1B **16**
Tylers La. BS16: Stap H 1F **61**
Tyler St. BS2: Bris 3C **68**
Tylers Way BS37: Yate 1B **16**
Tyndale Av. BS16: Fish 2D **61**
  BS37: Yate 2F **15**
Tyndale Rd. BS15: Soun 4A **62**
Tyndall Av. BS8: Clif 1A **4** (2E **67**)
Tyndall Ho. BS2: Bris 1F **5**
Tyndall Rd. BS5: E'tn 1D **69**
TYNDALL'S PARK 2D **67**
Tyndalls Pk. M. BS2: Bris 1E **67**
Tyndall's Pk. Rd. BS8: Clif 1D **67**
Tyndalls Way BS10: S'mead 3A **42**
Tyne Path BS7: B'stn 4F **57**
Tyne Rd. BS7: B'stn 3F **57**
Tyne St. BS2: Bris 4C **58**
Tyning, The BA2: Bath 5F **7** (5D **105**)
Tyning Cl. BS14: H'gro 5C **78**
  BS37: Yate 3A **16**
Tyning End BA2: Bath 5F **7** (5D **105**)
Tyning La. BA1: Bath 1D **105**
Tyning Pl. BA2: C Down 3E **111**
Tyning Rd. BA2: B'ptn 5B **98**
  BA2: C Down 3E **111**
  BS3: Wind H 1B **78**
  BS31: Salt 5A **92**
Tynings, The BS20: Wes 5B **48**
Tyning's La. BS36: Wint 3E **11**
Tyning Ter. BA1: Bath 1D **105**
  . . . . (off Fairfield Rd.)
Tynte Av. BS13: Hart 4F **85**
Tyntesfield Rd. BS13: Bis 5C **76**
Tyrone Wlk. BS4: Know 4A **78**
Tyrrel Way BS34: Stok G 3A **26**

U

Ullswater Cl. BS30: Old C 3F **73**
  BS37: Yate 2A **16**
Ullswater Dr. BA1: Bath 5C **96**
Ullswater Rd. BS10: S'mead 2D **41**
Underbanks BS20: Pill 2F **53**
Underdown Ho. BS1: Bris 5C **4** (4F **67**)
Underwood Rd. BS20: P'head 3E **49**
Unicorn Bus. Pk. BS4: Brisl 4F **69**
Unicorn Pk. Av. BS4: Brisl 4E **69**
Union Pas. BA1: Bath 3C **6** (4C **104**)
Union Rd. BS2: Bris 3C **68**
  . . . . (not continuous)
Union St. BA1: Bath 3C **6** (4C **104**)
  BS1: Bris 1C **4** (2F **67**)
Unite Ho. BS1: Bris 3A **4** (2E **67**)

Unity Ct. BS31: Key 2C **90**
Unity Rd. BS31: Key 2C **90**
  . . . . (not continuous)
Unity St. BS1: Bris 3A **4** (3E **67**)
  BS2: Bris 2F **5** (2B **68**)
  BS15: K'wd 1E **71**
University Cl. BS9: Stok B 2B **56**
University Hall BS9: Stok B 2B **56**
University of Bath 5A **106**
University of Bath Horticultural
  Field Station 5A **98**
University of Bath Sports Training Village
  . . . . .5B **106**
University of Bristol
  Cantock's Cl. 1A **4** (2E **67**)
  Queen's Rd. 2A **4** (2E **67**)
  Sunderland Pl. 2D **67**
  Woodland Rd. 1D **67**
University of Bristol Botanical Garden
  . . . . .3F **65**
University of Bristol Department of
  Agricultural Sciences 4A **74**
University of Bristol Library 1A **4**
University of Bristol Swimming Pool
  . . . . .2D **67**
University of the West of England
  Bower Ashton Campus 5F **65**
  Frenchay Campus 3A **44**
  Glenside Campus 1A **60**
  Redland Campus 4D **57**
  . . . . (off Elm La.)
  St Matthias Campus 1C **60**
University Rd. BS8: Clif 1A **4** (2E **67**)
University Wlk. BS8: Clif 1A **4** (2E **67**)
Uphill Dr. BA1: Bath 5D **97**
Uphill Rd. BS7: Hor 1B **58**
Upjohn Cres. BS13: Hart 4F **85**
Uplands Dr. BS31: Salt 5B **92**
Uplands Rd. BS16: Fish 3E **61**
  BS31: Salt 5A **92**
Up. Belgrave Rd. BS8: Clif 4C **56**
Up. Belmont Rd. BS7: B'stn 3A **58**
Up. Berkeley Pl. BS8: Clif 2D **67**
Up. Bloomfield Rd. BA2: Odd D 5E **109**
Up. Borough Walls
  BA1: Bath 3B **6** (4B **104**)
Up. Bristol Rd. BA1: Bath 2A **6** (3E **103**)
Upper Bldgs. BA2: S'ske 5B **110**
Up. Byron Pl. BS8: Clif 2D **67**
Up. Camden Pl. BA1: Bath 2C **104**
Up. Chapel La. BS36: Fram C 1E **29**
Up. Cheltenham Pl. BS6: Bris 5A **58**
Up. Church La. BS2: Bris 2A **4** (2E **67**)
Up. Church St. BA1: Bath 1A **6** (3B **104**)
Up. Cranbrook Rd.
  BS6: Henle, Redl 2D **57**
Up. E. Hayes BA1: Bath 1D **105**
UPPER EASTON 1D **69**
UPPER EASTVILLE 3A **60**
Up. Hedgemead Rd. BA1: Bath 2C **104**
UPPER KNOWLE 1D **79**
Up. Lambridge St. BA1: Bath 5E **97**
Up. Lansdown M. BA1: Bath 1B **104**
Up. Maudlin St. BS2: Bris . . .1B **4** (2F **67**)
Up. Myrtle Hill BS20: Pill 2E **53**
  . . . . (off Myrtle Hill)
Up. Oldfield Pk.
  BA2: Bath 5A **6** (5A **104**)
Up. Perry Hill BS3: Bris 5E **67**
Up. Sandhurst Rd. BS4: Brisl 5F **69**
UPPER SOUNDWELL 3F **61**
Upper Sta. Rd. BS16: Stap H 2E **61**
Up. Stone Cl. BS36: Fram C 1E **29**
Upper St. BS4: Wind H 5C **68**
UPPER SWAINSWICK 2D **97**
Up. Sydney St. BS3: Bedm 1D **77**
Up. Wells St. BS1: Bris 2A **4**
UPPER WESTON 4D **95**
Up. York St. BS2: Bris 1A **68**
Upton La. BS41: Dun 5B **84**
Upton Rd. BS3: Bris 5D **67**
Urfords Dr. BS16: Fish 5E **45**

V

Vale La. BS3: Bedm 4E **77**
Valentine Cl. BS14: H'gro 2D **87**
Valerian Cl. BS11: Shire 5B **38**
Vale St. BS4: Wind H 1C **78**

Vale Vw. Pl. BA1: Bath 1D 105
Vale Vw. Ter. BA1: Bathe 4B 98
Valley Gdns. BS16: Down 3B 46
Valley Rd. BS8: L Wds 2E 65
   BS13: Bis 4C 76
   BS16: Mang 1C 62
   BS20: P'head, Wes 3A 48
   BS30: Old C 3F 73
Valley Vw. Cl. BA1: Bath 4D 97
Valley Vw. Rd. BA1: Charl 4D 97
Valls, The BS32: Brad S 2B 26
Valma Rocks BS5: St G 3C 70
Van Diemen's La. BA1: L'dwn 5A 96
Vandyck Av. BS31: Key 1B 90
Vane St. BA2: Bath 2E 7 (3D 105)
Vassall Ct. BS16: Fish 1D 61
Vassall Rd. BS16: Fish 1D 61
Vaughan Cl. BS10: Hen 5B 22
Vauxhall Av. BS3: Bris 5C 66
Vauxhall Ter. BS3: Bris 5C 66
Vayre Cl. BS37: Chip S 4E 17
Vellore La. BA2: Bath 2F 7 (3D 105)
Ventnor Av. BS5: St G 1B 70
Ventnor Rd. BS5: S'wll, St G 5B 60
   BS34: Fil 5D 25
Venton Ct. BS15: Han 4D 71
                (off Henbury Rd.)
Venue, The .2E 23
Vera Rd. BS16: Fish 4B 60
Vernham Gro. BA2: Odd D 4E 109
Vernon Cl. BS31: Salt 4F 91
Vernon Pk. BA2: Bath 4E 103
Vernon St. BS4: Wind H 5B 68
Vernon Ter. BA2: Bath 4E 103
Vernslade BA1: W'ton 5C 94
Verona Ho. BS16: Fish 2D 61
Verrier Rd. BS5: Redf 2E 69
Verwood Dr. BS30: Bit 3E 83
Vicarage Ct. BS15: Han 4D 71
Vicarage Rd. BS3: Bris 5D 67
   BS5: E'tn 1E 69
   BS8: L Wds 3F 65
   BS13: Bis 1B 84
   BS15: Han 4D 71
   BS36: Coal H 3E 29
Vicars Cl. BS16: Fish 2D 61
Victor Ho. BS34: Lit S 1E 25
Victoria Art Gallery 3C 6 (4C 104)
Victoria Av. BS5: Redf 2E 69
Victoria Bri. Ct. BA1: Bath 3A 104
             (off Up. Bridge Rd.)
Victoria Bri. Rd. BA1: Bath 4A 104
   BA2: Bath 4A 104
Victoria Bldgs. BA2: Bath 4F 103
Victoria Cl. BA2: Bath 5E 103
   BS20: P'head 1F 49
Victoria Ct. BS6: Redl 4C 56
   BS20: P'head 1F 49
Victoria Gdns. BA1: Bathe 4B 98
   BS6: Cot 5F 57
Victoria Gro. BS3: Bedm 5A 68
Victoria Ho. BA1: W'ton 2F 103
Victoria Pde. BS5: Redf 1E 69
VICTORIA PARK 1D 67
Victoria Pk. BS15: K'wd 1F 71
   BS16: Fish 1C 60
Victoria Pk. Bus. Cen.
   BA1: Bath 3F 103
Victoria Pl. BA1: Bath 1E 105
            (off St Saviours Rd.)
   BA2: C Down 4E 111
   BS3: Bedm 5E 67
Victoria Rd. BA2: Bath 4F 103
   BS2: Bris 4C 68
   BS11: A'mth 3D 37
   BS15: Han 4E 71
   BS30: Old C 4E 73
   BS31: Salt 4F 91
Victoria Sq. BS8: Clif 2C 66
   BS20: P'head 1F 49
Victoria St. BS1: Bris 3D 5 (3A 68)
   BS16: Stap H 2F 61
Victoria Ter. BA2: Bath 4F 103
   BS2: Bris 4D 69
   BS8: Clif 3B 66
Victoria Wlk. BS6: Bris, Cot 5F 57
Victor Rd. BS3: Bedm 1E 77
Victor St. BS2: Bris 5C 68
   BS5: Bar H 3D 69
Vigor Rd. BS13: Hart 2D 85

VILLA FIELDS 2D 105
Village Cl. BS37: Yate 4F 15
Villiers Rd. BS5: E'tn 5D 59
Vimpany Cl. BS10: Hen 5B 22
Vincent Cl. BS11: Law W 1E 39
Vincent Ct. BS16: Soun 3F 61
Vine Acres BS7: Hor 1C 58
Vine Cott. BS31: Salt 3B 92
Vineyards BA1: Bath 1C 6 (3C 104)
Vining Wlk. BS5: E'tn 1D 69
Vinny Av. BS16: Down 4C 46
VINNY GREEN 4C 46
Vintery Leys BS10: W Trym 4D 41
Virginia Cl. BS37: Chip S 4C 16
Vivian St. BS3: Wind H 1F 77
Vowell Cl. BS13: Withy 3D 85
Voyager Cl. BS34: Stok G 4C 26
Vulcan Ho. BA2: Bath 1D 7 (3C 104)
Vyvyan Rd. BS8: Clif 2C 66
Vyvyan Ter. BS8: Clif 2C 66

W

Wadehurst Ind. Pk. BS2: Bris 2C 68
Wade Rd. BS37: Iron A 2C 14
Wades Rd. BS34: Fil 5D 25
Wade St. BS2: Bris 1F 5 (1B 68)
Wadham Dr. BS16: Fren 2D 45
Wadham Gro. BS16: Emer G 1D 63
Wainbrook Dr. BS5: Eastv 4F 59
Wakeford Rd. BS16: Down 4C 46
Wakeford Way BS30: B'yte 2F 73
Walcot Bldgs. BA1: Bath 2C 104
Walcot Ct. BA1: Bath 2C 104
Walcot Ga. BA1: Bath 1C 6 (2C 104)
Walcot Ho. BA1: Bath 2C 104
Walcot Pde. BA1: Bath 2C 104
              (off London Rd.)
Walcot St. BA1: Bath 2C 6 (3C 104)
Walcot Ter. BA1: Bath 2C 104
Waldegrave Rd. BA1: Bath 1A 104
Walden Rd. BS31: Key 3C 90
Walker Cl. BS5: E'tn 1D 69
   BS16: Down 4C 46
Walker St. BS2: Bris 1E 67
Wallace Rd. BA1: Bath 1D 105
Wallcroft Ho. BS6: Redl 3C 56
Wallingford Rd. BS4: Know 5F 77
Walliscote Av. BS9: Henle 5E 41
Walliscote Rd. BS9: Henle 5E 41
Wallscourt Rd. BS34: Fil 1D 43
Wallscourt Rd. Sth. BS34: Fil 2D 43
Walmsley Ter. BA1: Bath 1D 105
              (off Snow Hill)
Walnut Av. BS37: Yate 3C 16
Walnut Cl. BS15: K'wd 5B 62
             (not continuous)
   BS20: Eas 3C 52
   BS31: Key 3E 89
   BS36: Coal H 2E 29
Walnut Cres. BS15: K'wd 1B 72
Walnut Dr. BA2: Bath 1A 110
Walnut La. BS15: K'wd 1C 72
Walnut Wlk. BS13: Bis 1C 84
   BS31: Key 3E 89
Walsh Av. BS14: H'gro 5C 78
Walshe Av. BS37: Chip S 4E 17
Walsingham Rd. BS6: Bris 4A 58
Walter St. BS3: Bris 5C 66
Waltining La. BA2: New L 4F 101
Walton Av. BS4: St Ap 4F 69
Walton Cl. BS30: Bit 3E 83
   BS31: Key 3F 89
Walton Heath BS37: Yate 4B 16
Walton Ri. BS9: W Trym 3C 40
Walton Rd. BS11: Shire 5F 37
Walton St. BS5: E'tn 5D 59
Walwyn Cl. BA2: Bath 4C 102
Walwyn Gdns. BS13: Hart 4F 85
Wansbeck Rd. BS31: Key 3C 90
Wanscow Wlk. BS9: Henle 5D 41
Wansdyke Bus. Cen. BA2: Bath . .1F 109
Wansdyke Ct. BS14: Whit 2D 87
Wansdyke Rd. BA2: Odd D 4E 109
Wansdyke Workshops BS31: Key 1C 90
WAPLEY 4A 32
Wapley Bushes Local Nature Reserve
   . . . . .2A 32
Wapley Bushes Nature Trail 2F 31

Wapley Hill BS37: W'lgh 3A 32
Wapley Rank BS37: W'lgh 3F 31
Wapley Rd. BS37: Cod, W'lgh 5B 32
Wapping Rd. BS1: Bris 5B 4 (4F 67)
Warden Rd. BS3: Bedm 5E 67
Wardour Rd. BS4: Know 4F 77
Ware Ct. BS36: Wint 3F 27
Waring Ho. BS1: Bris 4F 67
WARLEIGH .5E 107
Warleigh Dr. BA1: Bathe 4C 98
Warleigh La. BA1: Warl 2D 107
Warman Cl. BS14: Stoc 1B 88
Warman Rd. BS14: Stoc 1B 88
Warmington Rd. BS14: H'gro 4E 79
Warminster Rd.
   BA2: Bath, B'ptn 1F 7 (2E 105)
   BA2: C'ton 3C 106
   BS2: Bris 4C 58
WARMLEY .1D 73
WARMLEY HILL 1B 72
Warner Cl. BS15: K'wd 3B 72
Warner Village Cinema 2E 23
Warns, The BS30: C Hth 5C 72
Warren Cl. BS32: Brad S 2F 9
Warren Gdns. BS14: Stoc 2B 88
Warren La. BS41: L Ash 3A 74
Warren Rd. BS34: Fil 5D 25
Warren Way BS37: Yate 2A 16
Warrington Rd. BS4: Brisl 2F 79
Warwick Av. BS5: E'tn 5D 59
Warwick Cl. BS30: Will 2D 83
Warwick Rd. BA1: Bath 3D 103
   BS5: E'tn 5D 59
   BS6: Redl 5D 57
   BS31: Key 3F 89
Warwick Vs. BA2: Bath 5E 103
Washingpool La. BS11: Chit 1A 20
Washing Pound La. BS14: Whit 3D 87
Washington Av. BS5: E'tn 5E 59
Washpool La. BA2: Eng 3B 108
Watch Elm Cl. BS32: Brad S 2A 26
Watch Ho. Pl. BS20: P'head 4D 35
Watch Ho. Rd. BS20: Pill 2F 53
Watchill Av. BS13: Bis 1B 84
Watchill Cl. BS13: Bis 1B 84
Waterbridge Rd. BS13: Withy 2B 84
Watercress Rd. BS2: Bris 3B 58
Waterdale Cl. BS9: Henle 4E 41
Waterdale Gdns. BS9: Henle 4E 41
Waterford Rd. BS9: Henle 5D 41
Waterhouse La. BA2: Lim S 5F 111
Waterloo Bldgs. BA2: Bath 4D 103
             (not continuous)
Waterloo Ho's. BS20: Pill 1E 53
             (off Underbanks)
Waterloo Pl. BS2: Bris 2C 68
Waterloo Rd. BS2: Bris 2B 68
Waterloo St. BS2: Bris 2B 68
   BS8: Clif 2B 66
Watermead Cl. BA1: Bath 4A 6
            (off Kingsmead W.)
Watermore Cl. BS36: Fram C 1E 29
Watermore Gdns. BS36: Fram C 5F 13
Waters Edge BS20: P'head 4D 35
Watershed Media Cen. 4B 4 (3F 67)
Waterside Ct. BA2: Bath 4E 103
Waterside Dr. BS32: Alm 4C 8
   BS34: Pat 4C 8
Waterside Pk. BS20: P'head 2A 48
Water's La. BS9: W Trym 4C 40
Waters Rd. BS15: K'wd 1E 71
Watery La. BA2: Bath 4C 102
   BS37: Yate 1E 15
Wathen Rd. BS6: Bris 3B 58
Wathen St. BS16: Stap H 1F 61
Watkins Yd. BS9: W Trym 3C 40
WATLEY'S END 1B 28
Watley's End Rd. BS36: Wint 1A 28
Watling Way BS11: Shire 4E 37
Watson Av. BS4: Brisl 5F 69
             (not continuous)
Watson's Rd. BS30: L Grn 1B 82
Watters Cl. BS36: Coal H 2F 29
Wavell Cl. BS37: Yate 2F 15

Waveney Rd. BS31: Key 4C 90
Waverley Rd. BS6: Cot 5E 57
    BS11: Shire 5A 38
    BS37: Yate 3D 15
Waverley St. BS5: E'tn 5C 58
Wayfield Gdns. BA1: Bathe 3B 98
Wayford Cl. BS31: Key 4C 90
Wayleaze BS36: Coal H 1F 29
Wayside Cl. BS36: Fram C 1D 29
Weal, The BA1: W'ton 5D 95
Weare Ct. BS1: Bris 4C 66
Weatherley Dr. BS20: P'head 3B 48
Weatherly Av. BA2: Odd D 3F 109
WEBBS HEATH 1F 73
Webbs Heath BS30: W Hth 5F 63
Webb St. BS5: E'tn 1C 68
Webbs Wood Rd. BS32: Brad S . . .2B 26
Wedgewood Rd. BS16: Down 2F 45
Wedgwood Cl. BS14: Whit 2D 87
Wedgwood Rd. BA2: Bath 5B 102
Wedlock Way BS3: Ash G 1B 76
Wedmore Cl. BA2: Bath 2C 108
    BS15: K'wd 2B 72
Wedmore Pk. BA2: Bath 2C 108
Wedmore Rd. BS31: Salt 3F 91
Wedmore Va.
    BS3: Know, Wind H 2A 78
Weedon Cl. BS2: Bris 4C 58
Weight Rd. BS5: Redf 2E 69
Weir La. BS8: Fail 3A 64
Welland Rd. BS31: Key 3B 90
Well Cl. BS41: L Ash 3D 75
Wellgarth Ct. BS4: Know 2C 78
Wellgarth Rd. BS4: Know 2C 78
Wellgarth Wlk. BS4: Know 2C 78
Well Ho. Cl. BS9: Stok B 4A 56
Wellington Av. BS6: Bris 5A 58
Wellington Bldgs. BA1: W'ton 5D 95
Wellington Cres. BS7: Hor 5A 42
Wellington Dr. BS9: Henle 5F 41
    BS37: Yate 3D 15
Wellington Hill BS7: Hor 5A 42
Wellington Hill W. BS9: Henle 4E 41
Wellington La. BS6: Bris 5A 58
Wellington M. BS11: Shire 1F 53
Wellington Pk. BS8: Clif 5C 56
Wellington Pl. BS16: Fren 2D 45
Wellington Rd. BS2: Bris . . .1F 5 (2B 68)
    BS37: Yate 1A 16
Wellington Ter. BS8: Clif 3B 66
Wellington Wlk. BS10: W Trym 4E 41
Wells Cl. BS14: Whit 2E 87
Wells Rd. BA2: Bath 5A 6 (5A 104)
    BA2: Cor, New L 4A 100
    BS4: Know, Wind H 5B 68
    BS14: H'gro, Whit 4D 79
    BS41: Dun 5B 84
Wells St. BS3: Ash G 5C 66
Wellstead Av. BS37: Yate 4F 15
Wellsway BA2: Bath, Odd D 5F 109
    BS31: Key 2B 90
Wellsway Pk. BA2: Odd D 5F 109
Welsford Av. BS16: Stap 2F 59
Welsford Rd. BS16: Stap 2E 59
Welsh Back BS1: Bris 4C 4 (3F 67)
Welsh Back Squash and Health Club
    . . . . .4C 4 (3F 67)
Welton Wlk. BS15: K'wd 4E 61
Wenmore Cl. BS16: Down 2F 45
Wentforth Dr. BS15: K'wd 4E 61
Wentworth BS30: Warm 3C 72
    BS37: Yate 4A 16
Wentworth Rd. BS7: B'stn 3F 57
Wesley Av. BS15: Han 4F 71
Wesley Cl. BS5: W'hall 5F 59
    BS16: Soun 3F 61
Wesley Hill BS15: K'wd 5F 61
Wesley La. BS30: C Hth 4D 73
Wesley Pl. BS8: Clif 4C 56
Wesley Rd. BS7: B'stn 2A 58
Wesley St. BS3: Bedm 1E 77
Wessex Av. BS7: Hor 4B 42
Wessex Ct. BS7: Hor 4B 42
Wessex Ho. BS2: Bris 2B 68
    (off Lawfords Ga.)
    BS2: Bris 3E 5 (3A 68)
    (Passage St.)
Westacre Cl. BS10: Hen 1C 40
West Av. BA2: Bath 5E 103

West Bath Riverside Path
    BA1: Bath 4D 103
Westbourne Ho.
    BA2: Bath 4D 7 (4C 104)
Westbourne Av. BS31: Key 2A 90
Westbourne Gro. BS3: Bedm 1E 77
Westbourne Pl. BS8: Clif 2D 67
Westbourne Rd. BS5: E'tn 1D 69
    BS16: Down 3B 46
Westbourne Ter. BS16: Fren 4D 45
West B'way. BS9: Henle 5F 41
Westbrooke Ct. BS1: Bris 4C 66
Westbrook Pk. BA1: W'ton 5C 94
Westbrook Rd. BS4: Brisl 4F 79
Westbury College Gatehouse 4C 40
Westbury Ct. BS9: W Trym 4B 40
Westbury Ct. Rd. BS9: W Trym . . .4B 40
Westbury Hill BS9: W Trym 4C 40
WESTBURY ON TRYM 4C 40
WESTBURY PARK 2C 56
Westbury Pk. BS6: Henle 2C 56
Westbury Rd. BS6: Henle, Redl . . .2C 56
    BS9: W Trym 5C 40
West Cl. BA2: Bath 5C 102
West Coombe BS9: Stok B 5F 39
West Cotts. BA2: C Down 4E 111
Westcott Gro. BS11: Law W 1E 39
West Country Water Pk. 3B 10
Westcourt Dr. BS30: Old C 5D 73
West Cft. BS9: Henle 4E 41
West Dene BS9: Stok B 5A 40
W. Dundry La. BS41: Dun 5A 84
West End BS2: Bris 1F 67
    BS3: Bris 4E 67
Westering Cl. BS16: Mang 1C 62
WESTERLEIGH 4D 31
Westerleigh Bus. Pk. BS37: Yate . .5D 15
Westerleigh Cl. BS16: Mang 4B 46
Westerleigh Hill BS37: W'lgh 5E 31
Westerleigh Rd. BA2: C Down 4D 111
    BS16: Down 5A 46
    BS36: H'fld 2D 47
    BS37: W'lgh 2D 31
    BS37: Yate 1E 31
Western Av. BS36: Fram C 4C 12
Western Ct. BS34: Stok G 4C 26
Western Dr. BS14: H'gro 5A 78
Western Rd. BS7: Hor 5A 42
Westfield Cl. BA2: Bath 2A 110
    BS15: Han 4F 71
    BS31: Key 2E 89
Westfield La. BS34: Stok G 5A 26
Westfield Pk. BA1: Bath 3C 102
    BS6: Redl 5D 57
Westfield Pk. Sth. BA1: Bath 3C 102
Westfield Pl. BS8: Clif 2B 66
Westfield Rd. BS9: W Trym 3C 40
    BS15: K'wd 1B 72
Westfield Way BS32: Brad S 3F 9
Westgate BS1: Bris 4D 67
Westgate Bldgs.
    BA1: Bath 3B 6 (4B 104)
Westgate St. BA1: Bath . . .3B 6 (4B 104)
West Gro. BS6: Bris 5B 58
Westhall Rd. BA1: Bath 3F 103
WEST HILL 1D 49
West Hill BS20: P'head 1D 49
West Hill Ct. BS20: P'head 5B 34
West Hill Gdns. BS20: P'head 1E 49
Westland Av. BS30: Old C 5E 73
W. Lea Rd. BA1: Bath 2C 102
W. Leaze Pl. BS32: Brad S 2A 26
Westleigh Cl. BS10: S'mead 2F 41
    BS37: Yate 4E 15
Westleigh Pk. BS14: H'gro 4C 78
Westleigh Rd. BS10: S'mead 2E 41
West Mall BS8: Clif 2B 66
Westmead Gdns. BA1: W'ton 5C 94
Westmarch Rd. BS5: W'hall 1F 69
Westminstere Cl. BS9: W Trym . . .4C 40
Westminster Rd. BS5: W'hall 1F 69
Westmoreland Dr. BA2: Bath 4A 104
Westmoreland Rd.
    BA2: Bath 5A 6 (5A 104)
    BS6: Redl 3D 57
Westmoreland Sta. Rd.
    BA2: Bath 5A 6 (5A 104)
Westmorland St. BA2: Bath 5A 104
Westmorland Ho. BS6: Redl 3C 56
WESTON 1D 103

Weston Av. BS5: St G 2F 69
Weston Big Wood Nature Reserve
    . . . . .4C 48
Weston Cl. BS9: Sea M 4E 39
Weston Cres. BS7: Hor 5A 42
Weston Drove BS20: Wes 5B 48
Weston Farm La. BA1: W'ton 5D 95
Westonian Ct. BS9: Stok B 2E 55
WESTON IN GORDANO 5B 48
Weston La. BA1: W'ton 1E 103
Weston Lock Retail BA2: Bath . . .4D 103
WESTON PARK 1E 103
Weston Pk. BA1: W'ton 1E 103
Weston Pk. Ct. BA1: W'ton 1F 103
Weston Pk. E. BA1: W'ton 2E 103
Weston Pk. W. BA1: W'ton 1E 103
Weston Rd. BA1: Bath, W'ton 2F 103
    BS41: L Ash 4A 74
    BS48: Flax B 4A 74
Westons Brake BS16: Emer G 2C 46
Westons Hill Dr. BS16: Emer G . . .3C 46
Westons Way BS15: K'wd 3B 72
Weston Wood Rd. BS20: P'head . .3E 49
Westover Cl. BS9: W Trym 2B 40
Westover Dr. BS9: W Trym 3C 40
Westover Gdns. BS9: W Trym 3B 40
Westover Ri. BS9: W Trym 2C 40
Westover Rd. BS9: W Trym 2B 40
West Pde. BS9: Sea M 4E 39
West Pk. BS8: Clif 1D 67
West Pk. Rd. BS16: Stap H 1A 62
W. Point Row BS32: Brad S 2E 9
Westpoint Trad. Est. BS15: K'wd . .2F 71
W. Priory Cl. BS9: W Trym 4C 40
West Ridge BS36: Fram C 1E 29
W. Rocke Av. BS9: Stok B 4F 39
W. Shrubbery BS6: Redl 4D 57
West St. BS2: Bris 2F 5 (2B 68)
    BS3: Bedm 2D 77
    BS15: K'wd 1F 71
    BS30: Old C 5E 73
W. Town Av. BS4: Brisl 3F 79
W. Town La. BS4: Brisl 2A 80
W. Town Dr. BS4: Brisl 3F 79
W. Town Gro. BS4: Brisl 4F 79
W. Town La. BS4: Brisl 4E 79
    BS14: H'gro 4E 79
W. Town Pk. BS4: Brisl 3F 79
W. Town Rd. BS11: A'mth, Shire . .4E 37
    (not continuous)
West Vw. BS16: Mang 5C 46
West Vw. Rd. BA1: Bathe 4C 98
    BS3: Bedm 1D 77
    BS31: Key 2A 90
Westward Dr. BS20: Pill 2E 53
Westward Gdns. BS41: L Ash 2D 75
Westward Rd. BS13: Bis 5B 76
West Way BS10: Bren 4F 23
    BS34: Bren 4F 23
Westwood BA2: Clav D 4A 106
Westwood Cres. BS4: St Ap 4F 69
Westwood Rd. BS4: Brisl 4E 79
Westwoods BA1: Bathf 4D 99
Westwood Vw. BA2: Odd D 4E 109
Wetherby Cl. BS16: Down 2B 46
Wetherby Gro. BS16: Down 2B 46
Wetherell Pl. BS8: Clif 2D 67
Wetlands La. BS20: P'head 3E 49
Wexford Rd. BS4: Know 4F 77
Weymouth Ct. BA1: Bath 2D 105
    (off Weymouth St.)
Weymouth Rd. BS3: Wind H 2F 77
Weymouth St. BA1: Bath 2D 105
Wharf La. BS20: P'bry 5F 35
Wharf Rd. BS16: Fish 2B 60
Wharncliffe Cl. BS14: H'gro 2D 87
Wharncliffe Gdns. BS14: H'gro . . .2D 87
Whartons BS4: Brisl 3F 79
Whatley Ct. BS8: Clif 5D 57
Whatley Rd. BS8: Clif 5D 57
Wheatfield Dr. BS32: Brad S 4F 9
Wheathill Cl. BS31: Key 2E 89
Wheelers Patch BS16: Emer G . . .1D 63
Whinchat Gdns. BS16: B'hll 5B 44
Whippington Ct. BS1: Bris . . .1D 5 (2A 68)
Whitby Rd. BS4: Brisl, St Ap 5E 69
    (not continuous)
WHITCHURCH 3E 87
Whitchurch District Cen.
    BS14: Whit 2C 86

Whitchurch La. BS13: Bis 1C 84
(not continuous)
BS13: Hart 2E 85
BS14: Hart, Whit 2F 85
Whitchurch Rd. BS13: Bis 1C 84
Whitchurch Sports Cen. 2B 86
Whitebeam Ct. BS5: St G 1A 70
Whitebeam Ho. BS16: Fish 5E 45
Whitecroft Way BS15: K'wd ...2C 72
Whitecross Av. BS14: H'gro 1E 87
Whitefield Av. BS5: S'wll 5C 60
BS15: Han 4F 71
Whitefield Cl. BA1: Bathe 3D 99
Whitefield Rd. BS5: S'wll 5B 60
Whitefields BS37: Chip S 4E 17
Whitefriars BS1: Bris 1B 4 (2F 67)
WHITEHALL 5F 59
Whitehall Av. BS5: W'hall 5A 60
Whitehall Gdns. BS5: W'hall ...5F 59
Whitehall Rd. BS5: E'tn, W'hall ...1D 69
Whitehall Trad. Est. BS5: Redf ...1E 69
White Hart Steps BS8: Clif 3D 67
Whitehaven BA1: Bathf 5E 99
Whitehouse La. BS3: Bedm 1F 77
Whitehouse Pl. BS3: Bedm 5A 68
Whitehouse St. BS3: Bedm 5A 68
Whiteladies Ga. BS8: Clif 5D 57
Whiteladies Rd. BS8: Clif 5D 57
Whiteleaze BS10: W Trym 3E 41
White Lodge Pk. BS20: P'head ...5C 34
White Lodge Rd. BS16: Stap H ...2B 62
Whitemead Ho. BS3: Ash G 1C 76
Whitemore Ct. BA1: Bathe 3C 98
WHITE'S HILL 3C 70
WHITESHILL 5F 27
White's Hill BS5: St G 3C 70
Whiteshill BS16: Ham 5F 27
White St. BS5: E'tn 1B 68
Whitethorn Va. BS10: Bren 5E 23
White Tree Rd. BS9: Henle 2D 57
WHITEWAY
    Kingswood 1C 70
    Twerton 5B 102
    BS5: St G 1C 70
Whiteway Cl. BS4: St Ap 3A 70
Whiteway Ct. BS5: St G 1C 70
Whiteway M. BS5: St G 1C 70
Whiteway Rd. BA2: Bath 5A 102
    BS5: S'wll, St G 1B 70
WHITE WELLS 5D 97
Whitewells Rd. BA1: Bath 5C 96
Whitewood Rd. BS5: S'wll 5B 60
Whitfield Cl. BS16: Soun 3F 61
Whiting Rd. BS13: Withy 3C 84
Whitland Av. BS13: Hart 2D 85
Whitland Rd. BS13: Hart 2D 85
Whitley Cl. BS37: Yate 2E 15
Whitley Mead BS34: Stok G ...5A 26
Whitmead Gdns. BS13: Hart ...3E 85
Whitmore Av. BS4: Brisl 1C 80
Whitson Ho. BS2: Bris 1F 5
Whitson St. BS1: Bris ...1C 4 (1F 67)
Whittington Rd. BS16: Fish 5E 45
Whittock Rd. BS14: Stoc 2F 87
Whittock Sq. BS14: Stoc 5F 79
Whittucks Cl. BS14: Stoc 5F 71
Whittucks Rd. BS15: Han 1E 81
Whitwell Rd. BS14: H'gro 4D 79
Whytes Cl. BS9: W Trym 3C 40
Wick Cres. BS4: Brisl 1F 79
Wicket, The BS5: St G 1F 69
Wickets, The BS15: K'wd 4F 61
Wicketts, The BS7: Fil 2B 42
Wickham Cl. BS37: Chip S 5F 17
Wickham Ct. BS16: Stap 1A 60
Wickham Glen BS16: Stap 1F 59
Wickham Hill BS16: Stap 1F 59
Wickham Theatre 2A 4 (2E 67)
Wickham Vw. BS16: Stap 2F 59
Wick Ho. BS31: Salt 4F 91
Wicklow Rd. BS4: Know 4A 78
Wick Rd. BS4: Brisl, St Ap 2F 79
Wickwar Rd. BS37: Chip S, Yate ...1C 16
Wick Wick Cl. BS16: Emer G ...1C 46
WIDCOMBE 5E 7 (5D 105)
Widcombe BS14: H'gro 1C 86
Widcombe Cl. BS5: St G 2C 70
Widcombe Cres. BA2: Bath 5D 105
Widcombe Hill BA2: Bath ...5E 7 (5D 105)
Widcombe Manor 1D 111

Widcombe Pde. BA2: Bath 5D 7
Widcombe Ri. BA2: Bath 5D 105
Widcombe Ter. BA2: Bath 1D 111
Widmore Gro. BS13: Hart 2D 85
Wight Row BS20: P'head 5E 35
Wigton Cres. BS10: S'mead 2E 41
Wilbye Gro. BS4: Know 5F 77
Wilcox Cl. BS15: K'wd 3E 71
Wild Country La.
    BS41: L Ash 4A 74
    BS48: Bar G 4A 74
Wildcroft Ho. BS9: Henle 1D 57
Wildcroft Rd. BS9: Henle 1D 57
Wilder Ct. BS2: Bris 1A 68
Wilder St. BS2: Bris 1A 68
Wildwalk-at-Bristol 4A 4
    (off Canons Rd)
Willada Cl. BS3: Bedm 2D 77
Willcock Ho. BS30: Old C 4F 73
William Herschel Mus. 3A 6
William Mason Cl. BS5: Bar H ...2D 69
Williams Cl. BS30: L Grn 1B 82
Williamson Rd. BS7: Bris 3B 58
Williamstowe BA2: C Down 4E 111
William St. BA2: Bath ...2D 7 (3C 104)
    BS2: Bris 5B 58
        (Grosvenor Rd.)
    BS2: Bris 3C 68
        (Princess St.)
    BS3: Bedm 5A 68
    BS3: Wind H 5B 68
    BS5: Redf 1E 69
    BS16: Fish 3D 61
Williton Rd. BS4: Know 5B 78
Willis Rd. BS15: Soun 4B 62
Willment Way BS11: A'mth 2F 37
Willmott Cl. BS14: Whit 4B 86
Willoughby Cl. BS13: Bis 5C 76
Willoughby Rd. BS7: Hor 1A 58
Willowbank BS10: W Trym 4E 41
Willow Bed Cl. BS16: Fish 5D 45
Willow Cl. BA2: Odd D 5F 109
    BS20: P'head 2E 49
    BS30: Old C 3F 73
    BS34: Pat 1A 24
    BS41: L Ash 3B 74
Willow Falls, The BA1: Bathe ...4A 98
Willow Grn. BA2: Bath 1A 110
Willow Gro. BS16: Fish 4E 61
Willow Ho. BS13: Hart 3F 85
Willow Rd. BS15: Han 1E 81
Willows, The BS16: Fren 2D 45
    BS32: Brad S 5F 9
    BS37: Yate 3F 15
Willow Shop. Cen., The
    BS16: Down 5F 45
Willow Wlk. BS10: Bren 5D 23
    BS31: Key 3F 89
Willow Way BS36: Coal H 2E 29
WILLSBRIDGE 2C 82
Willsbridge Hill BS30: Will 2C 82
Willsbridge Mills Countryside Cen.
    ....2C 82
Willsbridge Valley Nature Reserve
    ....2D 83
Wills Dr. BS5: E'tn 1C 68
Wills Hall BS9: Stok B 2B 56
Wills Way BS13: Bis 1F 85
Willway St. BS2: Bris 2F 5 (2B 68)
    BS3: Bedm 5F 67
Wilmot Cl. BS30: C Hth 3C 72
Wilmots Way BS20: Pill 2F 53
Wilshire Av. BS15: Han 4F 71
Wilson Av. BS2: Bris 1B 68
Wilson Pl. BS2: Bris 1B 68
Wilson St. BS2: Bris 1B 68
Wilton Cl. BS10: S'mead 3E 41
Wiltshire Av. BS37: Yate 2C 16
Wiltshire Pl. BS15: Soun 3A 62
Wiltshire Way BA1: Bath 5C 96
Wilverley Ind. Est. BS4: Brisl ...3B 80
Wimbledon Rd. BS6: Henle 1E 57
Wimborne Rd. BS3: Bedm 3E 77
Winash Cl. BS14: Stoc 5F 79
Wincanton Cl. BS16: Down 2B 46
Winchcombe Gro. BS11: Shire ...1B 54
Winchcombe Rd. BS36: Fram C ...5D 13
Winchcombe Trad. Est. BS2: Bris ...5C 68
Winchester Av. BS4: Brisl 1F 79

Winchester Rd. BA2: Bath 5F 103
    BS4: Brisl 1F 79
Wincroft BS30: Old C 5E 73
    (not continuous)
Windcliff Cres. BS11: Law W ...3A 38
Windermere BS10: S'mead 1F 41
Windermere Rd. BS34: Pat 5C 8
Windermere Way BS30: Old C ...3F 73
Windmill BS3: Wind H 5A 68
Windmill Farm Bus. Cen.
    BS3: Bedm 5D 67
WINDMILL HILL 1A 78
Windmill Hill BS3: Wind H 1F 77
Windmill Hill City Farm 5F 67
Windmill La. BS10: Hen 5F 21
Windrush Cl. BA2: Bath 1B 108
Windrush Grn. BS31: Key 3C 90
Windrush Rd. BS31: Key 3C 90
Windsor Av. BS5: St G 3D 71
    BS31: Key 3A 90
Windsor Bri. Rd. BA1: Bath ...4F 103
    BA2: Bath 4F 103
Windsor Castle BA1: Bath 3F 103
    (off Up. Bristol Rd.)
Windsor Cl. BS34: Stok G 3A 26
Windsor Cres. BA1: Bath 1E 103
    BS8: Clif 3B 66
    BS16: Down 4A 46
Windsor Cres. BS10: H'len 4E 21
Windsor Dr. BS37: Yate 3F 15
Windsor Gro. BS5: E'tn 1D 69
Windsor Pl. BA1: Bath 1E 103
    BS8: Clif 3B 66
    BS16: Mang 1C 62
Windsor Rd. BS6: Bris 4A 58
    BS30: L Grn 2B 82
Windsor Ter. BS3: Wind H 5B 68
    BS8: Clif 3B 66
Windsor Vs. BS1: Bath 3E 103
Wineberry Cl. BS5: W'hall 5F 59
Wine St. BA1: Bath 4C 6 (4C 104)
    BS1: Bris 2C 4 (2F 67)
Winfield Rd. BS30: Warm 2E 73
Winford Cl. BS20: P'head 2A 50
Winford Gro. BS13: Bis 4C 76
Wingfield Rd. BS3: Know 2A 78
Winifred's La. BA1: Bath 1A 104
Winkworth Ho. BS1: Bris 4A 4
Winkworth Pl. BS2: Bris 5B 58
Winsbury Way BS32: Brad S 5E 9
Winscombe St. BS5: E'tn 1C 68
Winsham Cl. BS14: Whit 2D 87
Winsley Rd. BS6: Cot 5F 57
WINTERBOURNE 2F 27
WINTERBOURNE DOWN 4A 28
Winterbourne Hill BS36: Wint ...3F 27
Winterbourne Rd. BS32: Brad S ...3C 26
    BS34: Stok G 2A 26
Winterstoke Cl. BS3: Bedm 2D 77
Winterstoke Ho. BS3: Ash G ...1C 76
Winterstoke Rd.
    BS3: Ash V, Bedm 1B 76
Winterstoke Underpass
    BS3: Bwr A 5B 66
Winton St. BS4: Wind H 5B 68
Wisteria Av. BS37: Chip S 4C 16
Witchell Rd. BS5: Redf 2E 69
Witch Hazel Rd. BS13: Hart ...4A 86
Witcombe BS37: Yate 1E 31
Witcombe Cl. BS15: K'wd 5A 62
Witham Rd. BS31: Key 4C 90
Withey Cl. E. BS9: W Trym 5B 40
Withey Cl. W. BS9: W Trym 1A 56
Witheys, The BS14: Whit 3E 87
Withington Cl. BS30: Bit 2E 83
Withleigh Rd. BS4: Know 2D 79
Withypool Gdns. BS14: Whit ...2D 87
Withys, The BS20: Pill 2F 53
WITHYWOOD 3B 84
Withywood Gdns. BS13: Withy ...2B 84
Withywood Rd. BS13: Withy 3B 84
Witney Cl. BS31: Salt 4F 91
Witney Mead BS36: Fram C 5D 13
Woburn Cl. BS30: Bar C 4B 72
Woburn Rd. BS5: Eastv 3D 59
Wolfridge Gdns. BS10: Bren ...4C 22
Wolseley Rd. BS7: B'stn 3F 57
Wolverton Rd. BS7: Bris 4B 58
Woodbine Rd. BS5: W'hall 1F 69

Woodborough St. BS5: E'tn 5D 59
Woodbridge Rd. BS4: Know 2C 78
Woodbury La. BS8: Clif 4C 56
Woodchester BS15: Soun 3A 62
　BS37: Yate 1A 32
Woodchester Rd.
　BS10: W Trym 4E 41
Woodcote BS15: Han 3F 71
Woodcote Rd. BS16: Fish 3D 61
Woodcote Wlk. BS16: Fish 4D 61
Woodcroft Av. BS5: W'hall 5F 59
Woodcroft Cl. BS4: Brisl 5A 70
Woodcroft Rd. BS4: Brisl 5A 70
Woodend BS15: K'wd 3F 71
Woodend Rd.
　BS36: Coal H, Fram C 1D 29
Wood End Wlk. BS9: Sea M 5E 39
Woodfield Rd. BS6: Redl 5D 57
Woodgrove Rd. BS10: Hen 1F 39
Woodhall Cl. BS16: Mang 5B 46
WOODHILL 4C 34
Woodhill Av. BS20: P'head 4C 34
Wood Hill Pk.
　BS20: P'head 4C 34
Wood Hill Pl. BA2: Clav D 5F 105
Woodhill Rd. BS20: P'head 5C 34
Woodhouse Gro. BS7: Hor 5A 42
Woodhouse Rd. BA2: Bath 4C 102
Woodington Ct. BS30: Bar C 5B 72
Woodland Av. BS15: K'wd 4F 61
Woodland Cl. BS15: K'wd 4E 61
Woodland Ct. BS8: Clif 1D 67
　BS9: Stok B 3E 55
Woodland Gro. BA2: Clav D 5A 106
　BS9: Stok B 5F 39
Woodland Pl. BA2: Clav D 5F 105
Woodland Ri. BS8: Clif 2A 4
　　　　　　(off Cantock's Cl.)
Woodland Rd. BS8: Clif 1A 4 (1E 67)
　　　　　　(not continuous)
WOODLANDS 2E 9
Woodlands BS16: Down 5A 46
　BS32: Brad S 2F 9
Woodlands Ct. BS32: Brad S 2D 9
Woodlands La. BS32: Alm 1A 10
　BS32: Brad S 3D 9
　　　　　　(not continuous)
Woodlands Pk. BA1: Bath 5E 97
　BS32: Brad S 2E 9
Woodlands Ri. BS16: Down 5F 45
Woodlands Rd. BS20: P'head 4C 34
Woodland Ter. BS6: Redl 4D 57
　BS15: K'wd 1A 72
Woodland Way BS15: K'wd 4E 61
Wood La. BS20: Clap G 5A 50
Wood Leaze BS37: Yate 4B 16
Woodleaze BS9: Sea M 5D 39
Woodleigh Gdns. BS14: H'gro 1E 87
Woodmancote BS37: Yate 5F 15
Woodmancote Rd. BS6: Bris 5A 58
Woodmans Cl. BS37: Chip S 5D 17
Woodmans Rd. BS37: Chip S 5D 17
Woodmans Va. BS37: Chip S 5E 17
Woodmarsh Cl. BS14: Whit 3C 86
Woodmead Gdns. BS13: Hart 3E 85
Woodnock, The
　BS10: S'mead 1E 41
Wood Rd. BS15: K'wd 1F 71
Woodside BS9: Stok B 3F 55
Woodside Cotts. BA2: Eng 5E 109
Woodside Gdns. BS20: P'head 1A 48
Woodside Gro. BS10: Hen 5F 21

Woodside Rd. BS4: St Ap 3A 70
　BS15: K'wd 2E 71
　BS16: Down 4E 45
　BS36: Coal H 1F 29
WOODSTOCK 2A 72
Woodstock Av. BS6: Cot 5E 57
Woodstock Cl. BS15: K'wd 1B 72
Woodstock Rd. BS6: Redl 4D 57
　BS15: K'wd 1B 72
Wood St. BA1: Bath 3B 6 (4B 104)
　BA2: Bath 5A 6 (5B 104)
　BS5: E'tn 4D 59
Woodview Cl. BS11: Shire 4A 38
Woodview Ter. BA2: Bath 4B 102
Woodward Av. BS37: Yate 4D 15
Woodward Dr. BS30: Bar C 5B 72
Woodwell Rd. BS11: Shire 5A 38
　　　　　　(not continuous)
Woodyleaze BS15: Han 3E 71
Woodyleaze Dr. BS15: Han 3E 71
Woolcot St. BS6: Redl 4D 57
Woollard La. BS14: Whit 4F 87
WOOLLEY 1B 96
Woolley La.
　BA1: Charl, W'ly 2B 96
Woolley Rd. BS14: Stoc 2A 88
Wootton Cres. BS4: St Ap 3A 70
Wootton Pk. BS14: H'gro 3D 79
Wootton Rd. BS4: St Ap 3A 70
Worcester Bldgs. BA1: Bath 5D 97
Worcester Cl. BS16: Fish 4D 61
Worcester Ct. BA1: Bath 5D 97
　　　　　　(off Worcester Pk.)
Worcester Cres. BS8: Clif 1C 66
Worcester Pk. BA1: Bath 5D 97
Worcester Pl. BA1: Bath 5D 97
Worcester Rd. BS8: Clif 1C 66
　BS15: K'wd 2E 71
Worcester Ter. BA1: Bath 1D 105
　BS8: Clif 1C 66
Worcester Vs. BA1: Bath 5D 97
Wordsworth Rd. BS7: Hor 5C 42
Worlds End La. BS8: Clif 3D 67
　BS31: Key 2E 91
Worrall M. BS8: Clif 4C 56
Worrall Rd. BS8: Clif 4C 56
Worrell's La. BS16: Ham 5F 27
Worsley St. BS5: Redf 2F 69
Worthing Rd. BS34: Pat 5B 8
Worthsworth Ho. BS34: Pat 5C 8
Worthy Cl. BS15: K'wd 3B 72
Worthy Rd. BS11: Chit 1F 19
Worthys, The BS32: Brad S 2C 26
Wotton Rd. BS37: Iron A 1A 14
Wraxall Gro. BS13: Bis 4C 76
Wraxall Rd. BS30: C Hth, Warm 3C 72
　　　　　　(not continuous)
Wrenbert Rd. BS16: Stap H 1F 61
Wren Cl. BS16: Stap 4A 44
Wren Dr. BS16: B'hll 5B 44
Wright Way BS16: Stap 3A 44
Wrington Cl. BS34: Lit S 1E 25
Wrington Cres. BS13: Bis 5C 76
Wroughton Dr. BS13: Hart 3F 85
Wroughton Gdns. BS13: Hart 3F 85
Wrox Rd. BS34: Lit S 5E 9
Wyatt Av. BS13: Bis 2B 84
Wyatt Cl. BS13: Bis 2B 84
Wyatts Vw. BS4: St Ap 3A 70
Wychwood BS15: K'wd 3A 72
Wyck Beck Rd. BS10: Hen 4B 22
Wycliffe Row BS3: Wind H 5B 68

Wycombe Gro. BS4: Brisl 2F 79
Wyecliffe Rd. BS9: Henle 4D 41
Wyecroft Cl. BS10: Bren 5F 23
Wyedale Av. BS9: C Din 4D 39
Wykis Ct. BS15: Han 4A 72
Wymbush Cres. BS13: Hart 2E 85
Wymbush Gdns. BS13: Hart 2E 85
Wyndham Ct. BS2: Bris 1E 5
Wyndham Cres. BS4: Brisl 5B 70
　BS20: Eas 2D 53
Wyndham Way BS20: P'head 5C 34
Wyndham Way Retail Pk.
　BS20: P'head 1A 50
Wynstones, The BS15: K'wd 2E 71
Wytherlies Dr. BS16: B'hll 5B 44

Y

Yanleigh Est. BS41: L Ash 4D 75
YANLEY 4D 75
Yanley La. BS41: L Ash 2D 75
YATE 4A 16
Yate Heritage Cen. 3A 16
Yate Leisure Cen. 3A 16
Yate Outdoor Sports Complex 1E 15
Yate Rd. BS37: Iron A, Yate 2A 14
Yate Station (Rail) 3E 15
Yatton Cl. BS13: Bis 4B 76
Yeaman's Ho. BS1: Bris 4A 68
Yelverton Rd. BS4: Brisl 3A 80
Yeo La. BS41: L Ash 3B 74
Yeomans Cl. BS9: Stok B 1F 55
Yeomanside Cl. BS14: H'gro 2E 87
Yeomeads BS41: L Ash 3B 74
Yewcroft Cl. BS14: Whit 3C 86
Yew Tree Cl. BS14: H'gro 2D 87
Yew Tree Dr. BS15: Soun 3A 62
Yew Tree Gdns. BS20: Eas 2E 53
Yomede Pk. BA1: Bath 2C 102
York Av. BS7: B'stn 2B 58
York Bldg. BA1: Bath 2B 6 (3B 104)
York Cl. BS16: Down 2B 46
　BS34: Stok G 4F 25
　BS37: Yate 1A 16
York Ct. BS2: Bris 1A 68
York Gdns. BS8: Clif 3B 66
　BS36: Wint 5B 12
York Pl. BS1: Bris 3E 67
　BS8: Clif 2D 67
York Rd. BS3: Bris 5F 5 (5A 68)
　BS5: E'tn 5E 59
　BS6: Bris 5A 58
　BS16: Stap H 2A 62
York St. BA1: Bath 4C 6 (4C 104)
　BS1: Bris 1D 5 (1A 68)
　BS2: Bris 1D 5 (1A 68)
　　　　　　(Bond St.)
　BS2: Bris 4B 58
　　　　　　(Sevier St.)
　BS5: Redf 2E 69
　BS8: Clif 4C 56
Youngs Ct. BS16: Emer G 3D 47

Z

Zed All. BS1: Bris 2B 4
　　　　　　(off Host St.)
Zetland Rd. BS6: Redl 4F 57
Zone, The BS5: St G 1C 70

HOSPITALS and HOSPICES
covered by this atlas
with their map square reference

N.B. Where Hospitals and Hospices are not named on the map, the reference given is for the road in which they are situated.

BARROW HOSPITAL 5C **74**
Barrow Gurney
BRISTOL
BS48 3SG
Tel: 01275 392811

BATH BMI CLINIC, THE 3F **111**
Claverton Down Road
Combe Down
BATH
BA2 7BR
Tel: 01225 835555

BLACKBERRY HILL HOSPITAL 1B **60**
Manor Road
Fishponds
BRISTOL
BS16 2EW
Tel: 0117 9656061

BRISTOL BUPA HOSPITAL 4C **56**
Redland Hill
Redland
BRISTOL
BS6 6UT
Tel: 0117 9732562

BRISTOL DENTAL HOSPITAL 1B **4** (2F **67**)
Lower Maudlin Street
BRISTOL
BS1 2LY
Tel: 0117 9230050

BRISTOL EYE HOSPITAL 1C **4** (2F **67**)
Lower Maudlin Street
BRISTOL
BS1 2LX
Tel: 0117 9230060

BRISTOL GENERAL HOSPITAL 5C **4** (4F **67**)
Guinea Street
BRISTOL
BS1 6SY
Tel: 0117 9265001

BRISTOL HAEMATOLOGY & ONCOLOGY CENTRE ...1B **4** (2F **67**)
Horfield Road
BRISTOL
BS2 8ED
Tel: 0117 9230000

BRISTOL HOMOEOPATHIC HOSPITAL (OUTPATIENTS) 1E **67**
Cotham Hill
BRISTOL
BS6 6JU
Tel: 0117 9731231

BRISTOL NUFFIELD HOSPITAL AT ST MARY'S 2D **67**
Upper Byron Place
BRISTOL
BS8 1JU
Tel: 0117 9872727

BRISTOL NUFFIELD HOSPITAL AT THE CHESTERFIELD ...3C **66**
3 Clifton Hill
BRISTOL
BS8 1BP
Tel: 0117 9730391

BRISTOL PRIORY HOSPITAL, THE 2D **59**
Heath House Lane
Stapleton
BRISTOL
BS16 1EQ
Tel: 0117 9525255

BRISTOL ROYAL HOSPITAL FOR CHILDREN 1B **4** (2F **67**)
Upper Maudlin Street
BRISTOL
BS2 8BJ
Tel: 0117 9276998

BRISTOL ROYAL INFIRMARY 1B **4** (1F **67**)
Marlborough Street
BRISTOL
BS2 8HW
Tel: 0117 9230000

COSSHAM MEMORIAL HOSPITAL 4E **61**
Lodge Road
BRISTOL
BS15 1LF
Tel: 0117 9671661

FRENCHAY HOSPITAL 3D **45**
Frenchay Park Road
BRISTOL
BS16 1LE
Tel: 0117 9701212

GROVE ROAD DAY HOSPITAL 4C **56**
12 Grove Road
Redland
BRISTOL
BS6 6UJ
Tel: 0117 9730225

KEYNSHAM HOSPITAL 3B **90**
St. Clement's Road
Keynsham
BRISTOL
BS31 1AG
Tel: 0117 9862356

NHS WALK-IN CENTRE (BATH) 4C **6** (4C **104**)
4 Cambridge House
Henry Street
BATH
BA1 1JT
Tel: 01225 447695

NHS WALK-IN CENTRE (BRISTOL - CITY GATE) ...2C **4** (2F **67**)
33 Broad Street
BRISTOL
BS1 2EZ
Tel: 0117 9030000

NHS WALK-IN CENTRE (BRISTOL - SOUTH) 3F **77**
5 Knowle West Health Park
Downton Road
BRISTOL
BS4 1WH
Tel: 0117 903 0000

ROBERT SMITH UNIT DAY HOSPITAL 2C **66**
12 Mortimer Road
BRISTOL
BS8 4EX
Tel: 0117 9735004

ROYAL NATIONAL HOSPITAL FOR RHEUMATIC DISEASES
. . . . .3B **6** (4B **104**)
Upper Borough Walls
BATH
BA1 1RL
Tel: 01225 465941

ROYAL UNITED HOSPITAL 2D **103**
Combe Park
BATH
BA1 3NG
Tel: 01225 428331

ST MARTIN'S HOSPITAL 4A **110**
Midford Road
BATH
BA2 5RP
Tel: 01225 832383

ST MICHAEL'S HOSPITAL .1A **4** (1E **67**)
Southwell Street
BRISTOL
BS2 8EG
Tel: 0117 9230000

ST PETER'S HOSPICE 2B **78**
St. Agnes Avenue
BRISTOL
BS4 2DU
Tel: 0117 9774605

ST PETERS HOSPICE (BRENTRY) 1D **41**
Charlton Road
Brentry
BRISTOL
BS10 6NL
Tel: 01179 159400

SOUTHMEAD HOSPITAL 3A **42**
Southmead Road
Westbury-on-Trym
BRISTOL
BS10 5NB
Tel: 0117 9505050